データでわかる2030年　地球のすがた

夫馬賢治

日経プレミアシリーズ

まえがき

いままでの常識が通用しない時代

「世界がいままでとは違う時代に突入している」。最近そう感じる人が増えているのではないだろうか。百年に一度といわれる大規模な自然災害が、世界中で毎年のように発生するようになった。これまでは流行してもいつの間にか収束していたはずの感染症が、感染拡大阻止のために数カ月ものあいだ社会活動が制限されるという事態も起きた。他方で日本では人材募集をしても人が採用できないという深刻な人手不足が常態化している。

その半面、明るい話題も出てきた。私が専門にしている「ＳＤＧｓ」「サステナビリティ（持続可能性）」という単語は、これまで一部の専門家にしか知られていなかったが、最近知っている人が徐々に増えてきている。

特に、国連が２０１５年にＳＤＧｓ（持続可能な開発目標）という世界共通の２０３０年目標を定めたことが日本にも伝わると、政府やＮＧＯだけでなく、企業や投資家までもが人類共通の目標に向かって動き出したという「希望」が語られるようにもなった。

このＳＤＧｓには、「貧困をなくそう」「飢餓をゼロに」「海の豊かさを守ろう」「陸の豊かさを守ろう」などの17のゴールがある。国連は、この17のゴールを達成するための１６９の詳細目標（ターゲットと呼ばれる）も設定している。さらに資本主義経済の担い手である機関投資家までもが、環境や社会課題について考慮する「ＥＳＧ投資」をはじめたということも少しずつ知られるようになってきた。

国連という国際平和を象徴するような存在が定めた目標に、人類社会が一丸となって協力をするようになったというと非常に聞こえは良い。だが、現実社会はそう簡単なものではない。思い起こせば、企業や投資家が主な担い手となっている資本主義という社会に対しては、「貧富の格差をもたらす」「地球環境を破壊する」と長い間批判が続いてきた。

例えばＳＤＧｓには、ゴール13に「気候変動に具体的な対策を」とある。気候変動を止めるためには二酸化炭素排出量を削減しなければいけないという話は、もう20年以上も前からずっといわれてきたが、それでも進まなかったのは経済界が反対してきたからだった。

なぜ企業や投資家までもが「変わり始めた」のか

であるならば、どうして批判の的だった企業と投資家が、一昔前までは見向きもされなかったサステナビリティやＳＤＧｓというようなテーマに急に興味を持つようになったのか。もしこの問いに明確に答えられないのであれば、いま世界で起きている経済や政治の潮流を、本当の意味で理解しているとはいえない。

私は仕事柄、講演や取材の依頼をいただくことが多く、国会議員、官庁、金融機関や上場企業の経営者、メディアなど影響力の大きい方々と話す機会が多いのだが、この重要な問いに自分の言葉で答えられる人はほとんどいなかった。

企業が環境への貢献について積極的に発言するようになったことに対して違和感を持っている人は案外多く、その違和感を解消するため、「企業の間でしばしば訪れる一過性のブームだろう」と理解することで自分自身を納得させようとしたりしている。

SDGsは「欧州の戦略」という誤解

企業や機関投資家が、サステナビリティやSDGsという言葉を使うようになったのは、「欧州が仕掛けた巧みな戦略だ」と説明されることもある。欧州は、新たな価値観を提示し、自分たちに有利な競争のルールを創り出す文化がもともとある。そのため、今回もSDGsという価値観を定め、自分たちの経済を有利に進めようとしているという考え方だ。

確かに、欧州国家の連合体であるEUは、気候変動やSDGsを積極的に政策に採り入れ、規制強化のための法律も次々と制定している。だが、もともと欧州という地域は、経済成長が停滞し「斜陽の欧州」とまでいわれていたはずだ。世界経済の中でも存在感を落としつつある欧州に、掛け声だけで世界経済の潮流を創り出し、競争を有利に進めるような力はもはやない。

そもそも、SDGsや気候変動対策のパリ協定が採択された2015年当時、国際政治において、これらのテーマを引っ張っていたのは、オバマ元大統領率いるアメリカだった。産業界でも、欧州企業だけでなく、アップル、マイクロソフト、IBM、ウォルマート、スターバックス、コカ・コーラ、マクドナルド、ナイキ、GAP、リーバイ・ストラウス、インテルなどの米系企業が、早くから積極的に「サステナビリティ」という言葉を使い始めていた。

それだけではない。意外に思われるかもしれないが、EUは南アフリカや中国の政策を参考にすることすらある。[1] もちろん中国は政策立案をしたとしても、政策遂行に課題を抱え、結果がともなっていないことも多い。それでも、打ち出した政策アイデアは注目を集めるようになっている。

機関投資家についても、欧州主導とは必ずしもいい切れない。さきほど少し紹介したESG投資とは、投資先企業の将来性を分析するうえで、財務情報に加え、環境（E）・社会（S）・コーポレートガバナンス（G）の3つに着目する投資手法のことを指す。ESG投資は、欧州の機関投資家の間で特に浸透しているのは事実だが、カリフォルニア州職員退職年金基金（カルパース）、ニューヨーク州年金基金、ステート・ストリートといったアメリカを代表する機関投資家も、ESG投資を世界的に牽引してきた存在だ。

金融機関向けの専門サービスを提供する米系企業のS&P、ムーディーズ、ブルームバーグ、MSCIなども、ESG投資の流れを創り出してきたメインプレーヤーだ。サステナビリティやＥＳＧを「欧州の戦略」ととらえてしまうと、現実を大きく見誤ってしまう。

マクドナルドやウォルマートもサステナビリティ経営に本腰

ではなぜ企業や投資家までもが、ＳＤＧｓやサステナビリティという言葉を自ら使うようになったのか。端的な答えは、企業経営や投資判断をするうえで、これらのテーマが本当に避けては通れなくなったという強い危機感からだ。

いまグローバル企業は、環境課題や社会課題を無視することができなくなっている。対策が遅れれば遅れるほど、大きな損失リスクを抱えるどころか、市場から撤退しなければいけなくなり、反対にいち早く対策を打てれば、強い競争力を手に入れられる。

こういう厳しい現実に直面し、積極的にサステナビリティを経営に採り入れる経済合理性がグローバル企業や機関投資家の間では理解されるようになった。彼らが、このような理解に至るまでの経緯については、私の著書『ＥＳＧ思考　激変資本主義１９９０－２０２０、経営者も投資家もここまで変わった』（講談社＋α新書）にくわしく書いたのでお読みいただきたいが、ここでも具体的な例をいくつか挙げてみよう。

ファストフード世界大手マクドナルドは、かつて環境破壊企業として非難されていた。ハンバーガー用の牛肉を生産するためには、当然牛の飼育が必要なのだが、その牛の飼育では牧場を整備するため大量の森林を伐採していたからだ。

しかしマクドナルドは2012年ごろから、パンダのマークで知られる国際環境NGOの世界自然保護基金（WWF）とともに「持続可能な牛肉のためのグローバル・ラウンドテーブル（GRSB）」を設立。環境NGOと手を組むようになった。そして、協働して、牛肉生産からの環境負荷を最小限に抑え、牛飼育での動物福祉や生産者の人権にも配慮した畜牛手法を追求し、いまや定量改善効果を示した報告書を2年に一度発行するまでになっている。

世界最大の小売企業ウォルマートも同様に、2000年代には地域の小規模店舗を淘汰し、地域社会を荒廃させると嫌われた時期もあった。そんなウォルマートは、2018年に、店舗スタッフの希望者に対し、1日1ドルの費用負担だけで仕事しながら高校や大学に通えるプログラム「Live Better U」を創設。目下1万2000人が受講しており、わずか2年で30人が実際に短大や大学を卒業し、地域社会の教育に大きな役割を果たしている。

それだけではない。ウォルマートの店舗で取り扱われている食品やアパレル製品は、発展途上国で生産されているものも多いが、2008年ごろから製品の調達もとであるアパレル工場や農場での労働改善にまで乗り出している。その取り組みでは、国際人権NGOのケア・インターナショナルやワールド・ビジョンが提携先となっており、マクドナルドと同様に、ウォルマートでもNGOが重要な事業パートナーとなっている。

単なる「イメージアップ戦略」ではない

日本では「過激派集団」のイメージが強い国際環境NGOのグリーンピースは、ノルウェーでは規模第2位の大手金融機関であるストアブランドの環境アドバイザーを務め、気候変動を考慮した投融資ポリシーを策定するうえでの指南役となっている。実際にストアブランドとグリーンピースが共同で、投融資先の石油・ガス大手企業に対し二酸化炭素排出量の削減を求めることもある。グリーンピースの代表は、いまでは資本主義の象徴ともいわれる世界経済フォーラムの年次総会「ダボス会議」にも招待され、パネルディスカッションに登壇したりもしている。

「ウォールストリート」の担い手でもあるアメリカの金融大手JPモルガン・チェースでも、

2004年から社外取締役だけで構成する「公共責任委員会」を取締役会の中に設置し、社会・環境課題の観点から事業を監督する責務を負っていたりする。経営陣側の取締役を入れると、事業判断が歪むので、社外取締役のみでしっかりと経営の監督を行うという体制を敷いている。

企業が「環境や社会に配慮している」ときくと、イメージアップのための偽善と捉える人もいるかもしれない。だが、いま紹介した企業の状況は、NGOに企業内部の状況を明かすことで、むしろ自分たちが至らない部分についての問題点をあえて指摘されやすい状況を創り出しており、その課題に対処するために膨大な事業投資を行っている。こうした事例から、企業の取り組みがもはや「イメージアップ」という次元をはるかに超えていることをご理解いただけるのではないだろうか。

世界が求める「8分野」への対応

これまでは、環境問題や社会問題といえば、やや極端な環境主義者や人権主義者、または左翼的な活動家を連想するものだったかもしれない。一方、そういうタイプでない人からすると、環境主義者や人権主義者の主張は、どこか「危機を煽っている」「悲観的すぎる」という感覚も覚え、拒絶反応すらあったかもしれない。

だが最近では、環境主義者や人権主義者とは真逆にいたはずのグローバル企業や機関投資家が、自らNGOに接近したり、投資先企業に対策を迫ろうとしたりしている。では、彼らが脅えている「危機感」とは一体何なのだろうか。それが本書のテーマだ。

いま、グローバル企業と機関投資家の間で特に危機感が共有されているテーマは、「気候変動」「農業」「森林」「水産」「水」「感染症」「パワーシフト」「労働・人権」の分野だ。極論すれば、この8分野に対して長期的なリスクを見据えたアクションを打ち出せていない企業は、機関投資家からすれば、成長性や将来性が薄い企業と映ってきている。

先述したESG投資について、日本では「投資家が企業に対し環境や社会への貢献を求めるようになった」と説明されることもあるが、実態はそうではない。企業が何らかの「善さげな行い」をしたところで、重要性の高い8分野で本質的な対策が打てていなければ、機関投資家にとって有望な投資対象とはみなされないのだ。

機関投資家からの「警告」

例えば、運用資産700兆円という巨大な資産を動かしている世界最大の機関投資家ブラックロックからも、その姿勢は見て取れる。ブラックロックのラリー・フィンクCEOは、毎年株主総会シーズンが近づくと、世界中の投資先の上場企業のトップに対する要請をまとめた書簡を送ることで知られている。そして2020年に送った書簡の中には、このような一節があった。

「サステナビリティに関連する投資リスクが増大する中、情報開示に関する対話などを通じた従前の啓発を踏まえ、サステナビリティに関連した情報開示、その根本となる事業活動や計画に十分な進展を示せない場合には、経営陣と取締役に対して、（株主総会での選任決議に）反対票を投じることを、より積極的に検討します。（※括弧内は著者補足）[2]」

すなわちブラックロックは、今後株主として投資先企業に対し積極的に働きかけを行い、それでも投資先企業からサステナビリティを高める事業計画、実際のアクション、情報開示がなされない場合には、取締役を解任することも辞さないと表明したのだ。

ブラックロックのような運用会社は、巨額の資金を運用していることで知られているが、彼らが運用している資金は自社の資金ではなく、他人から預っている資産だ。その「他人」とは、年金基金や保険会社といった機関投資家や、投資信託を購入している個人投資家のこと。ブラックロックは、当然、彼らに認められる投資パフォーマンスを出さなければ、市場の中で勝ち残っていくことはできない。

そのうえで、投資先企業にサステナビリティを見据えた事業改革を行うことが、投資家から預かっている投資のリターンを高めるために重要とまで考えるようになったのだ。

データが指し示す地球のすがた

１９８２年にアメリカ人未来学者のジョン・ネイスビッツは、『メガトレンド』という本を書き、世界の耳目を集めた。彼は、その本の中で、経済のグローバル化、ハイテク化、情報社会化、第三世界の興隆などが将来起こると予想し、世界的な巨大な潮流を指す言葉として「メガトレンド」という単語を生み出した。今日の機関投資家が大きな関心を寄せる「気候変動」「農業」「森林」「水産」「水」「感染症」「パワーシフト」「労働・人権」のテーマは、まさに最新版のメガトレンドといえる。

だが、メガトレンドを日常的に意識することはなかなか難しい。メガトレンドは、変化の波は大きいが、長い時間をかけて押し寄せてくるため、その変化に気付きづらかったりもする。特に人は歳を重ねるほど変化に鈍感になりやすい。そして過去自分が経験してきたことが未来永劫に続くと思い込んでしまいやすい。

その思い込みを是正するには、現実のデータを見て、実情を理解していくしかない。日本でも最近、「データを基に世界を正しく認識する習慣を身につけよう」という考えが人気になっている。そこで本書では、重要性の高い「気候変動」「農業」「森林」「水産」「水」「感染症」「パワーシフト」「労働・人権」の8分野について、グローバル企業や機関投資家の間で共通認識になりつつあるデータを基に、現状と今後の見通しを俯瞰していきたいと思う。

（注）

1　例えば、南アフリカについては、南アフリカ取締役協会（IoDSA）と同協会が組成したキング委員会が、2009年に発表した第3版キングレポートで、財務とサステナビリティの企業情報開示を統合させるべきだと提言し、2010年にヨハネスブルク証券取引所が両者を統合させた「統合報告書」の提出を世界で初めて義務化したことが参考にされた。中国では、2016年にG20杭州サミットで中国人民銀行が、イングランド銀行と共同作成した「G20グリーンファイナンス総合レポート」が非常に高く評価された。

2　ブラックロック「Larry Fink's Letter to CEOs 金融の根本的な見直し」（2020年　アクセス日：2020年5月3日）
https://www.blackrock.com/jp/individual/ja/larry-fink-ceo-letter

データでわかる　2030年　地球のすがた●目次

第2章 迫りくる食料危機の実態 81

第５章　水をめぐる社会紛争　201

日本は世界有数の水リスクにさらされている

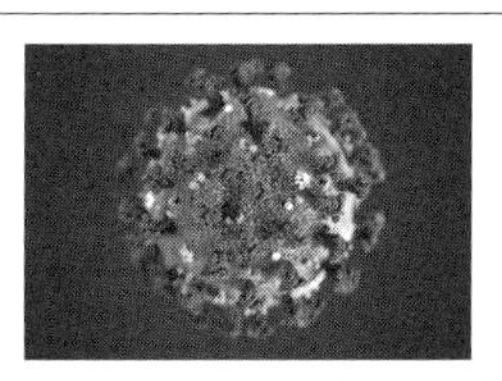

第6章　感染症の未来　219

コロナの次のリスクはどこに

MAKE IN INDIA

第9章 メガトレンドの理解度が勝敗を決する時代へ

図表 1-4　年降水量や季節ごとの3カ月降水量の将来変化（単位：%）→ P47

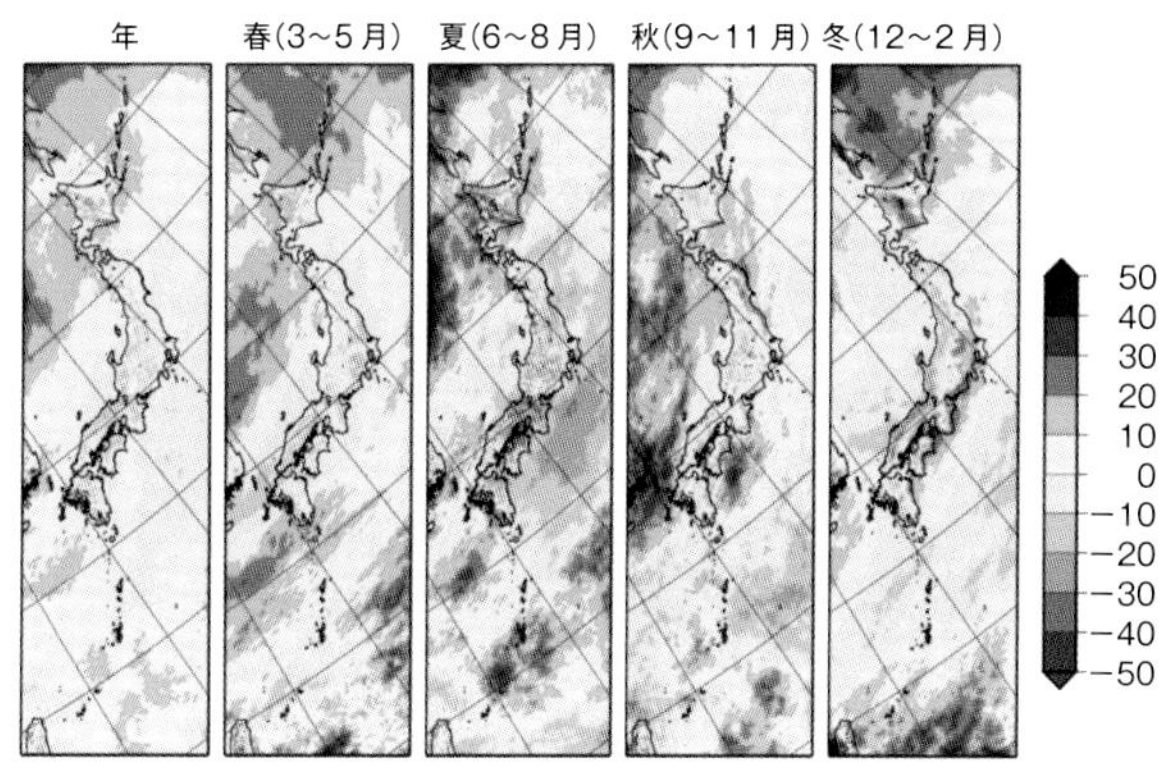

（注）現在気候に対する変化率
（出所）気象庁「地球温暖化予測情報第9巻」2017年

図表 1-5　2100年の全米での山火事焼失面積予測→ P50

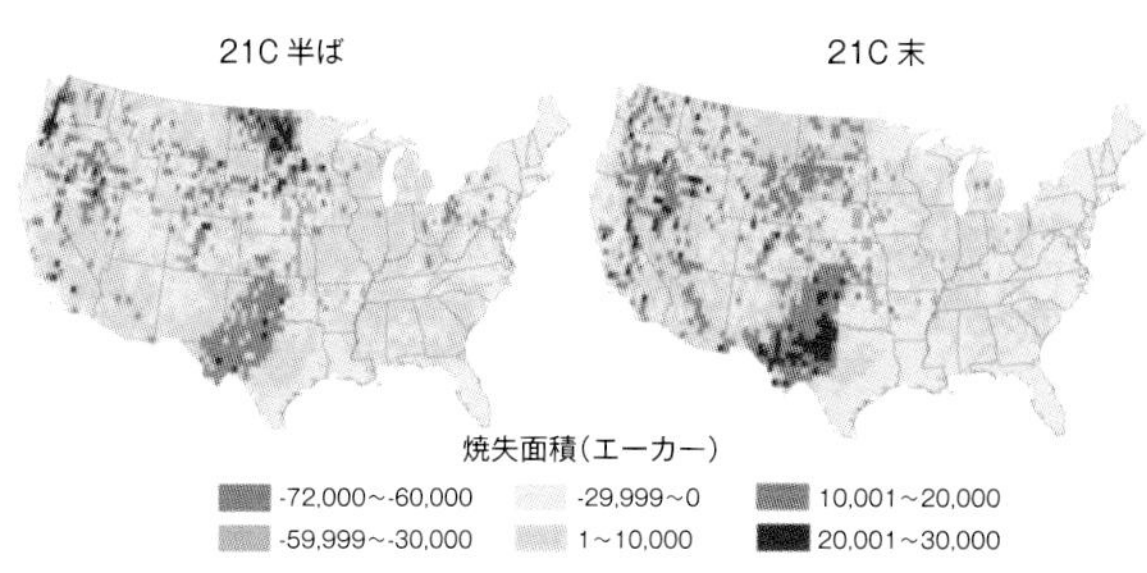

（出典）EPA "Climate Action Benefits: Wildfire" 2015年　アクセス日：2019年12月31日

図表 1-6　海面が5m上昇したときに水没する地域（3大都市圏）→ P52

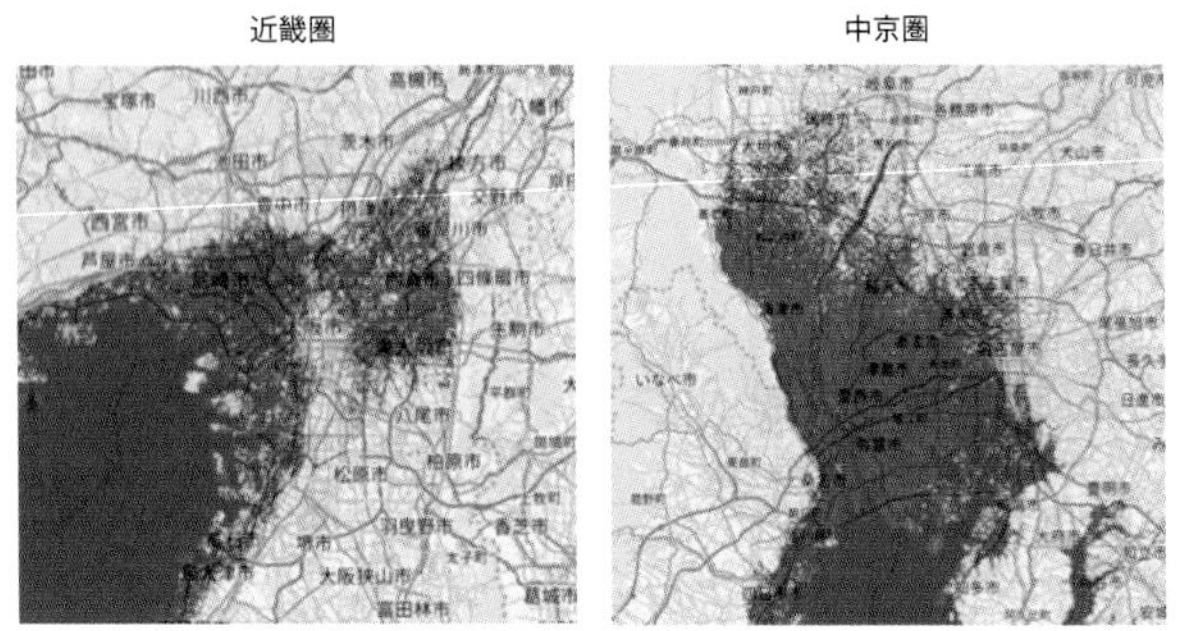

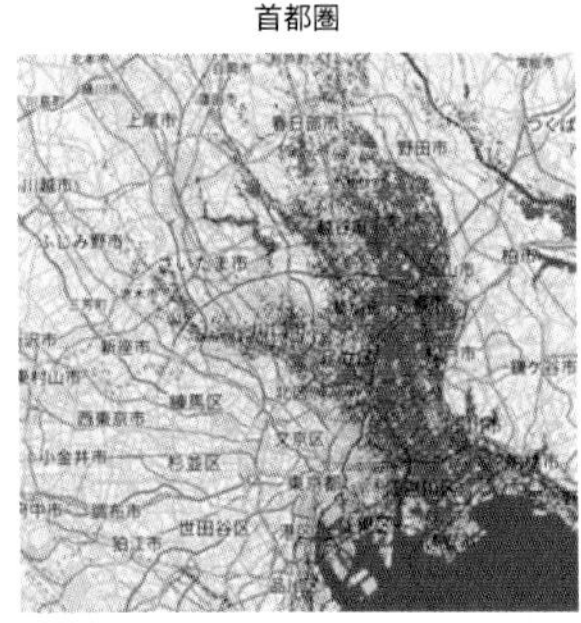

（出典）Firetree.net

図表 1-7　ボストン市の海面上昇による洪水予測マップ→ P53

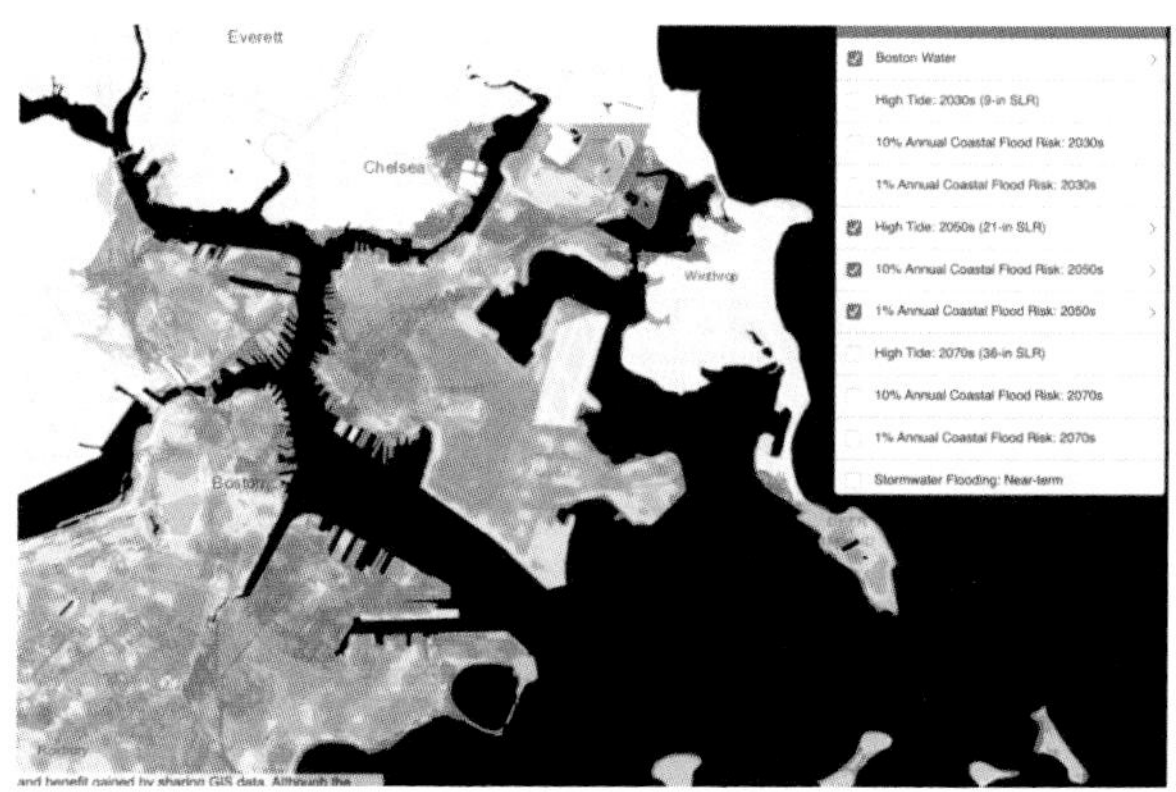

（出典）City of Boston “CLIMATE READY BOSTON MAP EXPLORER”

図表 1-9　世界の平均気温が 2℃上昇した場合の各地域の気温変化→ P66

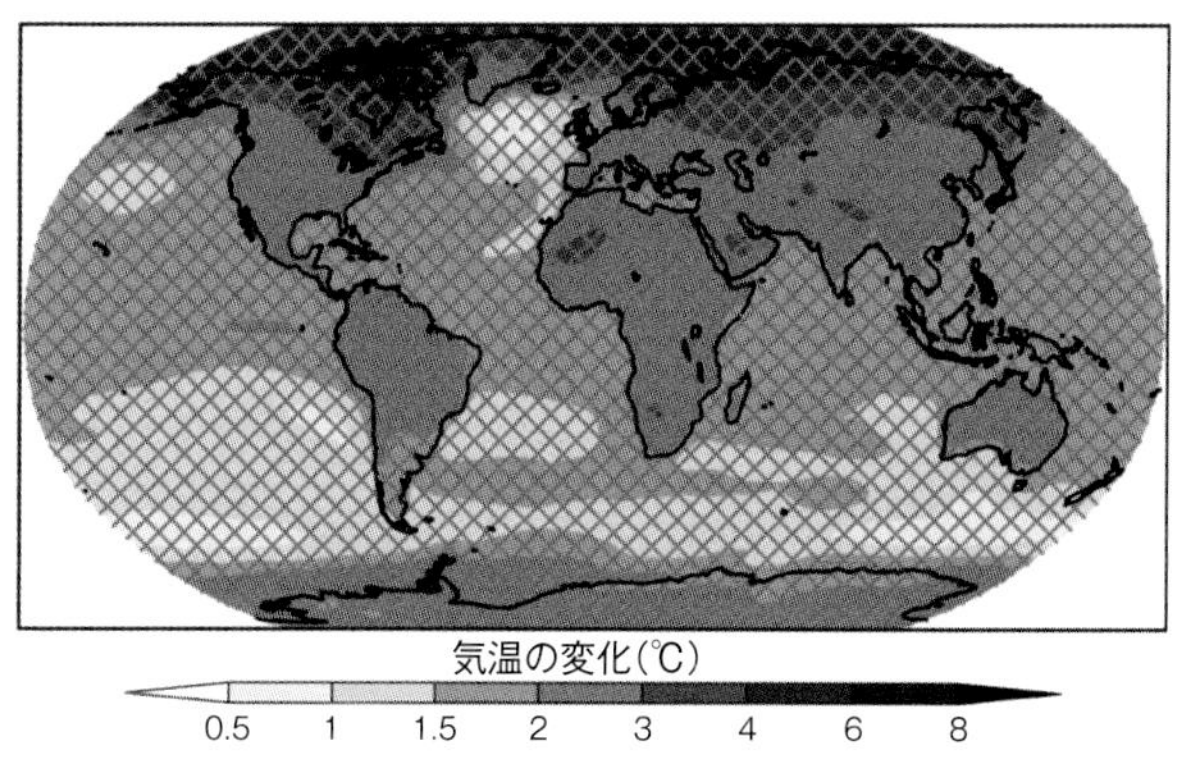

（出典）IPCC “1.5℃ Special Report” を基に著者和訳

図表 2-8　2070 年から 2099 年の穀物生産量の変化（窒素ストレスあり）→ P112

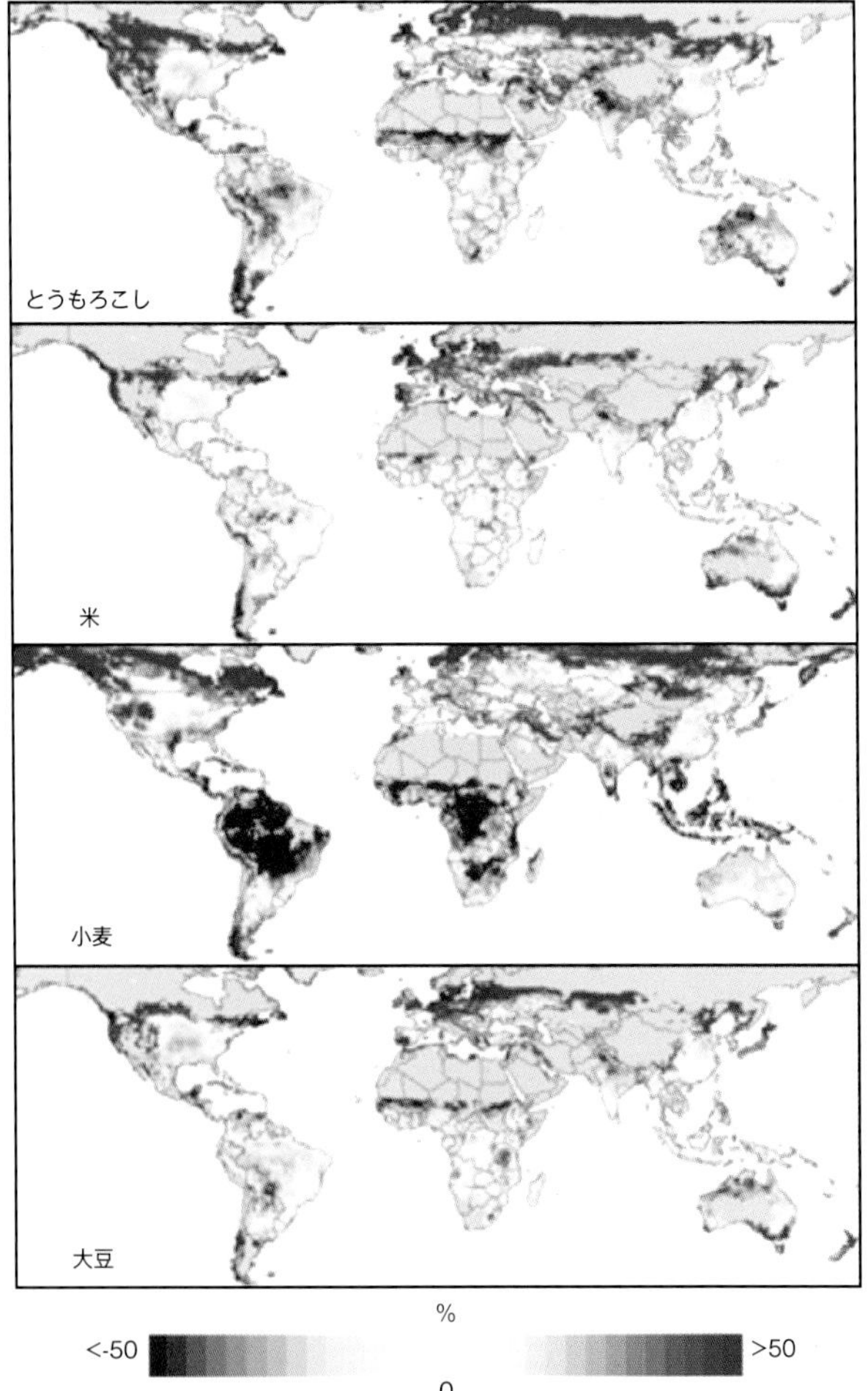

（出典）Rosenzweig 他（2014 年）と IPCC（2019 年）を基に著者和訳

図表 2-10　世界各国の食糧自給率→ P116

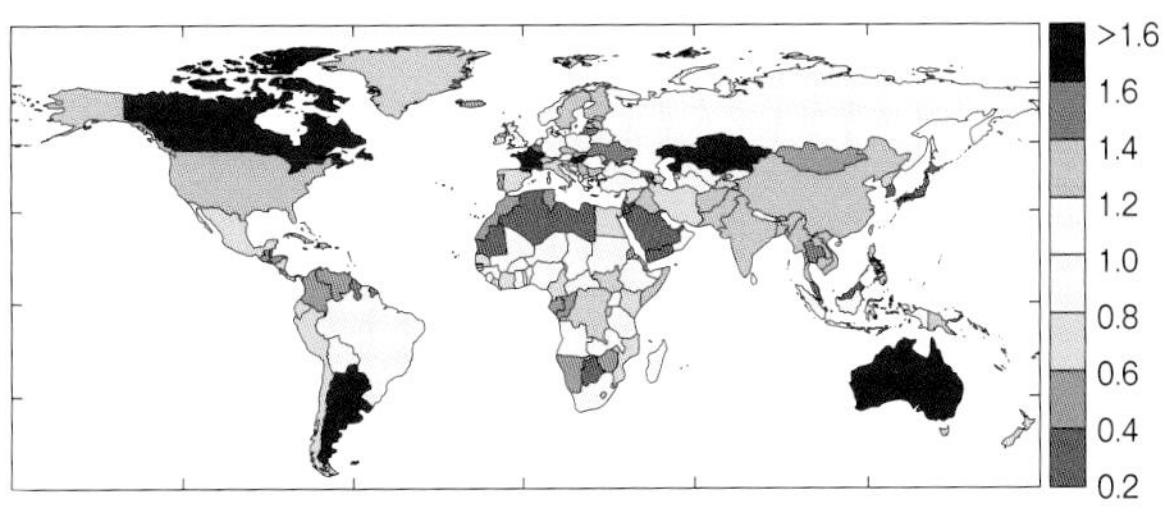

(出典) FAO "The State of Agricultural Commodity Markets 2015-16"

図表 3-1　2019 年のアマゾン火災時の人工衛星画像→ P131

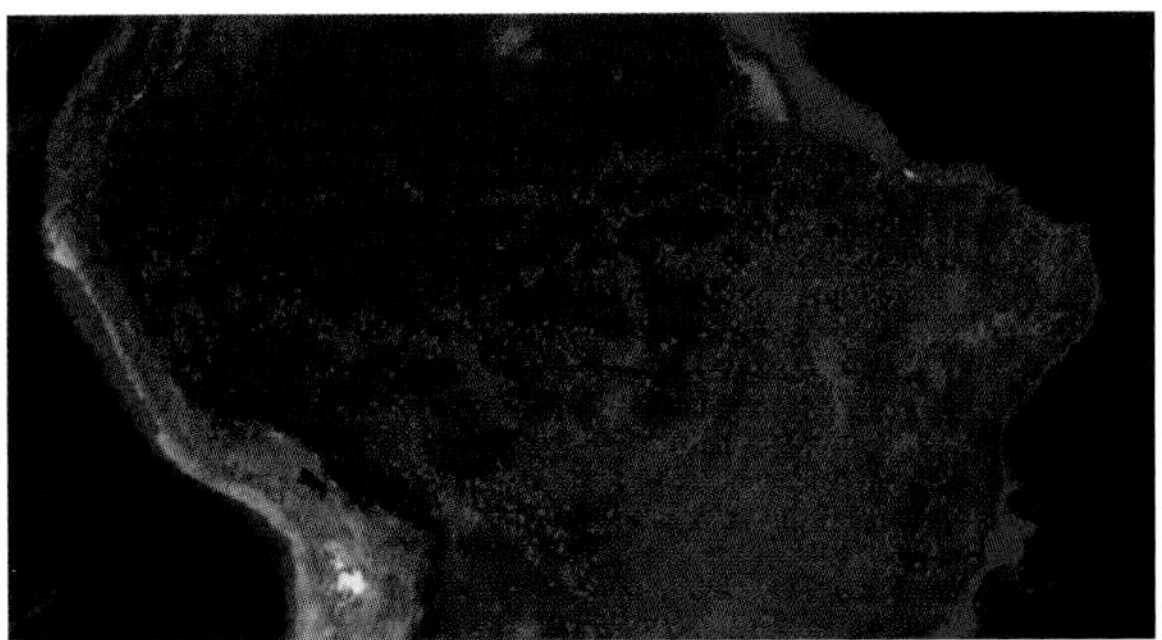

(出典) NASA (2019 年)

図表 4-8　最大漁獲可能量の変化→ P184

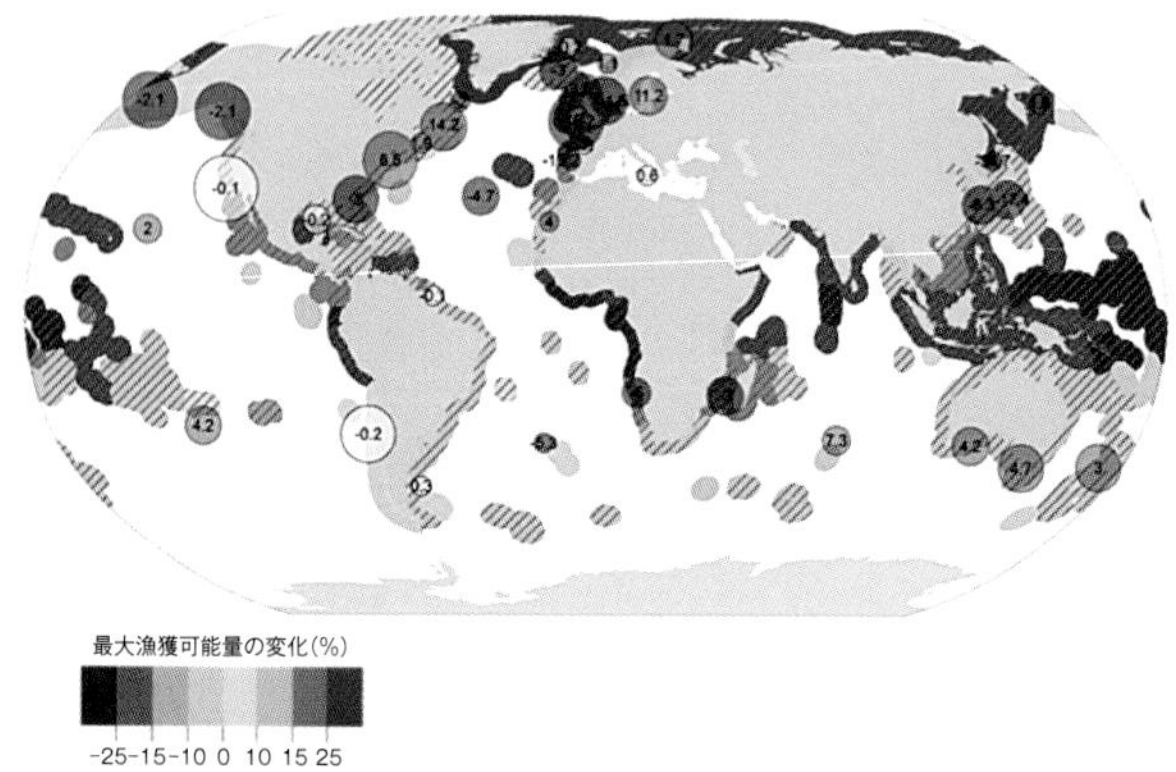

（出典）IPCC（2019 年）を基に著者和訳

図表 5-2　バーチャルウォーターの流れ①→ P209

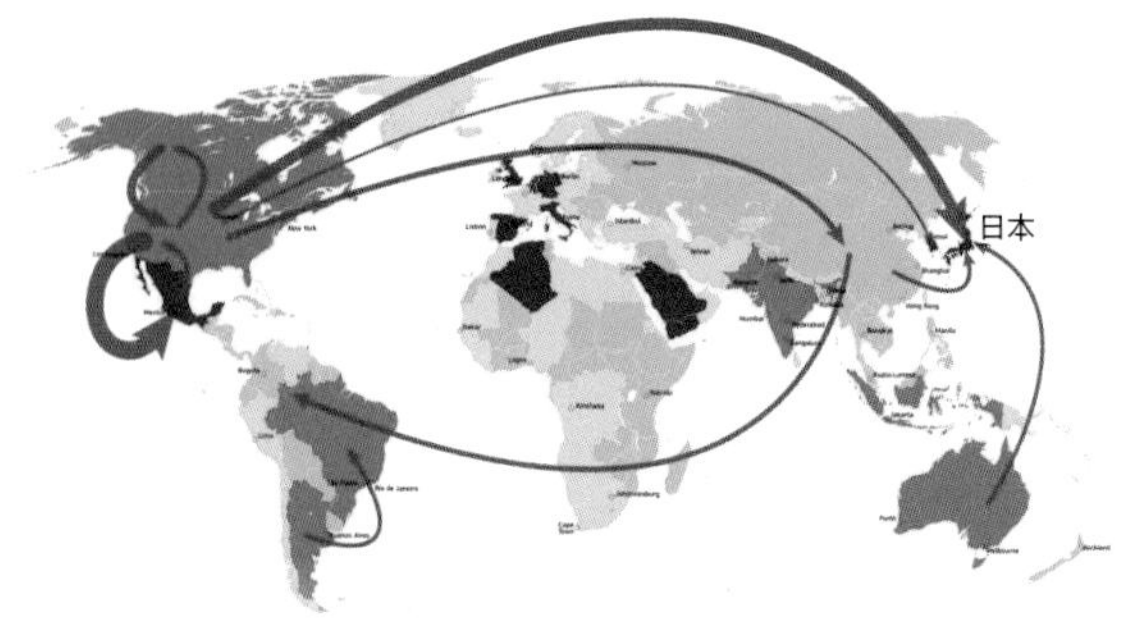

（出典）European Commission Joint Research Center “World atlas of desertification -Virtual Water”（2019 年 アクセス日：2019 年 12 月 31 日）

図表 5-1　2040 年には幅広い地域で水ストレスを抱える
→ P206

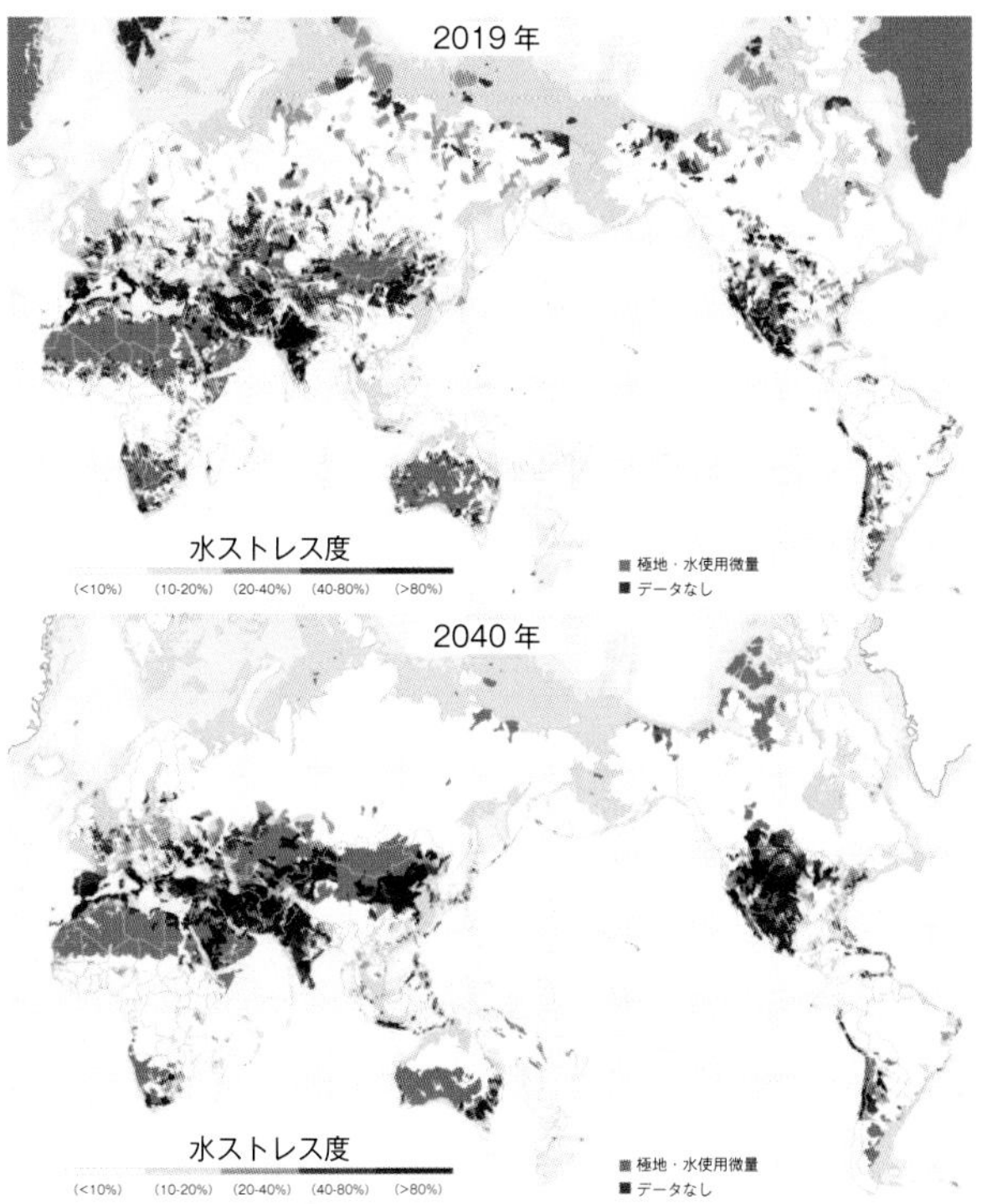

（出典）WRI "Aqueduct water risk atlas"（アクセス日：2019 年 12 月 31 日）を基に著者和訳

図表 5-3　バーチャルウォーターの流れ②→ P209

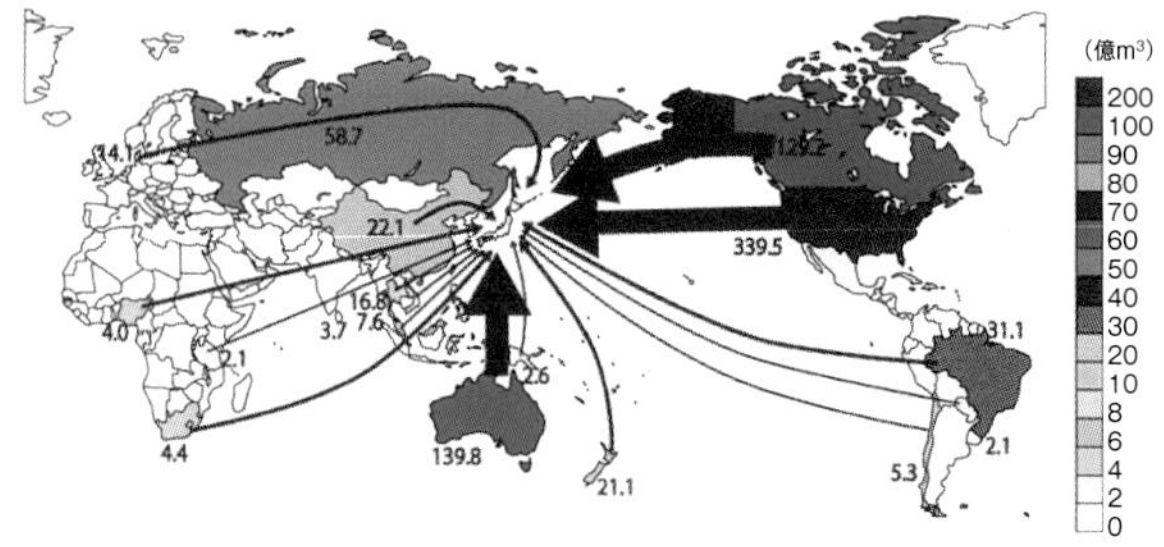

（出典）環境省「平成 25 年版 環境・循環型社会・生物多様性白書」2005 年時のデータ

図表 8-1　人口 1,000 人当たりの現代奴隷数→ P275

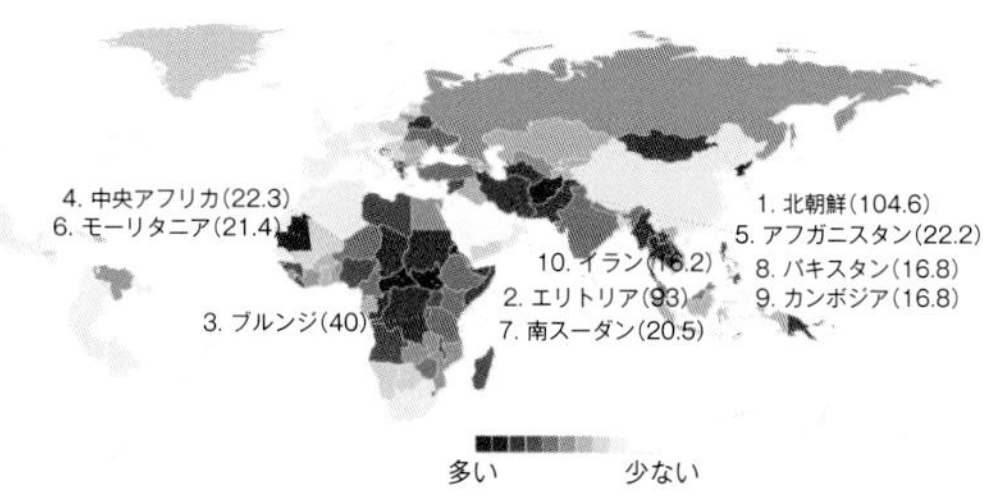

（出典）Walk Free Foundation “Global Slavery Index 2018”
www.globalslaveryindex.or

第1章 顕在化した気候変動の猛威

2019年の台風19号の影響で河川敷まで濁流に覆われた多摩川。近年、甚大な被害をもたらす台風・豪雨が増えている＝読売新聞／アフロ

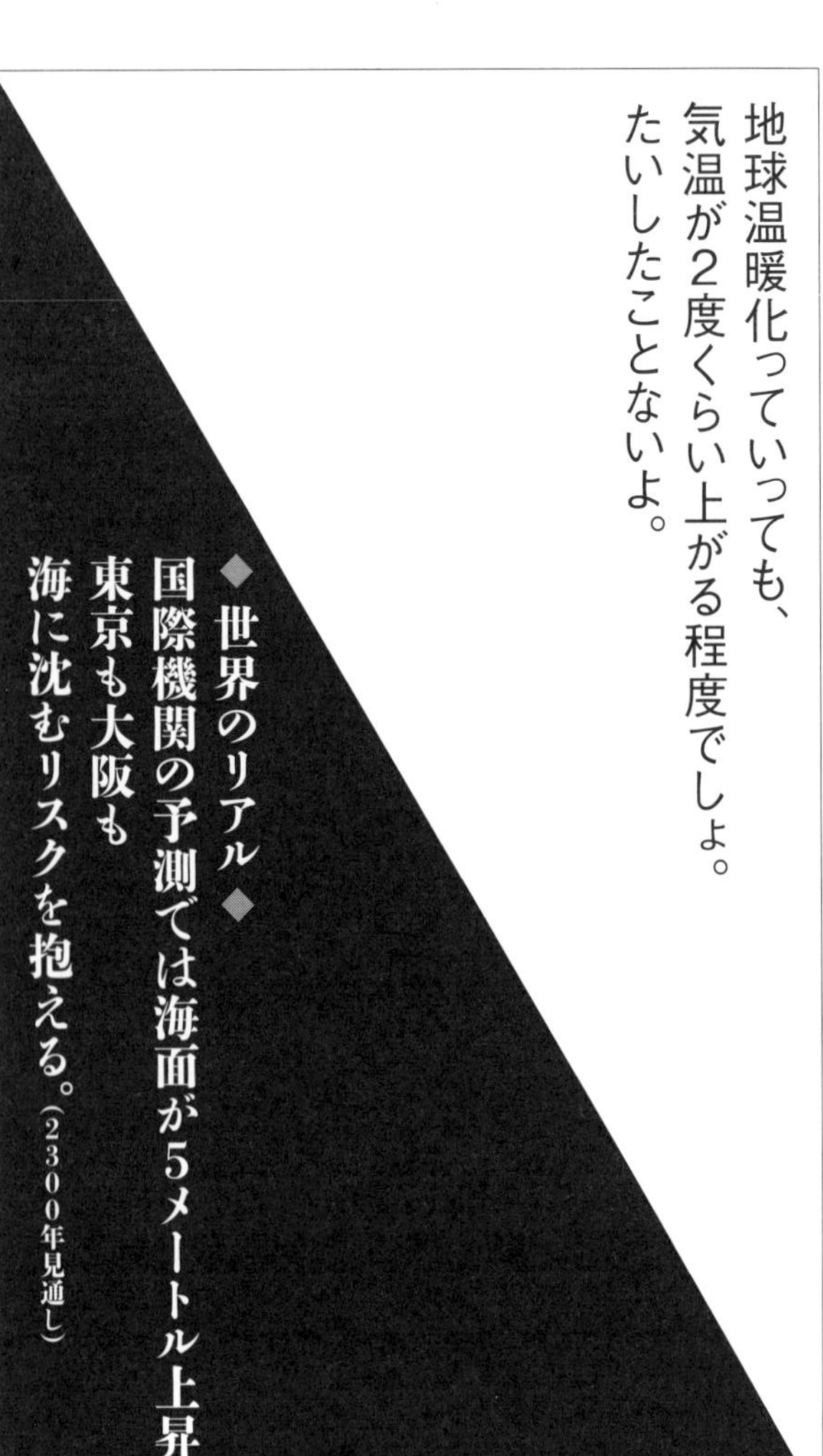
地球温暖化っていっても、
気温が2度くらい上がる程度でしょ。
たいしたことないよ。
◆世界のリアル◆
国際機関の予測では海面が5メートル上昇、
東京も大阪も
海に沈むリスクを抱える。（2300年見通し）

1 世界で相次ぐ異常気象

毎年起こる「数十年に一度」

最近、いままでになく大規模な自然災害が増えたと感じる人は少なくないのではないだろうか。気象庁は、東日本大震災を契機に、人々に避難の緊迫感を伝えるため、「数十年に一度」という異常な規模の災害を知らせる「特別警報」という制度を2013年に創設している。特別警報は、その後、2013年に1回、2014年に4回、2015年に1回、2016年に1回、2017年に1回、2018年に1回、2019年に3回発令された。いずれも台風や豪雨によるものだ。

例えば、2019年には、一夜にして74本の河川で堤防を128カ所も決壊させた台風19号や、千葉県でゴルフ練習場の鉄塔を倒壊させた台風15号。その前年の2018年には「西

カリフォルニア州では山火事が頻発（2019年10月）＝ロイター／アフロ

日本豪雨」が中国地方を中心に大規模浸水と土砂崩れを引き起こしている。このように数十年に一度を伝える特別警報が実態としては毎年発令されている。また、特別警報ではなかったが、２０１６年には山梨県が外部から孤立するという異常な豪雪も発生した。

異常気象が頻繁に観測されるようになったのは、日本だけではない。２０１９年６月には、西ヨーロッパでは異例の熱波を観測。フランスでは、観測史上最高となる45・９℃を記録した。パリは、通常、夏でも日本ほど暑くはならない。そのため地下鉄に冷房設備が設置されていない車両が多い。だが、この年の熱波では、さすがに暑さに身悶える人が続出した。この熱波で、フランスだけで1500人以上が死亡している。

豪雨による河川決壊のニュースは中国でも珍しくなくなった。アメリカでは、ボストンなどの北東部では、冬になると毎年のように豪雪が降り、交通網が麻痺している。西海岸のカリフォルニア州では、異常乾燥による山火事で、2019年には売上1・8兆円を誇る地元最大手の電力会社が倒産した。

異常気象は、人命を奪い、社会に大きな傷跡を残す。ベルギーにある災害疫学研究センター（CRED）のデータによると、過去20年間で年間の死者数が最も多かったのは2010年の約32万人。同年1月に発生したハイチ地震で22万人が死亡したのが大きかったが、それ以外にも噴火、熱波、洪水などが世界的に相次いだ年となり、災害支援関係者の中には悲しい記憶として刻まれている。

自然災害は人命と経済的損害という2つのダメージをもたらす。日本列島が東日本大震災に見舞われ1・6万人が亡くなった2011年は、世界全体の災害死者数が3・1万人を数えた。だが、2012年以降、死者数は減少し、2019年まで2・5万人を上回った年はなかった。不謹慎な表現かもしれないが、2018年には災害死者数が1・1万人にまで減った。その理由は、防災意識や災害時の対策が世界的に高いレベルになったため。人命保護の面で人類は大きく進歩している。

急上昇する経済的損失

一方、自然災害による経済的損害は、年々深刻化している。私たちは、災害に備えるために損害保険に加入したりするが、世の中には保険会社が加入する「保険会社の保険会社」という業態がある。それが再保険会社だ。再保険会社は、世界のどこかで災害が発生すると保険会社に保険金を支払わなければいけないため、常に世界中の災害状況をウォッチしている。

再保険会社の1社であるスイス再保険は、毎年世界の自然災害による経済損害の統計データを発表している（図表1－1）。そのデータによると、自然災害による損害額が過去最も大きかったのは、東日本大震災のあった2011年で4500億ドル（約45兆円）。その次に大きかったのは2017年の3500億ドル（約35兆円）で、この年には巨大なハリケーンが2つもアメリカを襲った。このデータからは、すでにハリケーンや台風による損害が、巨大地震にまで肉薄してきていることがわかる。

図表1-1　1970年～2018年の自然災害による世界の損害額

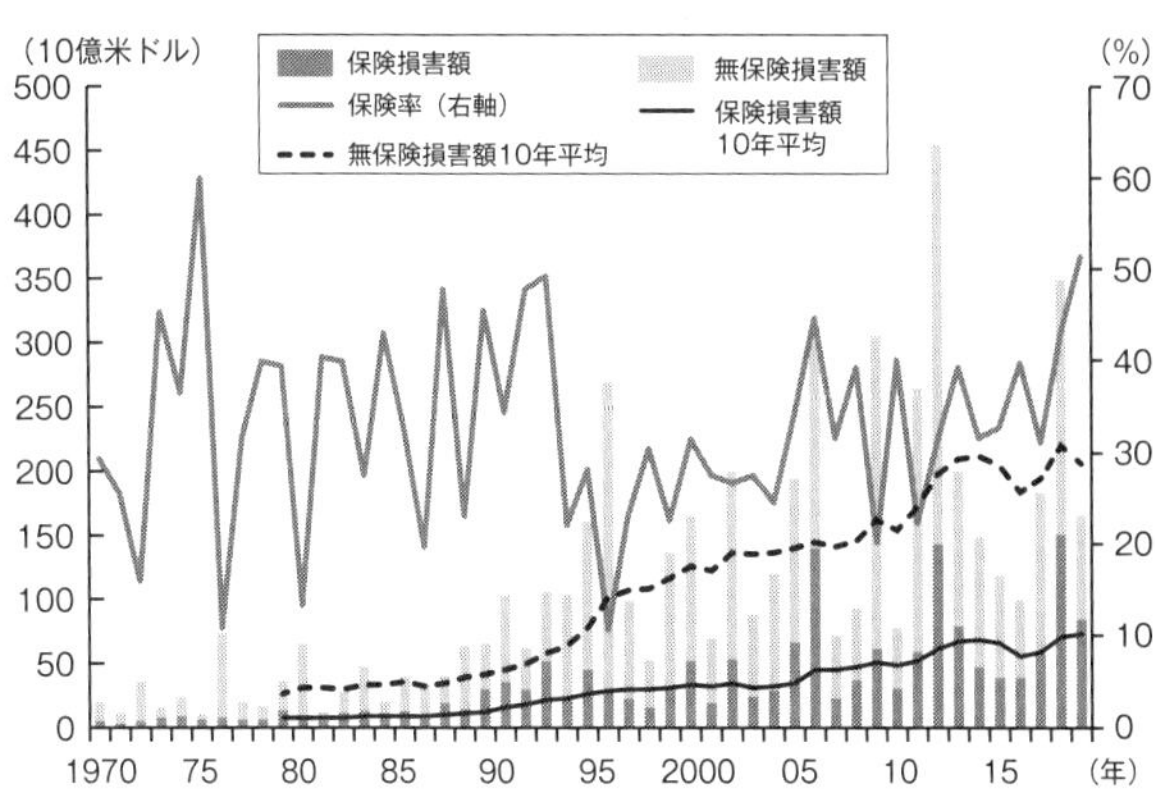

（出典）スイス再保険のデータを基に著者作成

損害額（保険損害額と無保険損害額の合計）は1990年ごろから上昇を始め、10年移動平均でみると、2010年を過ぎてから1990年までの4倍以上にまで膨れ上がっていることがわかる。損害保険会社にとっては、損害保険の加入者を増やすことが重要な営業戦略ではあるのだが、一方で自然災害が増える中で加入者が増えれば、支払う保険金も増えていく。

損害全体のうち損害保険に加入している被害額の割合を示す図表1－1中の「保険率」は、毎年大きく変動しているように見えるが、長期的には大きな傾向がある。1990年ごろまでは、発展途上国では保険加入率が低かったため、自然災害が先進国で発生すれば図表の保険率は上がり、途上国で発生すれば保険率は下がる傾向にあった。

しかし世界全体で自然災害が増え始めた1995年ごろからは、途上国の影響で保険率はいったん下がるが、途上国での経済発展にともなう保険加入者の増加により、図の保険率も上昇。それにともない、保険会社や再保険会社の負担は、自然災害の増加と保険加入者の増加の2つの影響を受け、相当なものになってきている。

今後、損害額はどうなるのだろうか。もし異常気象がこれからも増えるのなら、損害額も比例して伸びていくことになる。死亡者数も、いまは低減しているが、異常気象が深刻になれば、対策が追いつかずに上がってしまうかもしれない。では、気候変動による未来は、どう予測されているのだろうか。

2　気温上昇が止まらない

800人を超える学者が気候変動を指摘

気候変動は本当に発生しているのか、発生していないのか。日本には「発生していない」と考える懐疑派も意外と多い。だが、国連は過去数十年間一貫して、非常に高い確率で「地球は温暖化している」「地球温暖化の背景には人為的な温室効果ガスがある」と主張し、裏付ける科学的データも示してきた。それに基づき、国際会議が開催され、各国政府は京都議定書やパリ協定といった気候変動対策のための国際条約を誕生させてきた。

最近では、気象庁をはじめ日本の各省庁からも、気候変動は実際に発生していると言及されるようになった。日本では「地球温暖化」といわれる環境問題は、国際的には「気候変動」と呼ばれることのほうが多い。地球が温暖化すると、単に暑い日が増えるだけでなく、豪雪や豪雨、異常な熱波や寒波なども引き起こすからだ。

気候変動の発生について国連がその根拠としているのが、「気候変動に関する政府間パネル（ＩＰＣＣ）」という国際機関が発表している報告書だ。ＩＰＣＣは、国連環境計画（ＵＮＥＰ）と世界気象機関（ＷＭＯ）という2つの国連機関が、気候変動に関する科学的知見を結集するために１９８８年に設立した国際機関で、世界各国の高名な科学者を招聘し、気候変動に関する分析報告書を作成することをミッションとしている。

ＩＰＣＣとして初の報告書となる第1次評価報告書が発表されたのが１９９０年。そこから１９９５年に第2次評価報告書、２００１年に第3次報告書、２００７年に第4次報告書を発行してきた。最新の報告書は、２０１３年9月から２０１４年4月まで3回に分けて発表された第5次評価報告書（ＡＲ5）。この報告書の作成には、なんと８３１人もの科学者が参加している。

参加した科学者のうち30％は発展途上国の科学者で、先進国の意見に偏りすぎないよう配慮された。さらに第5次評価報告書では、新たな知見を採り入れるため、執筆に初めて携わる人が60％を超え、全体の執筆者数も50％増加した。そのため、ＩＰＣＣの報告書は、気候変動の分野において、世界で最も信頼性が高い報告書とみなされている。

第5次評価報告書では、懐疑派の説も検証した上で、地球温暖化は人間社会が排出する二酸化炭素が原因となっている確率が95%以上という統計を弾き出した。[1] もはやこのことを否定することは、気候変動懐疑派の専門家でも容易ではない。

ちなみに、温室効果ガスには、二酸化炭素の他に、メタン、一酸化二窒素、ハイドロフルオロカーボン類、パーフルオロカーボン類、六フッ化硫黄、三フッ化窒素の7種類あるのだが、排出量の計算ではすべて二酸化炭素での影響量に換算することがルールになっている。そのため、温室効果ガス全体のことを指して「二酸化炭素」と呼ぶことが多く、本書でも以下、二酸化炭素に統一する。

欧州では気温が4〜6℃も上昇

では、この第5次評価報告書は、世界の気温はこれから何℃上昇すると予測しているだろうか。結論は、「2100年の気温は、1985年から2005年まで20年間の平均と比べ、最大で4・8℃上昇する」[2]というもの。気候変動の話題では、最近「産業革命前と比べ

図表 1-2　日本の年平均気温の偏差

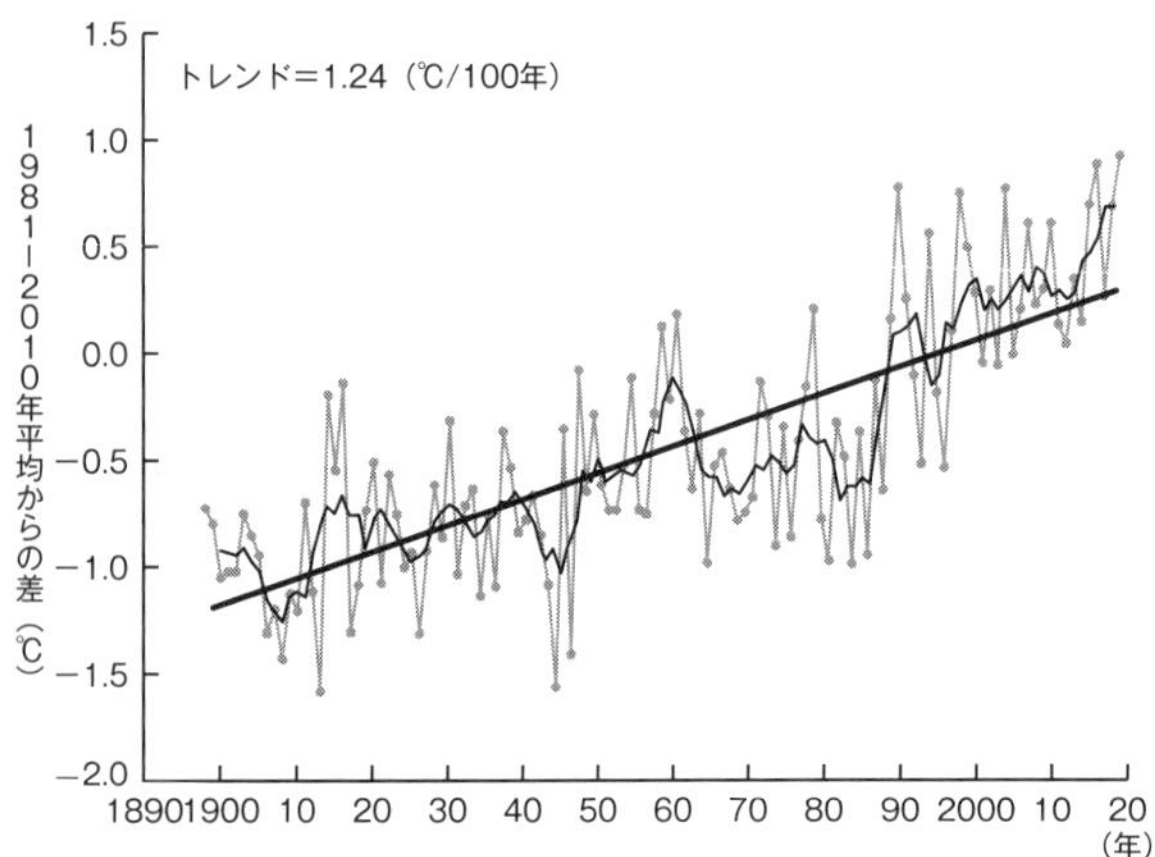

（注）グレーの線：各年の平均気温の基準値からの偏差
黒い線：偏差の５年移動平均値
太い直線：長期変化傾向
基準値は 1981 〜 2010 年の 30 年平均値
（出典）気象庁

て」という表現がよく使われるのだが、産業革命前とは１８５０年から１９００年までの期間を指す。産業革命から１９９５年ごろまでに気温は０・６℃上がっていたので、「産業革命」を基点にすると、第５次評価報告書の予測は、「２１００年までに５・４℃上昇する」ということになる。

いま50歳以上の方の多くは、幼少期と比べて最近の夏は暑くなった、あるいは冬に雪が降る日数が減ったという感覚をお持ちなのではないだろうか。その方々の幼少期から今日までの気温上昇は平均1・7℃[3]（図表1－2）。それでも、すでに気温がかなり上がったと感じている。そのことを考えると、気温が4・8℃上昇するということは、どれほどの大きな変化をともなうか、おわかりいただけるだろう。

3 深刻化する自然災害と異常気象

気温上昇の影響は、単に暑い夏がさらに暑くなり、冬の気温も上がるという話では終わらない。気温上昇は、天候のメカニズムを変えてしまうため、異常気象を発生させる。代表的なものには、豪雨、旱魃（かんばつ）、洪水、台風（太平洋の「台風」・大西洋の「ハリケーン」・インド洋の「サイクロン」）の巨大化がある。

台風

まず台風の予想。第5次評価報告書は、地球全体で台風の発生頻度は現在と変わらないか減少する一方で、一つひとつの台風が巨大化する可能性が高いと予測している。特に、日本の南海上からハワイ・メキシコにかけては巨大な台風が発生する可能性が高いという。

２０１９年に日本列島を震撼させた台風19号「ハギビス」の最高風速は、秒速55メートル。２０１８年に日本政府がまとめた将来予測[4]では、それをはるかに上回る最大風速秒速59メートル以上の台風が発生する可能性が高いとされている。

豪雨

台風以外でも、豪雨の発生回数は日本列島において増える見込みだ。気象庁の予想では、全国的に1時間に50ミリ以上の豪雨が発生する回数は年間2倍以上に増える（図表１－３）。もともと台風による豪雨の多い沖縄や奄美諸島でも約2倍になり、豪雨がいままで少なかった東北、北陸、北海道ではなんと5倍近くにまで増えるという。当然、豪雨にともな

図表1-3 1時間降水量50mm以上の1地点あたりの発生回数の変化

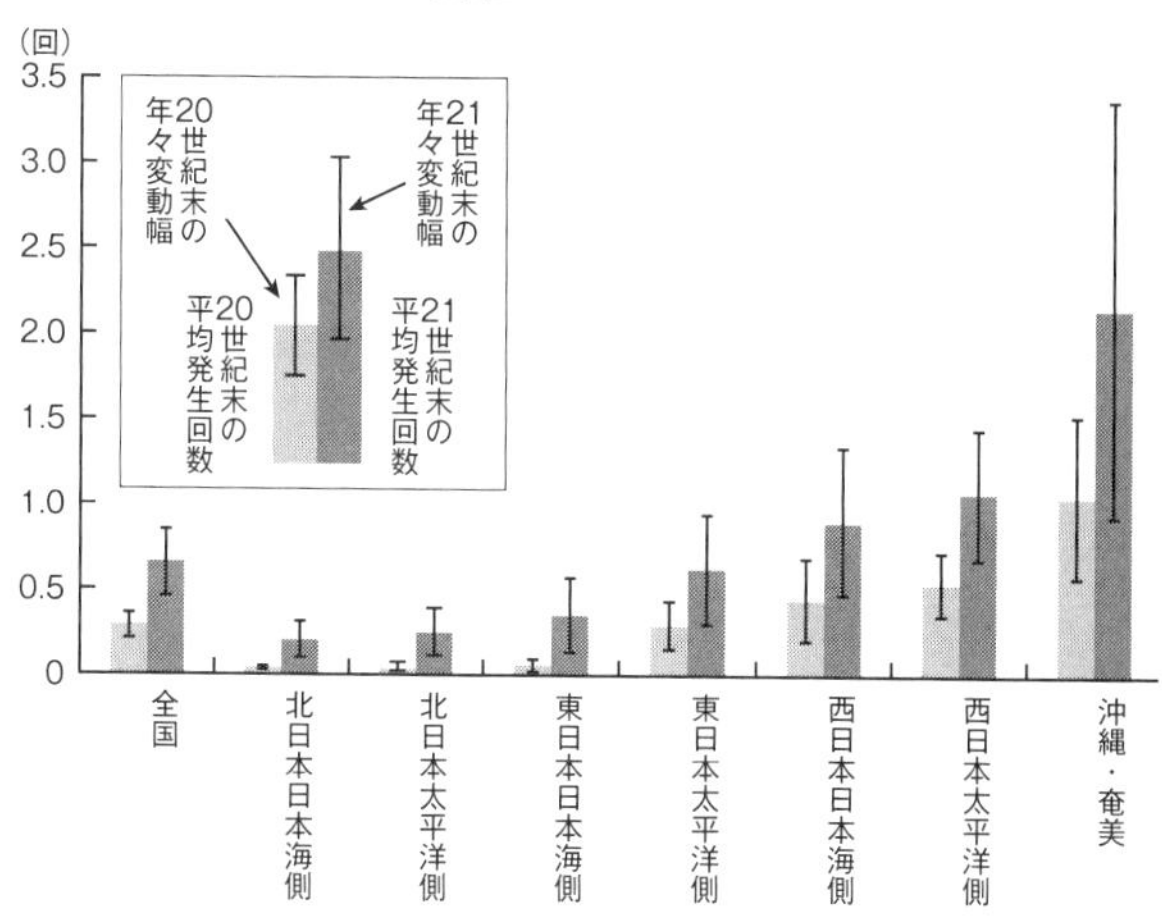

（出典）環境省ほか「気候変動の観測・予測及び影響評価統合レポート2018」

い、河川の氾濫、沿岸部の高波、市街地の浸水リスクが高まることになる。

世界全体で見ても、気温上昇とともに、豪雨の威力は増していく。特に、アジア全域、アフリカ中部、アルゼンチンでは、豪雨での降水量が10%から15%増加すると見られている

旱魃（かんばつ）

気象庁によると、日本列島では今後、豪雨が増える一方、全体の降水量は減っていく（図表1-4、口絵参照）。つまり、台風や豪雨以外では、むしろ雨が減ってしまう。それはどう

いうことかというと、台風が通過しなかったり、豪雨が発生しなかった地域では、逆に水不足に苦しみ、旱魃被害が発生し、農作物が育たなくなるという別の災害が発生してしまうということだ。

雨不足をもたらす背景には、雨を降らせる太平洋高気圧の位置が南に動き、太平洋で蒸発した水が雨雲として日本に来ることが少なくなるという気象パターンの変化がある。その結果、梅雨入りは遅くなり、夏には九州東部から本州太平洋側で雨が減少する。そうなると、水道の生活用水の不足も心配になってくる。

山火事

気候変動が引き起こす別の問題に「山火事」がある。2019年には、オーストラリアでも山火事が大規模化し、焼失面積が12万平方キロメートルを超えた。これは、北海道と岩手県と福島県の面積に相当する規模だ。シドニー大学の推計によると野生動物4・8億頭が犠牲になり、この地域を生息地とするコアラも、生息数の約30%に相当する8000頭が絶命したと見られている。家屋もニューサウスウェールズ州だけで1500棟以上が焼失した。

もともとオーストラリアは山火事が多い。オーストラリアの森林の4分の3は、コアラの食物で知られるユーカリの木で、ユーカリの葉は引火性の「テルペン」という油分を放出する。夏には高温でテルペンの濃度は上昇し、摩擦などの何らかの原因で発火すると一気に燃え広がる。

ユーカリは自衛のため樹皮が燃えやすくなっており、着火しても樹皮が幹からはがれ落ち、幹が燃えないようにしている。だが、気候変動で異常な「熱波」が発生すると、延焼が激しくなり、ユーカリの自衛手段では対応スピードが追いつかなくなる。その結果、手がつけられないような規模の山火事になる。

とりわけ今後、気候変動による大規模山火事が懸念されているのが北米だ。すでに、アメリカのカリフォルニア州では、山火事が大きな問題になっている。太平洋に面するカリフォルニア州は、比較的緑が多く、山火事はこれまでも頻繁に起きてきた。

どのくらい頻繁だったかというと、過去数十年間は毎年7000件から9000件といった水準で、その頻度はいまでもそれほど変わっていない。だが1回あたりの火災の規模は大きくなった。2010年までの10年間で、山火事面積は年間2500平方キロだったが、2

010年以降は3000平方キロに増加。さらに2017年に5600平方キロ、2018年には7700平方キロと非常に大規模なった。7700平方キロは静岡県の面積に相当する。

この2017年と2018年の大規模山火事は、企業活動にも大きな影響を与えた。その中でも特に影響が大きかったのが、520万世帯に電力を供給している大手電力会社PG&Eの倒産だった。倒産の原因は、山火事で送電網が破壊されたことで送電が停止。それにより売上が大きく減少した上に、電力供給できなくなったことで顧客から巨額の賠償責任を負った。その結果、融資の利払いができなくなり、裁判所に連邦破産法第11条の下での企業再生を申請した。負債総額は、約5・5兆円。倒産したことで、PG&Eに投融資していた銀行や投資家は、大きな損失を出した。

アメリカ環境保護庁（EPA）は、アメリカでの山火事は今後拡大していくと予測している。EPAが公表した2100年ごろの山火事予想マップ（図表1－5、口絵参照）では、アメリカの西海岸では総じて山火事リスクが高くなり、特にテキサス州西部では、カリフォルニア州以上に山火事リスクが高くなる。同地域には砂漠地帯も広がるが、日本がアメリカから輸入している農作物、乳製品、工業製品の多くは、アメリカの西半分で生産されている。今後大きな山火事が頻発するようになれば、アメリカに進出している企業だけでなく、アメリカからの輸入に頼る企業にとっても大きなリスクとなる。

4　気温上昇による海面上昇の恐怖

海面が5メートル上昇する可能性も

地球の気温が上昇すると、南極やグリーンランド、シベリアの氷が解けて、海面が上昇する。こういう話は、誰もが一度は耳にしたことがあるだろう。しかし、あまりにも古くから言われているため、いまや「本当に海面は上昇するのか」といぶかしんでいる人も少なくないにちがいない。

だが、残念ながら、日本の沿岸でも海面上昇はすでに観測されている。国土交通省の国土技術政策総合研究所の分析によると、東京湾の玄関口となる横須賀市の久里浜港では約50年間で海面が15センチメートル上昇していた。たかが15センチと侮ってはいけない。今後上昇速度が上がっていく可能性があるからだ。国土交通省は2019年9月に「気候変動による海面上昇や海外災害の激甚化への対応」を検討するための委員会を発足させている。

では、IPCCは今後海面がどのぐらい上昇すると予測しているのだろうか。第5次評価報告書では、1986年から2005年までの20年間平均に比べ、2100年までに最大で82センチ上昇すると予測した。その後、2019年に発表した「海洋・雪氷圏特別報告書」では、2100年までに最大1・1メートル上昇と大幅に上方修正した。2300年には最大で5・4メートル上昇するという推計も出した。

仮に海面が5メートル上昇すると、日本列島はどのような地形になるだろうか。米航空宇宙局（NASA）のデータをグーグルマップに投影すると、海抜の低い沿岸地域や河川流域が、水没を示す「青」に変わる（図表1－6、口絵参照）。関東では江戸川や荒川が集まる東京東部、埼玉東部が、関西地方では大阪湾岸一帯と大阪東部が、中部地方では木曽三川の下流域全体が水没するという予想になる。この水没地図を見て、古地図にくわしい人は、地形が古代に戻っていくことに気付かれるだろう。

数億人が移住を迫られる

このように海面上昇は、現実問題になってきている。すでに欧米の国や自治体では、将来の海面上昇に備えて、ホームページ上で高潮による洪水リスク・マップを公表している。

例えば、アメリカのボストンでは、海面上昇による洪水リスクを、2030年、2050年、2070年の3つの期間で提示。図の薄い青の部分が、2050年に年間の洪水リスクが1%以上、濃い青の地区が10%以上ある地域を示している（図表1-7、口絵参照）。沿岸部ではかなり多くの地域が海面上昇により洪水リスクが高まっていくことがわかる。

日本でも自治体がハザードマップを発表しているが、日本のハザードマップは、あくまで豪雨や台風による河川増水時のリスクを示したものであり、海面上昇は考慮されていない。欧米の国や自治体はすでに、海面上昇に備えて洪水マップを示し、新規の不動産開発や工場建設に警鐘を鳴らしたり、リスクの高い地区の住民に自発的な転居を促したりするところまできている。当然、洪水リスクがあると示された地域に物件を持っている不動産会社は面白くない。だが、そのような不動産会社からの不平や苦情を前にしても、これらの自治体は怯むことなく、海面上昇対策を推進している。

国連の中で人々の移住を担当する機関「国際移住機関（IOM）」は、気候変動が理由で、2050年までに世界で2500万人から10億人が移住を迫られると予測している。要因には、海面上昇による居住地喪失、飲料水不足、珊瑚礁白化による観光業の減衰、農作物生産量の低下、熱中症などの病気蔓延がある。

海面上昇で移住の危機を迎えるという話を聞くと、太平洋の島国を想像する人も多いだろう。実際に、キリバス、ナウル、ツバルでは、政府による海外移住計画が検討されている。すでに自発的に移住を決める人も出てきており、これまでに累計で、キリバス5000人（人口の4%）、ナウル1000人（人口の8%）、ツバル2000人（人口の20%）が海外に移住した。

国連大学にある環境・人間の安全保障研究所（UNU－EHS）によると、今後の気温が約3℃上昇した場合、2055年時点で、キリバスで累計海外移住数が35%増、ツバルで2倍にまで増えるという。[6] オーストラリア大学の研究では、移住者数は、2050年に、キリバスで2倍、ナウルで2・5倍、ツバルで2・5倍と予測している。[7] これらの人々は「太平洋気候移民」と呼ばれている。

太平洋気候移民の移住先は、主にオーストラリアやニュージーランドだ。両国の国会ではすでに、将来の大量移民受け入れの是非についての議論が始まっている。当然、政府や国会議員の中には、移民受け入れに慎重な意見もある。そのため両国は現在、太平洋気候移民の数を少しでも減らすため、太平洋島嶼国への経済・技術支援を強化している。

5 損害保険会社の経営リスク

災害で膨れ上がる保険金

気候変動による異常気象や海面上昇で、最も大きな危機感を感じているのは、この章の最初でもふれた損害保険会社だ。損害保険会社は、災害発生のたびに、巨額の損害保険金を支払わなければならない。その額はすでに上昇しており、そして今後さらに上昇していくと見られている。

自然災害で損害保険に関する話になると、東日本大震災でも損害保険会社は経営破綻しなかったじゃないかと思う人もいるかもしれない。だが、損害保険において地震と地震以外の自然災害は扱いが大きく異なる。例えば、日本で販売されている地震保険は、政府が国策として整備したもので、一定以上の損害が発生すると、最終的に支払われる損害保険金の大半を政府が税金で肩代わりする制度となっている。

そのため、大地震が発生したとしても、損害保険会社の経営にとって大きなリスクにはならない。例えば、２０１１年の東日本大震災で、保険が支払われた５・５兆円のうち、損害保険会社が負担した保険金は１・２兆円で、政府が負担した保険金は４・３兆円。[8] 政府が地震保険制度を大きく支えていることがわかる。

しかし、台風、豪雨、土砂崩れ、洪水など、地震以外の災害については、すべて損害保険会社が、自身で保険金を支払わなければならない。２０１８年に発生した台風21号と24号で、損害保険の支払は１・２兆円。さらに同年の西日本豪雨を加えると合計１・３兆円となり、東日本大震災時の民間による地震保険負担分とほぼ同じ規模となった。同様に、2019年の台風15号と19号でも、損害保険支払いは1兆円を超えており、最近はほぼ毎年のように東日本大震災規模の保険支払が損害保険会社にのしかかってきている。

再保険会社も経営が悪化

もちろん、損害保険会社もリスクヘッジする手立てを講じている。世の中には「保険会社の保険会社」の役割を果たす再保険会社があることはすでに紹介した。再保険会社は、歴史的に欧州に多く、有名どころには、ミュンヘン再保険、ハノーバー再保険、スイス再保険、スコール、ロイズ・オブ・ロンドンなどがある。例えば、日本の損害保険会社が、2019年の台風15号と台風19号で支払った1兆円超の保険金のうち、損害保険会社の実質負担は4000億円程度。残りは再保険会社からの保険金で賄うことができた。再保険会社のおかげで、各国の損害保険会社の経営は大規模災害が起きてもなんとかなっている。

だが、そうなれば当然、再保険会社の負担が非常に大きなものになる。再保険会社は、保険会社から保険料を受け取って、災害リスクを引き受けているのだが、スイス再保険でも最近、保険料収入よりも、支払保険金額のほうが多くなる事態が発生。徐々に経営として耐えられなくなりつつある。その結果、再保険会社は、保険会社に課す保険料を値上げするという手段に出ている。そうなれば当然、保険会社も企業や家庭に課す損害保険料を値上げせざるをえなくなる。日本でもすでに大手の損害保険会社の大幅値上げが始まっている。

再保険会社にとっても、引き受けている災害リスクをさらに別の機関にヘッジする仕組みも存在している。その1つが、キャットボンド（大災害債券）と呼ばれる特別な債券だ。キャットボンドは、保有していれば定期的に高金利の収入が得られるが、事前設定された規模以上の大災害が発生すると、債券保有者はキャットボンドに投資した元本の一部が償還されなくなる。つまり大災害が起きると、再保険会社が保険会社に支払わなければいけない保険金の一部をキャットボンドを購入した投資家が負担する仕組みとなっている。

キャットボンドは、以前は安定的に高いリターンが得られ人気があったが、最近では相次ぐ大災害発生で旨みが少なくなり、債券価格が不安定になってきている。つまり機関投資家の中でキャットボンドの人気にかげりが見られ、再保険会社の資金繰りを支える後ろ盾が弱くなっているのだ。

投資先の「事業リスク」として関心が高まる

こうした損害保険業界を取り巻く環境の変化は、フランスに本社を置く世界最大の保険会社アクサの発表からもうかがえる。アクサは、２０１７年の年次報告書の中で、気候変動は同社にとっての最大のリスク要因だと言及し、危機感をあらわにした。そして「今後気温が４℃上昇したら、保険事業は成立しなくなる」とまではっきりと言い切った。保険会社が、自分たちの保険事業が存続できなくなると発表することは、相当勇気がいるはずだが、アクサはもうそのような状況まで来ている。ちなみに前述したように、いまのペースで気温上昇が進めば、世界は４・８℃上昇する。

アクサは、保険事業をなんとか持続可能にするため、自社の二酸化炭素を積極的に削減するだけでなく、二酸化炭素排出量の多い石炭からの脱却を図ろうとしている。そのため、石炭採掘に依存する資源会社や、石炭火力発電に依存する電力会社から投資を引揚げ、そうした企業に損害保険を提供することも禁止するようになった。また他の業種でも、投資先企業が気候変動から受ける事業リスクも詳細に分析し、必要であれば、株式や債券を売却する体制まで整えている。

気候変動リスクの中で、台風、豪雨、洪水、土砂崩れ、旱魃、山火事、熱波、寒波など異常気象や自然災害による損害リスクのことを、専門家は「物理的リスク」と呼んでいる。大手の機関投資家はいま、各投資先企業がどの程度物理的リスクにさらされているのかに関心を寄せるようになった。だが、そのリスク量を分析するためには、投資先企業に関する詳細なデータが必要となる。

ということで、債券の信用格付で名高いムーディーズとＳ＆Ｐは、企業買収や事業開発を通じて社内に専門チームを構築し、物理的リスクの定量化サービスを提供するようになった。投資インデックス大手のＭＳＣＩも同様に、専門会社を買収する形で、傘下に物理的リスクの分析部門を設けた。

例えば、ムーディーズが買収した物理的リスク評価会社によると、世界の不動産会社の中で、最も物理的リスクにさらされているのは、香港大手の新鴻基（サンフンカイ）（図表１－８）。そして、その次にさらされているのが、日本の大手不動産会社だ。すでに世界の大手機関投資家は、このデータを購入し、投資分析に活かしている。各不動産会社には反論もあるだろうが、確

図表1-8　不動産会社の物理的リスク

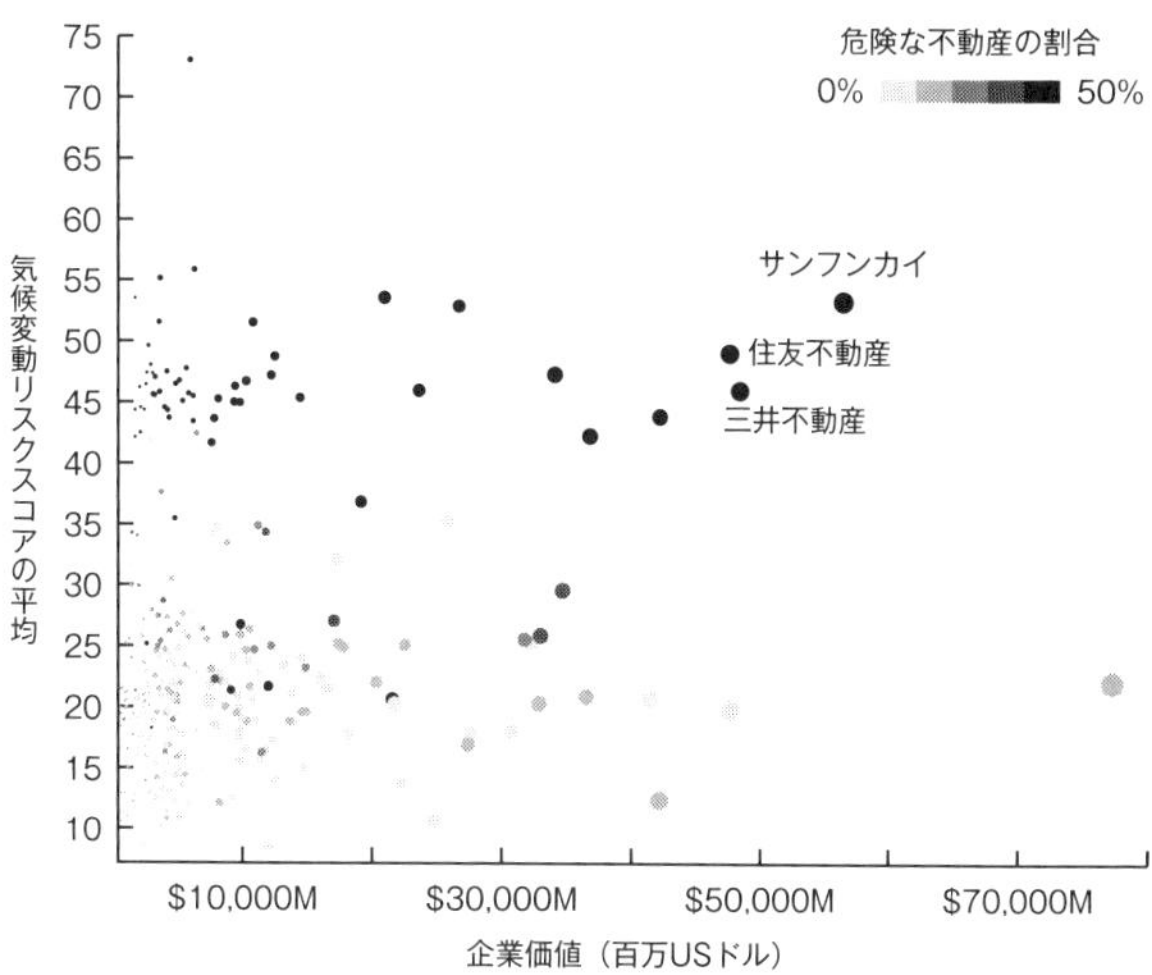

（注）円の大きさが規模を表す
（出典）Four Twenty Seven "Climate Risk, Real Estate, and the Bottom Line" 2018年　アクセス日：2020年5月3日
http://427mt.com/2018/10/11/climate-risk-real-estate-investment-trusts/

実にいえることは、日本企業も気候変動のリスクを真剣に考えなければならない時代に突入しているということだ。

スイスのバーゼルには、国際決済銀行（ＢＩＳ）という国際機関がある。各国の中央銀行間の資金決済を行う「中央銀行の銀行」の役割を果たしていると同時に、国際的な金融監督と金融システム安定化の要の役割も果たしている。このＢＩＳが２０２０年２月に「グリーン・スワン」

というレポートを発表した。[9]

金融業界では、通常では起こりえないが、万が一発生すると破壊的なダメージを与えるリスクのことを「ブラック・スワン（黒い白鳥）」と呼んでおり、この言葉はリーマン・ショックの際に盛んに使われた。ＢＩＳは、いまや気候変動が次のブラック・スワンになると警戒しており、「環境」の意味を込めて「グリーン・スワン（緑の白鳥）」という用語を生み出した。

このレポートには、グリーン・スワンは、ブラック・スワンよりもはるかに対策が難しく、過去の経験に頼らないまったく新しいリスク対策が必要になると書かれている。ＢＩＳはいま、気候変動に目を向けるよう世界中の金融当局と金融機関に警鐘を鳴らしている。

6　対策に乗り出した大手企業

レベルが低すぎる自主目標

気候変動で大きな経済損害が予測されるならば、政府も何か対策を講じるはずだ。ということで、第5次評価報告書が発表された翌2015年に、190カ国以上の政府が、パリ協定という国際条約に合意。気温上昇を産業革命前から2℃未満、できれば1・5℃未満に抑えるという国際目標を定めた。パリ協定では、その国際目標の達成に向け、各国が削減目標を自主的に定め、国連に提出することを義務づけている。すでに日本を含む多くの国が自主目標を提出済みだ。

しかし、各国の自主目標を積み上げても、目標レベルが低すぎて、気温上昇は2℃未満に抑えられず、3・2℃も上昇してしまうことが国連の発表からわかった。このままではパリ協定での「2℃未満」という国際目標を達成することはできない。こうした厳しい状況で、IPCCはさらに2018年、気温上昇を2℃ではなく1・5℃に抑制した場合の影響低減度やそのための達成手法をまとめた「1・5℃特別報告書」を発表した。その報告書には2℃ではなく1・5℃に気温上昇を抑えることで、社会のダメージはかなり少なくできると書かれていた。すると、悪影響を抑制するため、欧州や島嶼国の政府、さらには先進的なグローバル企業、運用資産額の大きい機関投資家の間では、気温上昇を1・5℃に抑えようという動きが一般化。最終目標が2℃から1・5℃に0・5℃分引き上げられる形となった。

では、気温上昇を1・5℃に抑えるためには、どの程度の二酸化炭素排出量の削減が必要なのだろうか。現在、人間社会は年間で約400億トンの二酸化炭素を排出している。それをなんと2050年までにゼロにしなければならない。しかも、2050年以降は、二酸化炭素を排出どころか、むしろ大量に吸収しなければならなくなる。吸収するためには、森林を増やすか、大気中の二酸化炭素を地中に埋めるテクノロジーを確立するしかない。

これらを実現できなければ、1・5℃目標は達成できず、結果としてここまで紹介してきた災害や損害が発生してしまう。さらに、削減のタイミングが遅れれば（これを「オーバーシュート」という）、その分2050年以降に吸収しなければいけない量が増えてしまう。そのため、「吸収」をどこまで現実化できるか不安な国連は、少しでも早く削減を本格化しなければならないと焦っている。

気候変動を1・5℃に抑えなければならないのに、各国の政府が提出した削減目標を積み上げても気温は3・2℃も上昇してしまう。このギャップを埋めるため、国連は各国政府に目標を引き上げるよう求めている。そのような要請に応じる国などないと思われるかもしれないが、すでに約70カ国が一度国連に提出した目標を再検討し引き上げると宣言した[10]。そこまで事態は深刻化してきている。

パリ協定は、5年ごとに目標の見直しと再提出を義務化しているため、2020年が最初の見直しタイミングとなった。日本でも、環境省は引き上げを検討したが、国内の産業界の抵抗が大きく、日本政府全体としての最終決定は、「目標の引き上げはしない」となった。

4℃から8℃も上昇する地域も

また、ここまで登場してきた2℃や1・5℃という言葉は、あくまで世界平均を表している。実際には地域ごとに気温の上がり方は異なる。IPCCの「1・5℃特別報告書」によると、世界の中でも陸地は気温上昇が大きく、海では気温が上がりにくい（図表1－9、口絵参照）。

とりわけ気温が上がりやすいのは、北極圏、南極圏、ヒマラヤ山脈地帯、サウジアラビアで4℃から8℃も上昇する。そのため、特に寒冷地域での氷の溶解とそれにともなう海面上昇が大きな問題となる。反対に上がりにくいのは南太平洋で1℃未満にとどまる。他の地域では、フランス、スペイン、イタリア、東欧辺りでは4℃から6℃、日本の内陸部では2℃から4℃上昇する見通し。すなわち地球全体が2℃上昇したときに、これらの地域では、2℃以上気温が上がることになる。

本腰を上げない政府に機関投資家が危機感

一方、政府以上に危機感を募らせているのは、機関投資家だ。機関投資家は、加入者から預かっている年金資産や保険資産を守り、運用リターンを高める使命を負っているが、気候変動が経済システムや金融システムを破壊していけば、彼らの使命が果たせなくなるからだ。

機関投資家はいま、巨大な業界グループを組成し、主要国の政府に対し、二酸化炭素排出量の削減目標を引き上げ、規制を強化するよう要求している。

その波は日本にも来ており、2020年2月には機関投資家631団体が、安倍晋三首相に対し、2030年までの削減目標を引き上げた上で、2050年には二酸化炭素排出量をゼロにするよう求める共同声明を発表した。[11] 集まった機関投資家の運用資産は総額で4000兆円にものぼった。

機関投資家が気候変動対策を迫るようになり、政府も規制強化に動くという未来がみえてくれば、当然先手を打って気候変動対策を積極的に進め、競争を有利に進めようという企業が出てくる。特に排出量の多い業界では大きな波が来ている。IPCCの第5次評価報告書によると、世界の二酸化炭素排出量の業種内訳は、電力・エネルギー業界が25%、農林業が24%、工業が21%、交通・運輸業が14%、不動産業が6%、その他が10%。そのため、排出割合の高い電力・エネルギー業では、大きな構造転換が起きている。

化石燃料に未来はあるか

エネルギー業界の中で、二酸化炭素を排出するのは、化石燃料と呼ばれる石炭、石油、ガスの分野。石油は自動車、船舶、航空機の燃料として使われていたり、ガスは家庭でも使われているが、この化石燃料3つの中うち、世界で最も多く発電燃料として使われているのは石炭だ。日本でも2018年度の発電総量のうち、石炭火力発電が占める割合は31・6%で、ガス火力発電の38・3%に次いで第2位の電源となっている。そして、石炭は、エネルギーあたりの二酸化炭素排出量が3つの中でも最も多い。こうして、二酸化炭素を減らすには、石炭火力発電を止め、太陽光や風力、地熱などの再生可能エネルギーに転換するという対策が自ずと出てくることとなった。

石炭火力発電の将来性については、「今後も発展途上国は経済成長し電力需要はまだまだ伸びる。そのため、世界的には石炭火力発電の需要はなくならない」と考える人もいる。実際に日本政府はいま、この立場をとっている。しかし国連や機関投資家の間では、石炭火力発電は、環境リスクとしても政治リスクとしても「稼働できなくなる」が共通認識となっている。

アメリカでは、2016年に政権を獲得したトランプ大統領は国内の雇用政策として「石炭推進」を打ち出したが、実際は電力会社自身が石炭火力発電から身を引く形となり、トランプ政権期間中、石炭火力発電の割合は一貫して減少している。

化石燃料の中でも石炭よりは二酸化炭素排出量が少ない石油や天然ガスはどうだろうか。石炭に比べて「マシな燃料」であることは事実だが、パリ協定での目標を達成しようとすると2050年には消費量を石炭と同様にゼロにしなければならなくなる。発展途上国が経済発展するための国策プロジェクトに融資をしてきた世界銀行は、すでに石油やガスの資源開発には融資をしない方針を決めており、海外の大手銀行や機関投資家の間でも、化石燃料関連のプロジェクトへの投融資を控える動きが出ている。ひと昔前までは、石油やガスといえば羨望の業界だったのだが、いまやすっかり雰囲気が変わってしまった。

原子力発電についても見方は厳しい。確かに原子力発電は、二酸化炭素を排出しないため、気候変動対策として追い風になるはずの電源だ。だが、日本の東日本大震災で事故リスクが顕在化して、原子力発電に対する見方は海外でも一変。原子力発電が大量に新設できると考える雰囲気は、国連や機関投資家でも少なくなり、第5次評価報告書の中でも、原子力発電の割合は「横ばい」と見立てられている。

「再エネ100%」への道筋

こうした背景から、企業の間でも、購入している電力をすべて再生可能エネルギー電力に切り替える動きが出てきた。特に有名なのが電力を100%再生可能エネルギーのみで調達することにコミットする「RE100」という団体に加盟する動きだ。加盟企業は、アップル、グーグル、フェイスブック、マイクロソフト、SAP、BMW、GM、NIKE、バーバリー、ラルフローレン、ウォルマート、P&G、ユニリーバ、ロクシタン、ネスレ、ダノン、マース、ジョンソン・エンド・ジョンソン、レゴ、3M、HP、デル、フィリップス、ゴールドマン・サックス、モルガン・スタンレー、バンク・オブ・アメリカ、シティグループ、アクサ、チューリッヒ保険、セールスフォース・ドットコムなど。世界的に有名なグローバル企業が多数加盟している。

日本企業でも、ソニー、パナソニック、イオン、第一生命などが加盟している。各企業は加盟時に「再エネ100％」を実現する目安の時期を公表しなければいけないが、加盟全約250社（2020年5月時点）のうち75％は、2028年までに100％切り替えを達成する見込みだ。

ちなみにRE100は、ザ・クライメート・グループという国際環境NGOが2014年に設立した団体。加盟するには、年間数百万円の年会費がかかるのだが、企業は、再生可能エネルギーへの切り替えを積極的に進める姿勢を電力業界、投資家、政府に協働して示すことで、再生可能エネルギーへの転換と投資拡大をうながそうとしている。そのために、RE100というブランドを活用している。

この潮流は、ザ・クライメート・グループがまさに戦略的に狙った効果で、大企業のブランディングに使える立て付けにすれば、自ずと加盟する企業が増えると見ていた。ブランディング効果を最大化するため、RE100には大企業しか加盟できないという縛りまでついている。かつて大企業と対立していた環境NGOは、いまや大企業のほうから接近し、お金まで払うような存在にまでなった。これも、世の中が大きく変わったことを示す1つの現象だ。

従来エネルギーよりも安い発電コスト

電力を再生可能エネルギーに切り替えると電気代が高くなるのではないか。そう思う人もいるかもしれないが、再生可能エネルギーの発電コストは、技術革新により大幅に下がり、すでに再生可能エネルギーのほうが安い国もある。オーストラリア政府が発表した将来予測によると、再生可能エネルギー発電のコストは今後さらに減少し、火力発電をも下回っていく（図表1－10）。

例えば、高効率石炭火力発電と呼ばれる「超々臨界石炭火力」や「超臨界石炭火力」は1メガワット時あたり75豪ドルから80豪ドルの水準。一方、風力発電は２０５０年には70豪ドル、太陽光発電は49豪ドルにまで下がる。太陽光発電は、曇りや雨の時間帯は発電ができなくなるため、電気をためておくバッテリーを併設する発電所も増えてきている。同じ予測では、バッテリー付の太陽光発電でも69豪ドルで、それでもやはり石炭火力発電を下回る。この統計を発表しているオーストラリアは、世界有数の石炭輸出国。そのオーストラリアからの石炭火力よりも再生可能エネルギーのほうがコストが安くなるという発表は、世界に衝撃

図表 1-10 主要電源コストの将来予測

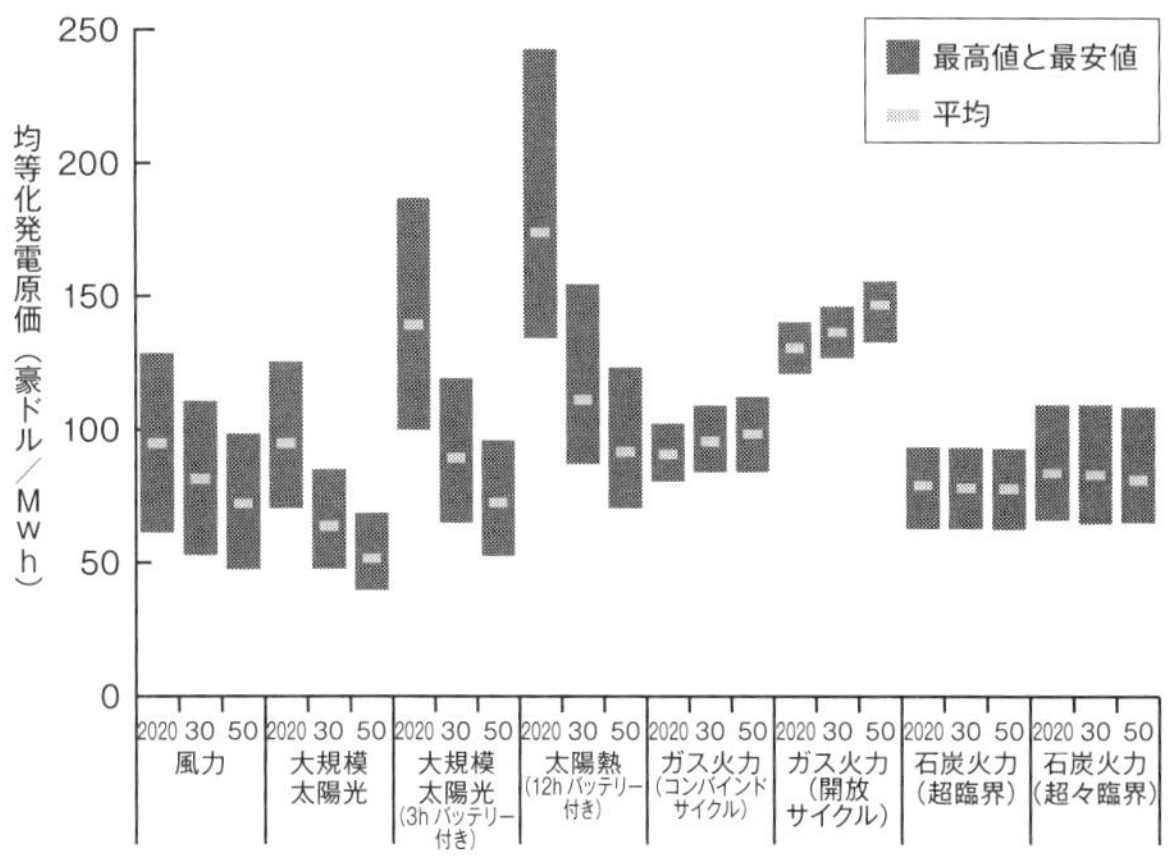

（出典）オーストラリア政府“Independent Review into the Future Security of the National Electricity Market - Blueprint for the Future”（2017年）を基に著者和訳

を与えた。

2050年のエネルギー構成

経済・社会への悪影響を抑えるために再生可能エネルギーへのシフトが進み、ガソリン車両やディーゼル車両も、電気自動車（EV）や燃料電池車（FCV）に転換していった場合、最終的に2050年にはどのようなエネルギー構成になっているのだろうか。世界160カ国が加盟する国際機関の国際再生可能エネルギー機関（IRENA）の予測によると、発電量に占める割合では、石

図表1-11　パリ協定目標達成時の2050年のエネルギー構成の予測（%）

	発電量に占める再エネ割合			一次エネルギー供給量に占める再エネ割合		
	2017	2030	2050	2017	2030	2050
東アジア	23	60	90	7	27	65
東南アジア	20	53	85	13	41	75
その他アジア	18	52	81	8	27	58
北米	23	60	85	10	30	67
中南米	65	85	93	30	53	73
EU	31	55	86	15	39	71
その他欧州	27	42	82	6	19	54
オセアニア	25	66	93	10	39	85
中東・北アフリカ	3	27	53	1	9	26
サブサハラ・アフリカ	26	67	95	7	43	89

（出典）IRENA（2020年）を基に著者作成

油・ガスに依存する中東・北アフリカを除き、水力発電を含む再生可能エネルギーが80%以上を超えるという試算となった（図表1－11）。

電気に加え、自動車や航空機といった輸送機器の燃料なども加えた全体のエネルギーを指す「一次エネルギー供給量」でも、2050年には70%が再生可能エネルギーになるという。

一方で、日本の政府と産業界の動きは、再生可能エネルギーへの転換を推し進めるのではなく、日本の重工メーカーが得意とする火力発電技術を使い続けながら、排出する二酸化炭素を回収する新技術を開発することに賭けている。この技術は、炭素回収・貯留（ＣＣＳ）技術と呼ばれている。

この技術が完成し、安価に導入することができれば、火力発電でも二酸化炭素を排出しないようにすることができる。だが、極めて高度な技術のため、実用化の目処は立っていない。特に安価に導入するという経済面でのハードルが高い。国連や機関投資家の間では、ＣＣＳの大規模導入は不可能だと考える向きもある。日本は、ＣＣＳ技術の可能性を国際社会に証明できなければ、何も対策していないとみなされるという瀬戸際に追い込まれている。

水素エネルギーは「クリーン」か

日本が早くから提唱してきた水素エネルギーにも機関投資家の注目が集まっている。水素エネルギーは、燃焼しても化学反応して水になるだけで二酸化炭素を排出しない。そのため、クリーンな技術として、燃料電池車（ＦＣＶ）のエネルギー源や、水素を燃焼して発電する「水素発電」にも期待が集まっている。

水素エネルギーは燃料電池という形ですでに実用化されており、例えばトヨタ自動車は2

０１４年に燃料電池自動車「ＭＩＲＡＩ」、２０１８年には燃料電池バス「ＳＯＲＡ」を発売。中国でも燃料電池バスがすでに市バスに投入されている。とりわけ現時点で最も大規模に導入されているのは、アメリカのカリフォルニア州だ。

だが現時点では、水素エネルギーは「クリーン」なエネルギーにはなっていない。その原因は、現在使われている水素は、ガスや石炭に含まれる水素原子を化学反応させることで抽出しており、製造工程で副産物として二酸化炭素が大量に出てしまうためだ。

そのため、水素エネルギーを「クリーン」エネルギーとして活用するためには、現在の製法にＣＣＳ技術を搭載し製造中に排出される二酸化炭素を回収するか、もしくは水の電気分解で水素を抽出するというまったく別の製法に切り替えるしかない。

後者の場合、電気分解するための電力を火力で発電すればやはりそこで二酸化炭素が出てしまうので、再生可能エネルギーもしくは原子力で発電することが必須となる。これらの手法で生産されると「CO_2フリー水素」とみなされる。最近では、化石燃料から抽出された旧来型の水素を「グレー水素」、ＣＣＳ活用方式の水素を「ブルー水素」、再エネ水電解方式の水素を「グリーン水素」と呼ぶようにもなった。

図表1-12 水素製造コストの将来予測

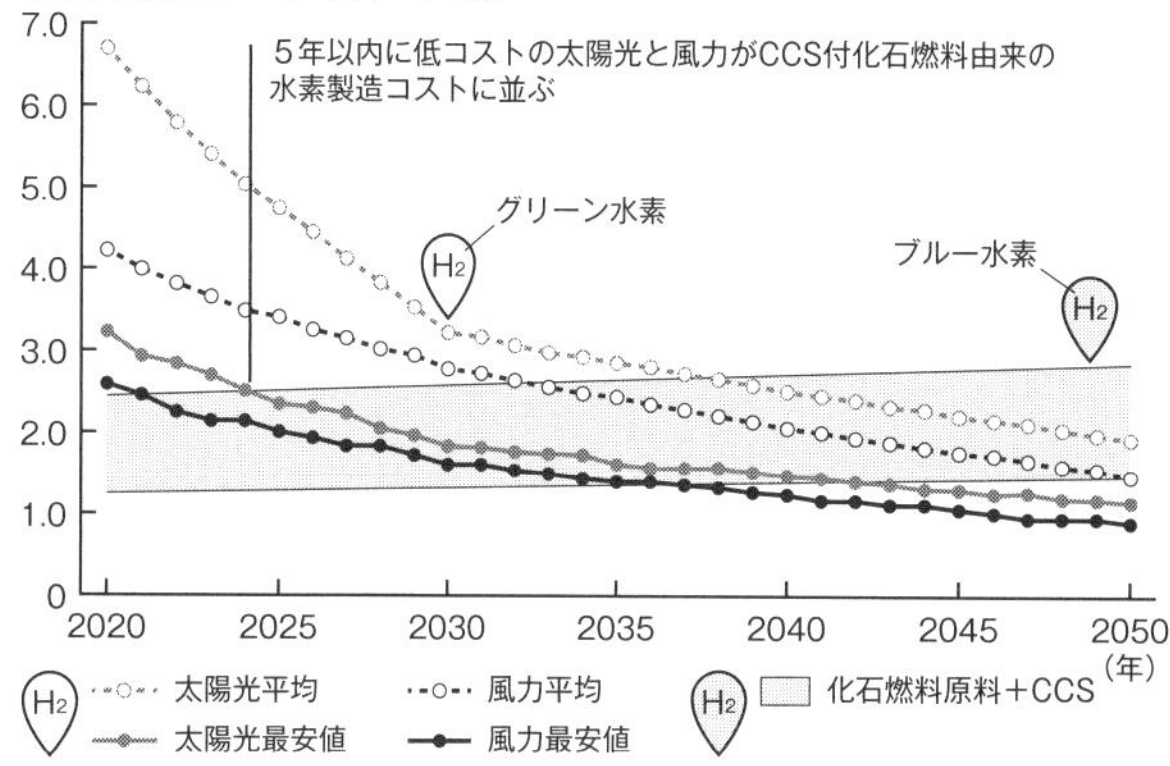

（出典）IRENA "Global Renewables Outlook: Energy transformation 2050"（2020年）を基に著者和訳

ＩＲＥＮＡの予測によると、今後再生可能エネルギーの発電コストが低下することにより、再生可能エネルギー電力を使った水電気分解方式の水素製造のほうがコストが安くなっていく（図表1－12）。日本は目下、政府と産業界の連携で、ＣＣＳ活用方式のブルー水素のプロジェクトが始動している。だがＣＣＳ技術はまだ確立しているとは言い難く、規模を一気に拡大するには不安がある。

一方、水電気分解方式の水素製造は、中国やヨーロッパなどで大規模プラントの建設が着工しており、日本のプロジェクトの規模を大きく凌駕する勢いだ。日本も政府主導で福島県に太陽光発電を利用した水電気分解方式の水素製造プラントが２０２０年に完成し、どこまで巻き返しを図れるか、という状況にある。

再生可能エネルギーやＥＶが進展すると、太陽光発電パネル、風力発電のタービン、蓄電バッテリーの廃棄問題も考えなければならなくなる。それぞれの製品には寿命があるため、リサイクルできなければ、産業廃棄物が増えることになる。さらにリサイクルができなければ、材料として使う資源の採掘を増やさなければならず、今度はそれが自然破壊を引き起こしてしまうことにつながる。それらの解決に向け、各パーツをリサイクルできる設計にする手法や、リサイクルしやすい材料を開発する取り組みがグローバル企業の間で始まっている。これらの分野では、大学の研究機関やスタートアップ企業がグローバル企業と協働する事例も増えてきた。

災害リスク低減で立地を競う

再生可能エネルギーへのシフト以外にも、企業は今後、将来の災害に備え、事業所や工場、サーバーセンターを災害リスクの少ない地域に移転するなどの自主的な予防策にも乗り出すとみられている。日本では、地震対策として震災リスクの少ない地域にデータセンターを置く対策などが進められてきたが、グローバル企業では、気候変動による自然災害リスクの少ない地域にデータセンターを置く対策も始まっている。

このような災害対策は「ＢＣＰ（事業継続計画）」とも呼ばれ、新型コロナウイルスのパンデミックでも重要性が再確認された。災害対策は、政府や自治体にとっても重要な政策分野となっている。政府や自治体は、産業振興のためにも、災害リスクを低減することで立地の魅力を高める戦略も打ち出してきている。このように国や自治体にとっても気候変動から受けるリスクを低減することが、地域活性、雇用創出、税収増の面でもプラスの効果を生むと考えられるようになった。

気候変動は、電力・エネルギー業界以外にも、さまざまな業界に影響を及ぼす。それらについては、各章の中でみていこう。

(注)

1 IPCC“AR5 WG1 SPM”p.17（2013）
2 IPCC“AR5 WG1 SPM”p.20（2013）
3 気象庁「日本の年平均気温偏差（℃）」（アクセス日：２０２０年５月３日）
4 環境省ほか「気候変動の観測・予測及び影響評価統合レポート２０１８」
5 Fischer et al.“Models agree on forced response pattern of precipitation and temperature extremes”（2014）
6 UNU-EHS“How does climate change affect migration in the Pacific?”（2016）
7 Curtain & Dornan“A pressure release valve? Migration and climate change in Kiribati, Nauru and Tuvalu”（2019）
8 日本損害保険協会「東日本大震災に対する損害保険業界の対応」２０１２年
9 BIS“The green swan”（2020）
10 Gobierno de Chile“Climate Ambition Alliance: Nations push to upscale action by 2020 and achieve net zero CO2 emissions by 2050”（2019）
11 IIGCC“International investor group letter on Japan's NDC”（2020）

第2章

迫りくる食料危機の実態

ブラジルでの焼き畑農業のようす。
アマゾンのみならず、
世界中で広大な熱帯雨林が食料増産のために
焼き払われている＝アフロ

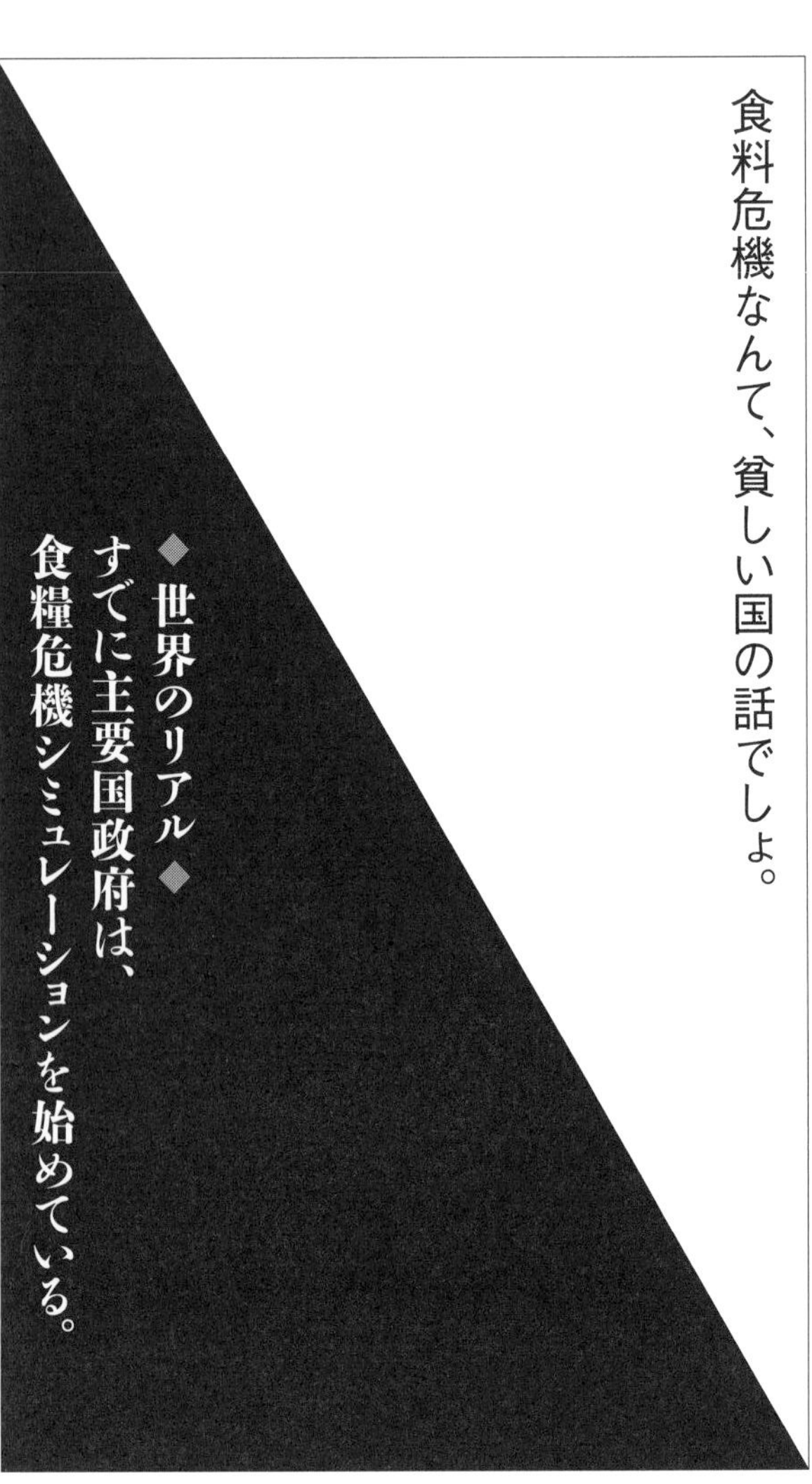
食料危機なんて、貧しい国の話でしょ。
◆世界のリアル◆
すでに主要国政府は、
食糧危機シミュレーションを始めている。

1 過去50年間、食料危機が起きなかった理由

『人口論』の衝撃

「地球ではこれから人口が増加するので食料危機が起きる」――こんな話を誰もが一度は聞いたことがあるのではないだろうか。確かに世界の人口は人類の歴史とともに大きく増加した。特に第二次世界大戦直後の1950年には30億人にも満たなかった世界の人口は、いまでは80億人が目前に迫っている。つまり世界の人口は、わずか60年間で2倍以上にもなった。

人口が増加すると食料危機が起きる。このことを予言した世界で最も有名な人は、トマス・ロバート・マルサスという18世紀のイギリス人経済学者だ。マルサスは1798年に『人口論』という本を出版する。そして、「人口は幾何級数的に増加するが、食料は算術級数的にしか増加しないので、必ず食料危機が起きる」という予言を残した。

幾何級数的とか、算術級数的とか、慣れない人にはやや難しい日本語かもしれない。幾何級数的とは、増え幅がどんどん大きくなる増え方のことという。例えば「お小遣いが毎年2倍に増える」としよう。するとお小遣いは2年目には2倍に、3年目には4倍に、4年目には8倍になり、どんどん増え幅が大きくなる。これが幾何級数的だ。他にも、指数関数的とか、乗数的とか、等比数列的とかいろいろな言い方がある。生物の数は、制約がなければ、基本的に幾何級数的に繁殖していく。マルサスは、人口も同じく幾何級数的に増えると説明した。

一方、算術級数的とは、直線的な増え方のこと。「お小遣いが毎年100円増える」とすると、例えば1年生は100円、2年生は200円、3年生は300円と増え、100円ずつ同じ量で直線的に増えていく。これが算術級数的だ。他には、等差数列的という言い方もある。マルサスは、食料は算術級数的に増えると説明した。

幾何級数的と算術級数的では、幾何級数的のほうが増加速度が速い。もし、人口が幾何級数的に増え、食料は算術級数的にしか増えないとすると、人口の増え方に対し、食料の増え方が追いつかず、食料が足りなくなってしまう。食料が足りなくなると、貧しい人が生きていけなくなり、人口増加が抑制される。この現象を後世の学者は「マルサスの罠」と名付けた。

食料危機は「まやかし」だったのか

だが、マルサスが食料不足を予言した1798年以降も、人類は人口も食料も順調に伸ばしていき、それほど大きな問題を抱えることなく月日が流れていく。そして、マルサスの出版から約180年を経た1972年に、この予言が再び脚光を浴びることとなる。ローマクラブという民間機関が『成長の限界』という本を出版。最新のデータを基に計算したところ、そろそろ世界は食料が足りなくなりそうだと予測したのだ。

そもそもローマクラブとは何なのか。ローマクラブは、マルサスの罠が将来訪れるという危機感を感じた政治家、学者、企業家が1970年に立ち上げた組織で、立ち上げのための会合がローマで開かれたのでローマクラブという名前がついた。ローマクラブは、危機がどのぐらい迫っているのかを把握するため、当時マサチューセッツ工科大学にいたジェイ・フォレスター教授に食料需給の予測を依頼する。そしてフォレスター教授と、弟子のデニス・メドウズ助手、ドネラ・メドウズ助手が予測分析を実施し、第1回の報告書として出版したのが『成長の限界』だった。メドウズらは、人口、食料生産、環境制約などのデータを活用し、数学を駆使したシミュレーション・モデルを構築。分析した結果、将来食料危機が発生すると結論付けたのだ。

だが、またしても「マルサスの罠」は現実には至らなかった。それから40年以上が経ったいまでも、人口増が原因での食料危機は起きてはいない。もちろん一部の貧困国では深刻な飢餓問題を抱えているが、それは食料不足なのではなく、経済的な理由によるものだ。最近では、科学技術を手にした人類社会には食料不足は起きないという学説も登場し、マルサスの罠を強く否定する学者も出てきている。では、食料危機の予言はまやかしだったのだろうか。

人口増を支えた食料増産

では、実際にデータで確認していこう。

あらためてマルサスの予言とは、人口増加と食料不足の話だ。まず人口はどういう状況な

図表 2-1 人口と農業生産量の推移（1961年〜2017年）

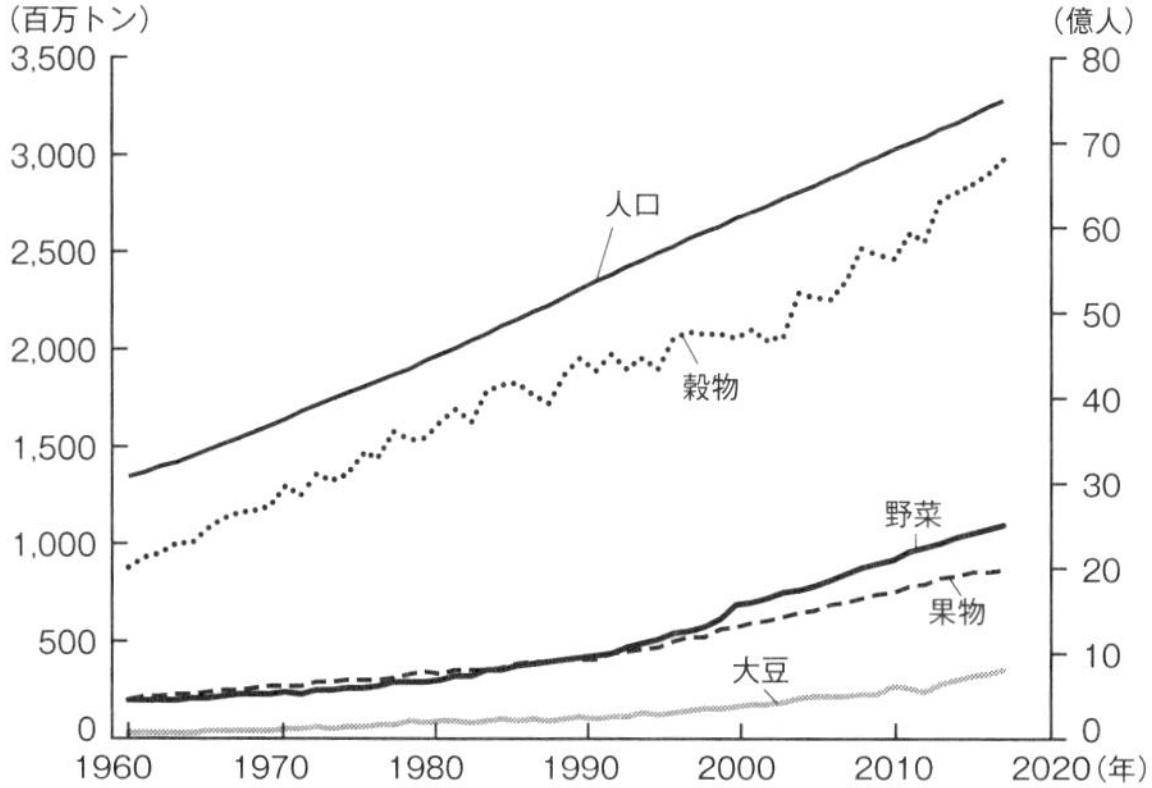

（出典）国連人口部とFAO STATを基に著者作成

のか。1961年から2017年までの56年間で、世界の人口は31億人から75億人へと2・4倍に増えた。では食料生産はどうだったか。実は、食糧生産量は1961年から2017年までの間にそれ以上に増えた（図表2−1）。

人類の多くが主食として摂取している米、小麦、とうもろこし、大麦、ライ麦、蕎麦、雑穀、燕麦などの穀物の生産量は、1961年の9億トンから2017年には30億トンにまで3・4倍の伸びを記録。野菜と果物も、1961年には各々2億トンを生産していたが、2017年には野菜が11億トン、果物も9億トンと、約5倍に

図表 2-2　各農業分野の生産量・面積・生産性の伸び率（1961 〜 2017 年）

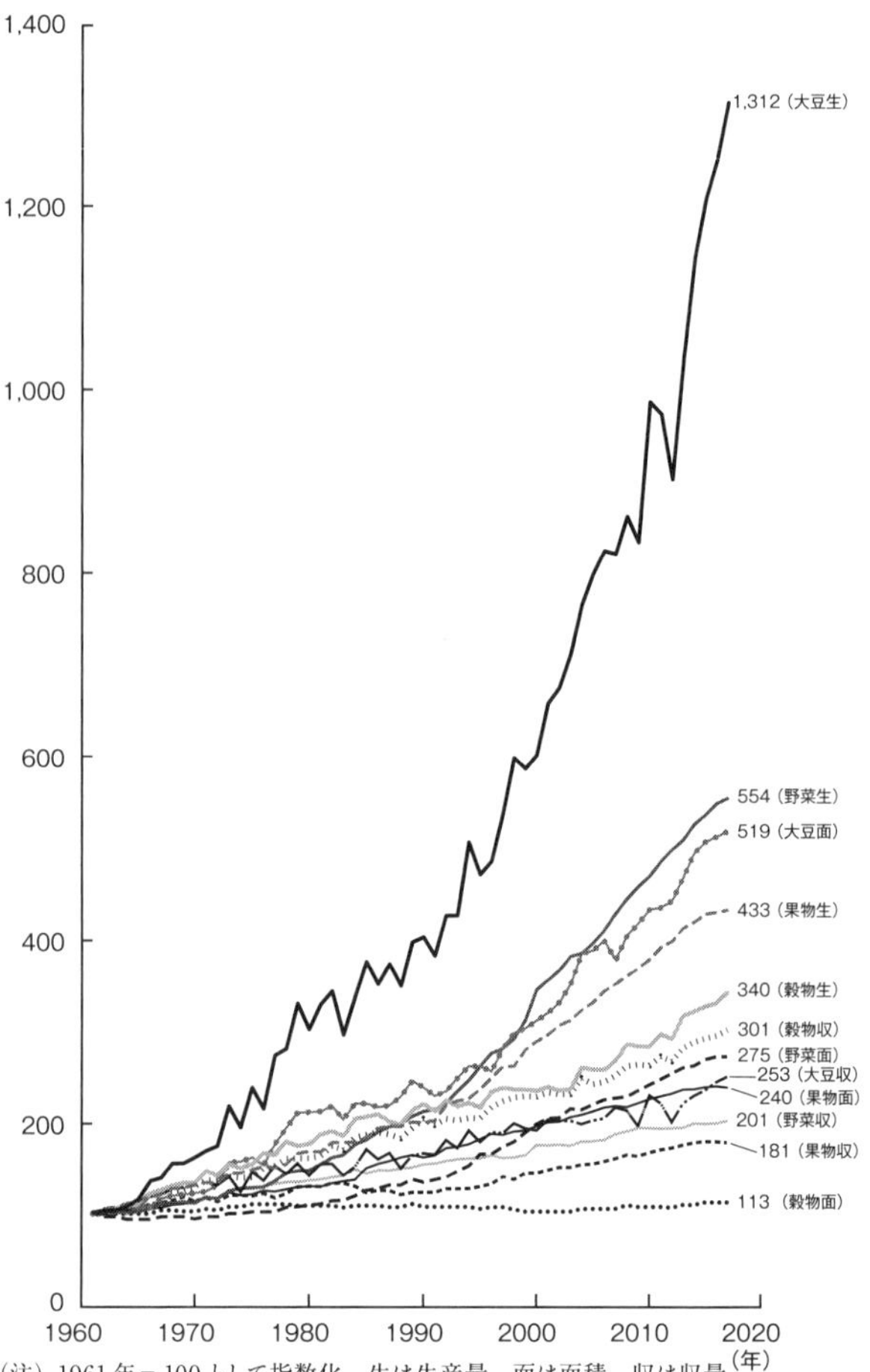

（注）1961 年＝100 として指数化。生は生産量、面は面積、収は収量
（出典）FAO STAT を基に著者作成

なった。食料が増えなければ、人口は増加できない。実際に私たち人類は、大規模な食料増産という手段で、人口増加を成し遂げてきた。

では、どのようにしてこれほどの規模の食料増産を実現できたのか。食料生産量を因数分解すると、「生産面積×収量（面積あたりの生産量）」で表すことができる。つまり、農地の面積が拡大すれば、食料生産量は増えるし、また、農法やテクノロジーを改善して収量を上げても、同様に食料生産量は増える。この因数分解からは、穀物、野菜・果物、大豆では、大きく違った歴史をたどってきたことがみえてくる。

図表２－２は、穀物、野菜、果物、大豆について、１９６１年時点の生産量、面積、収量を１００とし、その後、それぞれがどの程度増加してきたかをグラフにしたものだ。

穀物

多くの国で主食となっている穀物は、生産量が３・４倍に増えたのに対し、実は農地面積は１・１倍とほとんど増えていない。電車や飛行機の車窓から見えるあの田園、小麦畑、とうもろこし畑の風景は、１９６１年から世界のどこでもほとんど変わっておらず、同じぐらいの面積でいまも穀物を生産している。食料の中でも主食の穀物のことを「食糧」と言うが、食糧増産と聞くと、農地開拓、新田開墾をイメージするかもしれない。だが戦後においては、穀物に関していえば、大規模な新田開墾のようなものは起きていない。

では、穀物の生産量をどのように3・4倍にまで増やしたのか。そのカラクリは、肥料の開発、機械化、品種改良といった技術革新による収量改善だ。人類は技術によって収量を上げ、食糧増産を成し遂げてきたのだ。収量の伸びだけで比較すると、穀物で3倍。野菜の収量が2倍、果物で1・8倍。穀物の収量の伸びが非常に大きいことがわかる。

戦後の農業技術革新の中身を具体的に見ていこう。例えば、肥料では、ユダヤ系ドイツ人化学者のフリッツ・ハーバーとドイツ人化学者カール・ボッシュが1906年に開発した「ハーバー・ボッシュ法」の功績が大きい。植物は窒素がないと成長できない。窒素は大気中に豊富にあるのだが、植物は土壌に含まれる窒素を根からしか吸収できない。そのため植物の育成を早めるためには、人工的に土壌に含む窒素成分を増やしてやればいい。ひと昔前までは、糞尿や魚粉、油粕、酒粕に含まれる窒素成分を畑にまいたり、窒素成分を含む硝石をチリから輸入して散布したりしていたが、そのような肥料の生産には量に限界があった。

その限界を克服したのがハーバーとボッシュだった。ドイツの大手化学メーカーBASFに勤務していたハーバーは、窒素と水素を人工的に合成することで、植物が吸収できる窒素化合物を作り出すというアイデアを思いつく。そして研究室で、窒素化合物のアンモニアを安価で大量に生成する実験に成功。こうして化学肥料が誕生した。またBASFの同僚だったボッシュは、ハーバーの技術を活用した製造装置を開発し、BASFは、「ハーバー・ボッシュ法」を確立する。

この技術は1908年に特許を取得。1913年には世界初のアンモニア工場が稼働を開始し、化学肥料の大量生産が始まる。この功績により、ハーバーは1918年にノーベル化学賞を受賞することになった。ちなみにボッシュも1931年にノーベル化学賞を受賞しているが、ボッシュの受賞はその後の別の研究によるものだ。

収量の改善では、戦後に進展した機械化の功績も大きい。例えば、田植え機、耕耘機、トラクターやコンバインなどの農機が次々と登場した。特に、アメリカやヨーロッパの広大な農場では、機械化によって飛躍的に収量が上がった。日本でも、1953年に川崎市にあった農機具メーカー「細王舎」が、アメリカのメリー・テーラー社が開発した安価な空冷エンジン搭載型耕耘機の販売を開始。この耕耘機は、「メリーテーラー」の愛称で親しまれて爆発的なヒットを記録し、農家の必需品とまで呼ばれるようになった。

日本に農業機械化をもたらした細王舎は、その後、小松製作所と業務提携し、小松部品に社名を変更。その後も、業界再編の流れを受け、いまは、埼玉県川越市に本社のあるハスクバーナ・ゼノア社に事業が継承されている。

他にも戦後の収量向上では、植物の発育を阻害する草や虫を取り除く除草剤や殺虫剤が多数開発された。加えて収量を上げるための品種改良も進んだ。収量の高い新品種の投入と化学肥料を駆使した農業は「緑の革命」とも称され、1940年代から1960年代まで、発展途上国を中心に大規模な食料増産を成し遂げた。

人工的な技術を駆使した「緑の革命」には、弊害を指摘する声もあった。「肥料漬けの農業は、農家の経営を苦しくする」「特定品種の大量生産は病虫害に弱くなる」「肥料の使い過ぎで塩害被害が発生している」「農薬で土壌の微生物が死に、土壌の養分が失われた」。こうした批判から、「有機農法（オーガニック農法）」を推奨する考え方も生まれたが、実際にはその後も一貫して緑の革命は推し進められた。

さらに途中からは、遺伝子組み換え技術を活用し、除草剤に強い品種を人工的に作り出す手法も加わり、除草剤と肥料を大量に散布しながら収量を上げる取り組みも広がった。遺伝子組み換え技術に対しても、大きな批判が生まれてきているが、今日に至るまで穀物増産を実現できたのは、こうした人工的な技術によるものだったということは否めない。

野菜・果物

野菜・果物・大豆も、1961年から2017年までの56年間で、穀物と同様に収量が大きく伸びた。前述の通り、野菜で2倍、果物で1・8倍を記録した。背景には、穀物と同じく、肥料や品種改良、機械化がある。

しかし野菜・果物では、穀物と大きく異なって、面積も著しく拡大した。野菜では2・8倍、果物では2・4倍、農地面積が増えた。穀物の面積増がわずか1・1倍だったことと比べると、野菜・果物は、収量増と農地面積拡大という双方の手段で、大幅な増産を成し遂げてきたことがわかる。

たとえば野菜・果物の二大生産大国である中国とインドの状況をみると、面積拡大のすさ

図表 2-3　中国とインドの野菜・果物生産面積の推移（1961 ～ 2017 年）

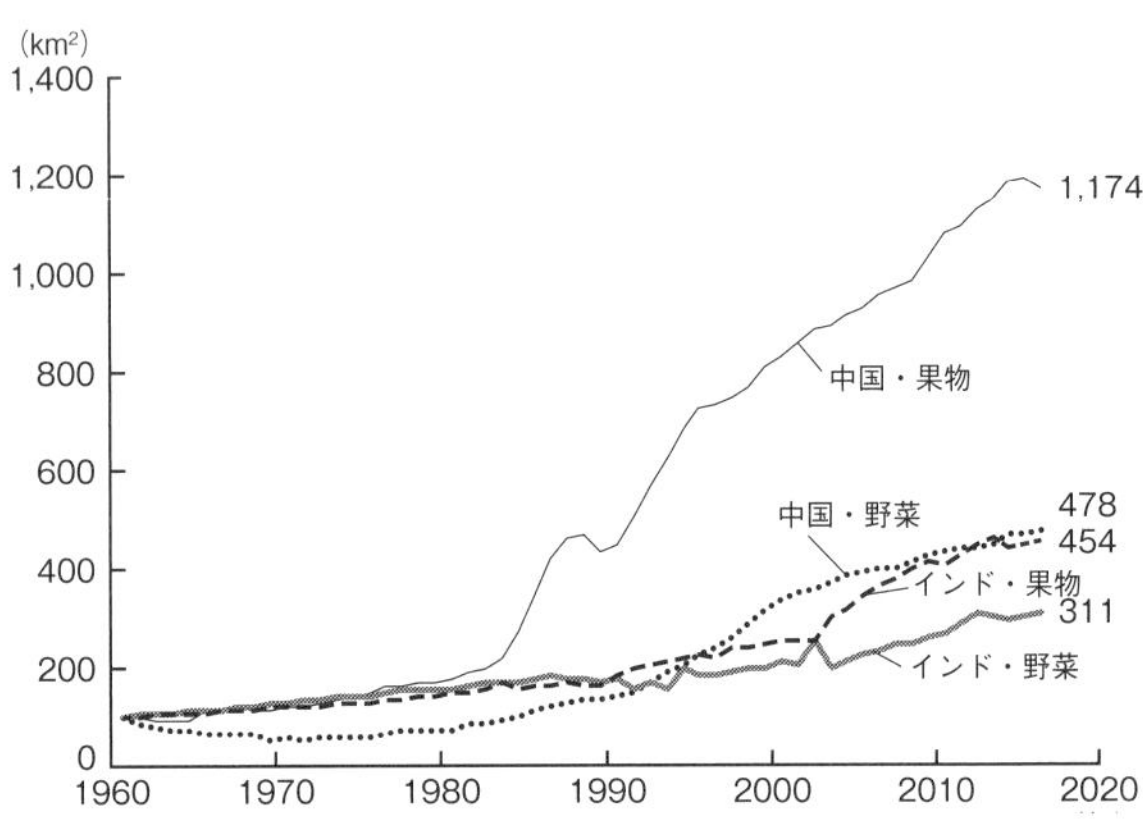

（注）1961 年＝ 100 として指数化
（出典）FAO STAT を基に著者作成

まじさがわかる。中国では、野菜の生産面積が56年間で4・8倍、果物ではなんと約12倍にまで広がった（図表2－3）。同じく人口大国のインドでも、野菜の生産面積は3・1倍、果物でも4・5倍に拡大している。

農地面積を拡大するといっても、どんな土地でも農地に変えられるわけではない。例えば、何もない荒野を開拓することは非常に難しい。荒野は土地の開墾に費用がかかるだけでなく、開墾しても土地が痩せているため優れた農地にするまでに非常に時間がかかるからだ。そのため、農地の拡大は一般的に森林を伐採する形で行われる。森林は、土壌に豊富な養分を蓄えているため、焼き払って農地にすれば、作物が育ちやすい。だが、このことが、次の大豆とともに、後述する大きな問題を引き起こしていくことになる。

大豆

日本では、大豆などの豆類と、米や小麦などの禾穀類（英語でシリアルという）は、双方とも穀物の一種として扱われることが多いが、英語では禾穀類と豆類は別に扱われている。特に豆類の中でも大豆は非常に幅広い用途で使われており、私たちの食生活にとって不可欠な存在だ。

例えば、大豆は醤油や味噌、豆腐の原料になっている。きな粉や納豆も大豆が原料だ。豆乳やおからも大豆からできている。また、大豆は暗い所で発芽すると「もやし」になり、成熟する前の大豆を枝についたまま、さやごと茹でると「枝豆」になる。他にもまだ用途はある。サラダ油の原料は大豆を搾った「大豆油」からできている。最近では、大豆を加工して肉に見立てた「代替肉」まで誕生した。

図表 2-4　1961年から2017年までの大豆生産の増加

	ブラジル	アメリカ
生産量	422倍	6倍
面積	141倍	3倍
収量	3倍	2倍

（出典）FAO STATを基に著者作成

だが大豆の最も一般的な用途は、食用ではない。重量ベースで世界での大豆の用途内訳をみると、豆腐やもやしなどの食用はわずか4％で、食用大豆油の9％を加えても全体で13％しかない。

ではそれ以外は何に使われているかというと、家畜の飼料だ。大豆から大豆油を搾取した残り油粕（「ミール」と言う）が家畜の飼料として使われており、これが全体の66％を占める。ミールに加工せず、大豆のまま飼料にする分も合わせると、全体で72％にもなる。そして、バイオディーゼル燃料用途が7％。翌年に播種するために種子として使われるのはわずか3％だ。[1]

大豆の生産量世界1位はアメリカで、2位がブラジル。特にブラジルは、過去56年間で大豆生産量を422倍にも増やし、世界有数の大豆生産国となった。生産量の因数分解では、農地面積が141倍、収量が3倍で、農地面積の拡大が驚異的な数値になっている。

大豆生産大国のアメリカでも、農地面積が3倍、収量が2倍で、生産量が6倍。それと比べると、ブラジルでの増産がいかにすごかったかがわかる（図表2－4）。

もうお気づきかもしれないが、ブラジルやアメリカで大量生産された大豆は、ほぼ全量が食用ではなく、飼料向けに使われている。どのような家畜向けなのかというと、例えば米国では、48％が鶏肉、26％が豚肉、12％が牛肉、9％が乳製品、3％が魚介類だ。[2]大豆生産が過去56年間で大幅に増えた背景には、食生活の変化や人口増加により肉食が増えたことが大きく関係している。

ブラジルでは、この肉食を支えるため、アマゾンの熱帯雨林を伐採し、農地に変え、急ピッチで大豆生産量を増やしてきた。いまや大豆生産は、ブラジルを代表する産業にまで発展し、大きな政治力を持つまでになった。

2　食料需要はまだまだ伸び続ける

ここまで人類がとてつもない食料増産で過去45年間の人口増を乗り切ってきたことを見てきた。では、今後もそれは可能なのだろうか。それを見通すためには、食料の需要側と供給側の双方の動向を見なければならない。

食料の需要は、「人口」と「1人あたりの消費量」に因数分解できる。それぞれの予測を見ていこう。

世界の人口予測

世界には、将来人口を予測している代表的な機関が2つある。1つは、国連事務局の国連経済社会局（DESA）に設置されている「国連人口部」。もう1つが、オーストリアに本部のある国際的な科学研究機関の「国際応用システム分析研究所（IIASA）」だ。

国連人口部の予測では、現在の75億人から2050年には97億人にまで増える[3]（図表2－5）。国連人口部は、実際には幅をもって予測しており、80％の確率で95億人から100億人の間に着地すると見通している。国連人口部の予測は、過去のデータから統計モデルを作成し、それを将来に当てはめるという比較的シンプルな手法を採用している。そのため過去のトレンドが予測に反映されやすい。

一方、IIASAは、統計モデルだけでなく、各地域の専門家数百人から意見を聞き、出生率の変化や紛争など幅広い変数を考慮するという複雑な手法を採用している。加えて、社会の情勢などについて異なる5つのシナリオを設定し、各シナリオごとに人口予測を算出している。IIASAが弾き出した5つの予測を平均すると、世界の人口は2050年には91億人[4]。国連人口部の予測よりもやや少ないが、それでも双方の予測結果はかなり近似している（図表2－6）。

国連人口部とIIASAのどちらの予測でも、今後人口はいまよりも15億人から20億人増えることになる。日本ではすでに少子化による人口減少が始まっているが、世界的には人口が増え続ける確率が極めて高い。

図表 2-5　国連人口部による将来予測

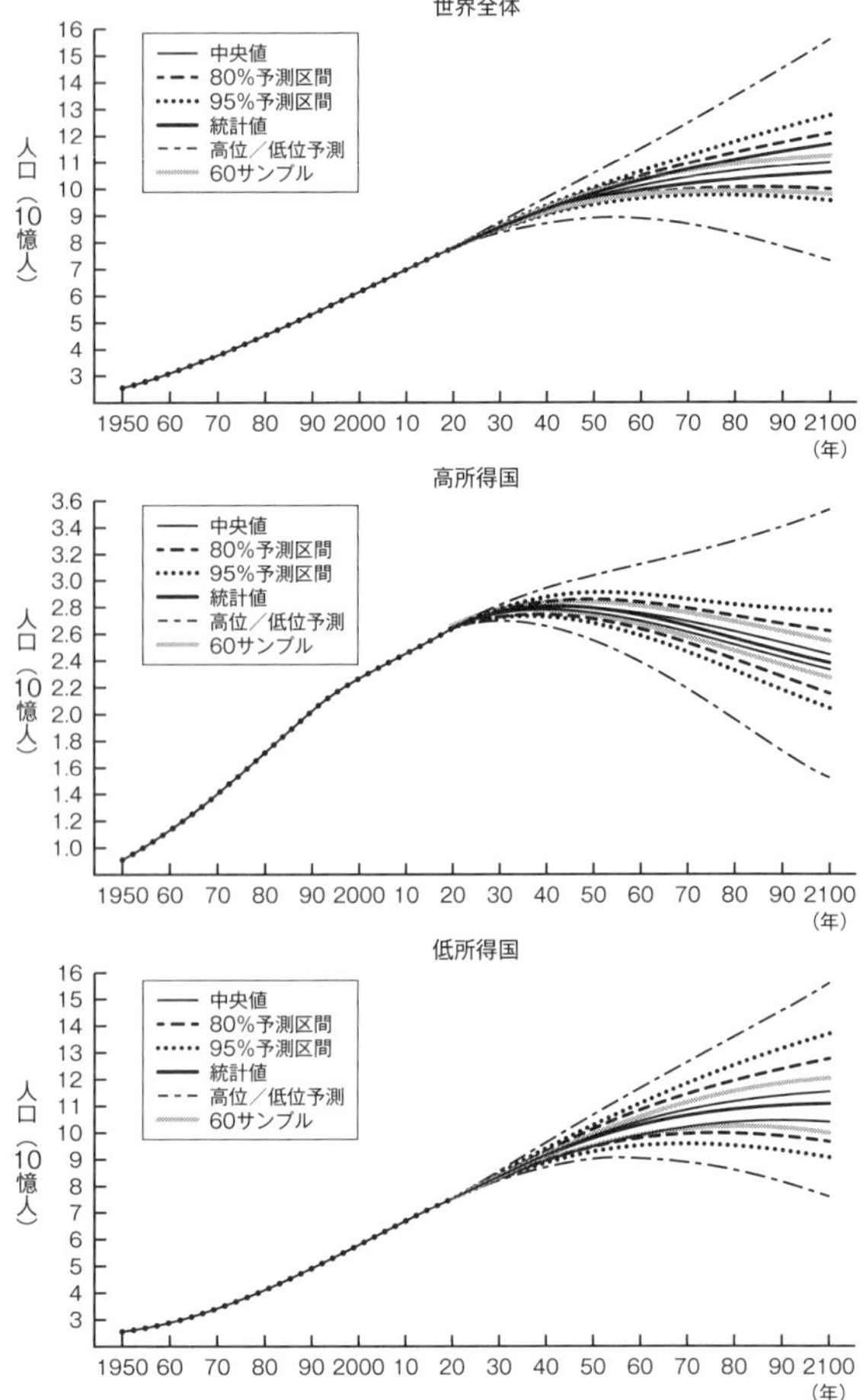

（出典）国連人口部（2019 年）

図表 2-6 IIASA による人口予測

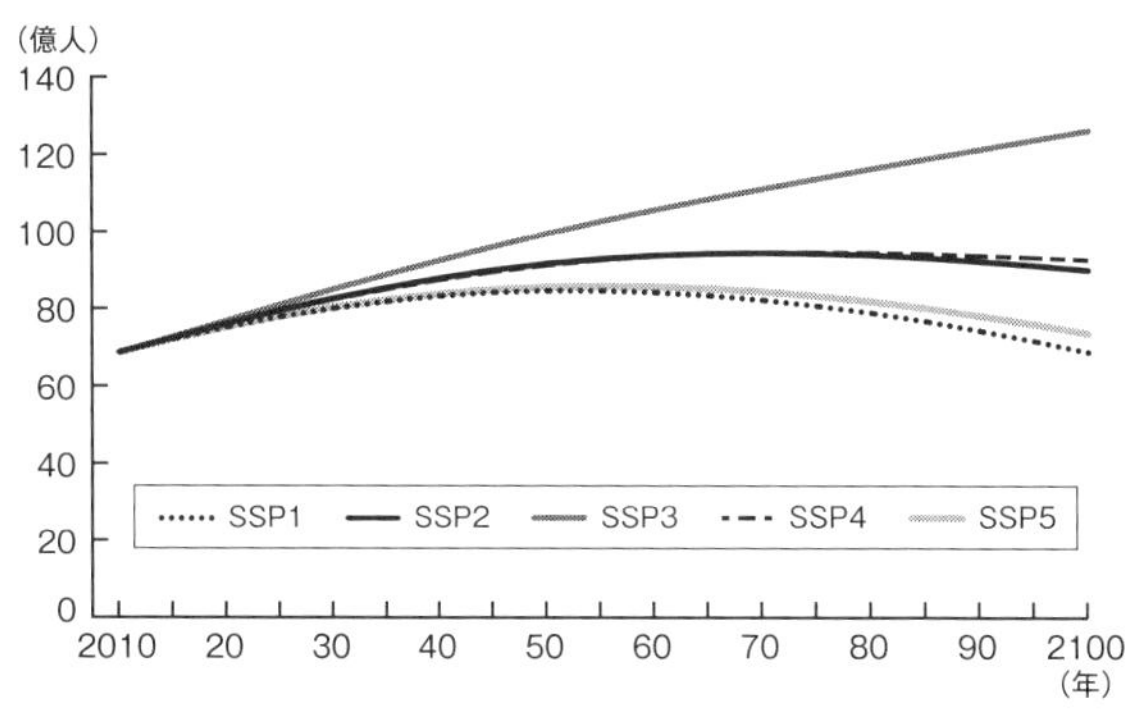

(出典) IIASA (2019 年)

念のため、国連人口部とIIASAの予測の精度についても触れておきたい。いまから約20年前の1996年に、2つの機関とも2020年の人口を予測している。国連人口部の予測は77億人、IIASAの予測は80億人。ちなみに2019年の人口は77億人超だったため、双方ともいい線をいっていた。

2050年まで世界全体での人口は増える見通しだが、当然、地域ごとの人口の増え方は大きく異なる。先進国(高所得国)と発展途上国(低所得国)では、先進国は2030年から2040年の間にピークを迎え、その後急速に減少していく。その背景には、少子化がある。

社会が都市化すると、人々は自発的に出産しなくなり、もしくは１人あたりの出産数が減っていくため、人口が減少トレンドに向かう。将来の人口予測には、当然医療や予防対策の進歩による長寿命化も加味されている。つまり高齢者が長生きし、人口が減りづらくなるにもかかわらず、先進国全体では２０３０年から２０４０年に人口がピークを迎える。それだけ急速に少子化が進むということだ。ちなみに先進国の中で最も早く人口減少が始まったのは日本で、２００５年だ。

他方、発展途上国は、２１００年ごろにようやくピークを迎える見通しで、先進国平均と比べると60年以上も遅い。増加速度は年々鈍化していくものの、総人口は２１００年ごろまで増え続ける。発展途上国の中でも、新興国と呼ばれる比較的所得が高い国々では、すでに各家庭で出産数を計画し抑制する「家族計画」政策が浸透しつつあり、人口の増加速度は落ち着いていく。しかし、後発発展途上国と呼ばれる国々では、家庭での働き手の確保の面からも、出生数が高い状態が続くとみられている。

１人あたりの消費量

食料需要と因数分解したもう１つの要素である「１人あたりの消費量[5]」も、今後大きく増

図表 2-7 中国・インド・日本の食生活の変化

単位（g）	中国			インド			日本		
	1961年	2011年	変化	1961年	2011年	変化	1961年	2011年	変化
穀物	246	418	1.7倍	378	416	1.1倍	364	286	0.8倍
野菜・果物	537	1,335	2.5倍	199	450	2.3倍	549	501	0.9倍
肉・魚介類	20	254	12.7倍	17	29	1.7倍	161	288	1.8倍
乳製品・卵	13	142	10.9倍	108	235	2.2倍	96	251	2.6倍
砂糖・油類	21	60	2.9倍	108	129	1.2倍	85	145	1.7倍
その他	35	159	4.5倍	68	58	0.9倍	100	151	1.5倍
合計	872	2,368	2.7倍	878	1,317	1.5倍	1,355	1,622	1.2倍

（出典）FAO STATをナショナル・ジオグラフィックが集計。変化率は著者算出

えることが予想されている。特に大きな要因となるのが、発展途上国の食生活の変化だ。発展途上国では、経済発展とともに、穀物や野菜中心の食生活から肉食スタイルへと変化していく傾向にある。例えば、野菜中心の食生活だった中国でも、過去50年間で1人あたりの肉類の消費量が12・7倍、乳製品・卵の消費量が10・9倍に増えた（図表2－7）。

同様の変化は、戦後の日本も経験している。戦後から少し経過した1961年と2011年の1人あたりの消費量を比較すると、小麦（パン、パスタ、うどん、ラーメン、洋菓子、お好み焼き、たこ焼き、たい焼き等）の消費は増えたものの、米の消費は大幅に減ったため、穀物全体の1人あたり消費量は半分以下になった。一方、肉・魚介類では、魚介類の消費量はほぼ横ばいだが、肉の消費が急増し、全体でも1・8倍になった。乳製品・卵も2・6倍に増えた。砂糖・油類の消費は、スイー

ツ文化の発展もあり、1・7倍になった。

中国、インド、日本のデータを俯瞰すると、特に経済成長とともに増えたのが、「肉・魚介類」「乳製品・卵」といった動物性たんぱく質と「砂糖・油類」。日本でも中国でも、戦後の経済成長により、「肉・魚介類」「乳製品・卵」の消費量が大きく伸びた。特にもともと消費量が少なかった中国では急上昇している。

インドでは、宗教上の理由もあり「肉・魚介類」は伸びなかったが、その代わりに「乳製品・卵」は2・2倍に増えた。ここでは3カ国の比較のみだが、経済成長は、動物性たんぱく質と砂糖・油類の消費量を増加させるということがみてとれる。

世界には、経済成長をこれから迎える発展途上国が依然として数多くある。そして、発展途上国では、食生活の動物たんぱく質化とともに、人口そのものも急増していく。つまり、今後、中国やインドが経験したような動物性たんぱく質の需要増が、大規模に発生してくことが予想される。

国連食糧農業機関（FAO）の予想[6]によると、2005年ごろと比べ2050年までに、肉の消費量は発展途上国で2・8倍、先進国を合わせた世界全体でも1・7倍に伸びる。それでも、もし世界がこれまでと同様に世界の食料を増やし続けることができるなら、私たちはあの「マルサスの罠」から逃れることができる。はたしてそれは可能なのだろうか。

3 食料難を想定した国際的なシミュレーション会議

「アラブの春」という危機

２０１５年11月、アメリカ・ワシントンＤＣにある国際環境ＮＧＯ世界自然保護基金（ＷＷＦ）本部。ここで、将来の食料政策に影響を与える重要な非公式会合「フード・チェーン・リアクション（Food Chain Reaction）」が開催された。集まったのは、アメリカ、ＥＵ、ブラジル、中国、インド、アフリカ、国際機関から、政府関係者、企業、投資家、ＮＧＯら65人。そして、２日間にわたり、未来の食料危機に関する会議を開いた。テーマは、２０２０年代の食糧危機。65人は、６つの国や地域、「国際機関」「企業・投資家」の合計８

チームに分かれ、将来起こりうる悪いシナリオを基に模擬シミュレーションを実施した。そこでは食糧危機にどのように備えるべきかが徹底的に議論された。

この会合を主催したのは、WWF、アメリカの超党派政策機関「アメリカ進歩センター」、米海軍・海兵隊、シンクタンクCAN、そしてアメリカの食品大手カーギルとマースの2社だ。カーギルは穀物、マースはチョコレートで世界有数の生産量を誇っており、会合の開催予算は、この2社が負担した。

誰が開催費用を出したのかからわかるように、この会合は政府主導で行われたのではなく、食料問題について大きな危機感を抱くNGOと企業が開催を主導し、危機感を共有するために各国政府に参加を呼びかけるという形で開催された。この会議に日本政府と日本企業は参加していない。招待されたのに参加しなかったのか、そもそも招待されなかったのかは定かではない。

この場に集まった65人には、食料にまつわる共通の課題意識があった。それは、中東から北アフリカにかけ、2010年ごろからいっせいに発生した「アラブの春」と呼ばれる〝暴動〟。日本では、アラブの春は圧政を敷いていた独裁主義政権に対し、民衆が蜂起した「民主化運動」として説明されることが多い。実際にチュニジアでは実際に23年間続いた政権が倒れ、民主政権が誕生している。だがそれ以外の国では、ハッピーエンドの「民主化運動」とは程遠い結末を迎えた。

エジプトとリビアでは、反体制派が長期政権を打倒した結果、内戦やクーデターが頻発。シリアやイエメンでは、長期政権と反体制派の内戦が始まり、過去に類を見ないほどの悲惨な被害がいまも続いている。「唯一の成功事例」とされたチュジニアでも、民主化されて以降の政権は、政治的安定を欠き、政情不安が続いている。

その他の中東・北アフリカ地域でも急速に政情が悪化し、欧州への大量難民という事態へとつながった。難民問題の余波を受けたイギリスは、EU離脱（ブレグジット）に発展した。

食料価格の高騰が「アラブの春」の原因だった

社会紛争をもたらした「アラブの春」はなぜ起きたのか。その背景には、高い失業率、政治的腐敗、経済成長の低迷、所得格差等、政治・経済的な要因があったといわれている。しかし最近、特に大きな要因として、小麦価格の高騰があったことを指摘する専門家が増えている。北アフリカから中東までの「アラブ」地域では、小麦を使った料理が主食だ。そして食料全体に対する主食の比率が非常に高い。さらにアラブでは、小麦の3分の2を輸入に頼っている。すなわち、もし小麦の価格が高騰するようなことがあれば、市民は食に苦しみ、暴動リスクが高まることになる。

国連食糧農業機関（FAO）は、世界の食料品の価格水準を示す「世界食料価格指数」を定期的に発表している。過去30年間で、世界食料価格指数が劇的に高騰したタイミングは2回ある。最初は、2007年から2008年にかけて発生した世界食料価格危機。それまで120あたりで落ち着いていた指数が、一気に220へと約2倍に急騰した。背景には、世界各地での凶作や、原油価格の高騰に関連しバイオ燃料の利用増加などがあったと考えられている。その後、指数は2009年に一度150ほどまで下がったが、2011年に再び240まで上がり、それがそのまま4年ほど続いた。

2011年の食料価格の高騰も、世界各地での凶作が原因だ。前年の2010年、異変が世界で相次いで起きた。まず、世界の食料生産大国のカナダで豪雨が発生し、小麦生産が大きく落ち込んだ。ロシアでは熱波と旱魃による草原火災が相次ぎ同様に小麦生産が低迷。アルゼンチンでも旱魃、オーストラリアでは洪水、中東地域でも黄砂により農業が大幅なダメージを受けた。

こうした異常気象が小麦の価格を高騰させ、アラブに飢餓をもたらした。食べ物に困った市民は、食料を求め、都市部に流れ込む。その影響で、都市部の食料事情がますます悪化。最終的には、食料難に陥った都市部で、対策を講じきれない政権を非難する動きへとつながり、政権転覆を引き起こしていった。これが「アラブの春」の一連の経緯だ。

話をもとに戻すと、2015年にワシントンDCで開催された食料危機シミュレーション会議「フード・チェーン・リアクション」は、「アラブの春」で危機感を覚えた企業とNGOが、気候変動に起因して将来予想される政情不安をどう防ぐかを話し合うために、各国政府に声をかけたものだった。会議では、複数の危機シナリオを用意し、どう対処すべきかの模擬演習が実施された。

例えば、シナリオの1つには、2026年にパキスタンで大洪水が発生し、大量難民がインド国内に流入し、同国内で巨大な社会不安が引き起こされるというものがあった。このシナリオでの模擬シミュレーションでは、最終的にアメリカと中国のチームが、大規模な食糧援助をパキスタンとインドに実施。それによってなんとか事態を収拾させることができた。

その他のシナリオには、アメリカのミシシッピ川での大洪水、アジア地域での旱魃、アフリカでの食料輸入価格の高騰などがあった。それぞれのシナリオについて、8チームはどのように対応すべきかを試行錯誤した。バイオエタノール生産の緊急停止、食糧の緊急増産、肉生産課税の導入、石炭火力発電への緊急課税などの手が次々と検討されていった。

フード・チェーン・リアクションは、この模擬シミュレーションから3つの教訓を得たと発表している。[7] まず、発展途上国で環境負荷を最小限にまで抑制した形で食料収量を向上させることの重要性。そのための手段として、持続可能な農業の導入や食品廃棄物の削減、農家の土地利用方法の改善に向けたスキル教育などが挙げられている。

2つ目の教訓は、官民での食料情報のリアルタイム共有。食料に関する資源、需給、農地、栄養などの情報を瞬時に関係者に共有し意思決定することの必要性が確認された。

そして3つ目の教訓は、食料危機を防止するための協働。特に、気候変動を緩和するために、二酸化炭素排出量に課税する「カーボンプライシング」が重要だという意見に至っている。

4　気候変動がもたらす食料生産量の低下

予測される「好ましくない未来」

ここまで見てきたように、第二次世界大戦後の国際社会は、収量と農地面積を増加させることで、膨大な食料需要に対応してきた。また、今後の人口増加や食生活の変化を考えると、人類はさらに食料を増産をしていかなければいけない状況にある。だが、現実は厳しい。フード・チェーン・リアクションでも確認されたように、気候変動が食料生産の収量を低下させる懸念が強まっているからだ。

では、気候変動は、今後どの程度、生産量を低下させるリスクがあるのか。アメリカ航空宇宙局（ＮＡＳＡ）やコロンビア大学、シカゴ大学に所属する研究者は２０１４年に、最新の気候変動シミュレーションを用いて、２１００年ごろまでの食料生産量の変化を予測している。分析の結果は、私たちの主食となっている米、小麦、大豆などの穀物の生産量が、今後大幅に減少するというものだった。この「望ましくない」分析結果は、2019年にIPCCが発表した「土地関係特別報告書」[8]の中にもそのまま掲載されている。

図表2－8（口絵参照）は、分析結果を品目別に示したものだ。まず小麦から見ていこう。図の中で濃い赤色の地域は、1980年から2010年までの平均と比べ、生産量が約50％低下することを意味している。ブラジル、アフリカ中部、インド南部、東南アジア一帯では、2100年までに小麦の生産量が約半減。また、黄色の地域も生産量が下がり、世界の主要な小麦生産地であるアメリカ中西部、中国北部、インド中部、カザフスタン、フランス、アルゼンチン北部でもこれから減少に向かう。

反対に、カナダやロシアなどの北半球高緯度地帯では、温暖化により凍土が平原に変わり、生産量が増加する。小麦の生産地が、北極と南極に向けて移動していく様子がわかる。

米の生産量にも影響

日本の主食である米も、気候変動の影響を大きく受ける。米を主食としている東南アジア、中国南部では米の生産量が10%ほど低下。日本では、南日本では生産量が低下する一方、北海道は米生産の適地となり、生産量が増えるという予測結果となった。

小麦や米の生産が低下すると何が起こるか。「アラブの春」で見てきたように、主食の生産量が減少すると、価格が上がり、社会暴動を引き起こすリスクが高まる。特に、発展途上国で主食になっている小麦の生産量低下が世界規模で起きると、政情が不安定になる地域が多くなる。その影響は、発展途上国のみにとどまらず、政情が不安定になった国で発生した難民が、先進国に流入することで社会不安が飛び火。ドミノのように影響が波及することも十分に考えられる。

大豆やとうもろこしも、生産量の低下が予想されている。大豆やとうもろこしは、食料としてだけでなく、家畜の飼料としても使われていることは、すでに見てきた通りだ。これらの価格が上がれば、畜産事業者の経営を困窮させるとともに、肉、卵、乳製品が入手しづらくなっていく。

5　食料自給率と社会リスク

下がり続ける自給率

食料生産量が落ち込むと、食料を輸入に頼っている国は、食料調達が滞ることになる。食料生産国が、政治的な理由で国内での消費を優先し、輸出を減らすからだ。実際に、新型コロナウイルス・パンデミックで国内の食料供給減少を懸念したロシアやカザフスタン、ウクライナは、小麦輸出を制限する措置を実行した。[9] 食料難の状況で食料を確保するためには、輸入を担う商社や食品メーカーは高値での調達が強いられる。そうなれば当然、食料自給率の低い国での食料価格は上がることになる。

世界の中で、食料自給率が高い国は、面積が広い国に多い。例えば、カナダ、アルゼンチン、オーストラリア、カザフスタンは、国内消費量の1・6倍以上の食料を生産している完全な輸出超過国だ。ヨーロッパは、農業大国で知られるフランスがＥＵの食料供給を支えている。アメリカ、ロシア、ドイツ、中国、インド、トルコ、タイ、ミャンマーなども、生産量が消費量を上回る主要な食料輸出国だ。

一方で、食料自給率が著しく低い国は、あの「アラブの春」を経験したアラブ諸国、そして日本と韓国。日本は、もちろん国内でも食料を生産しているが、人口が多いため、はるかに多くの食料を輸入に頼っている。そのため、日本の食料自給率（カロリー換算）は、農林水産省の発表でもわずかに37％しかない。生産額換算でも66％で、先進国の中ではイギリスに次いで低い。食料自給率が低い日本と似た事情を抱える韓国でも、カロリー換算で食料自給率は38％だ（図表２－９）。

日本の食料自給率を品目別にみると、米は97％、野菜は77％、鶏卵も96％と高いのに対し、小麦12％、大豆６％、油脂類13％と完全に輸入に頼っている状況にある。その他、果物38％、砂糖34％、肉51％、魚介類55％、乳製品59％も低い。国産牛や国産豚、国産地鶏も国産鶏卵も、飼育に必要な飼料の国内自給率はわずか25％しかない。

日本の食料自給率は、１９６０年には79％と比較的高かった。しかしその後、米の消費量

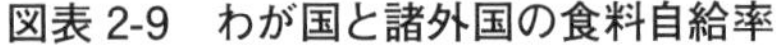
図表2-9　わが国と諸外国の食料自給率

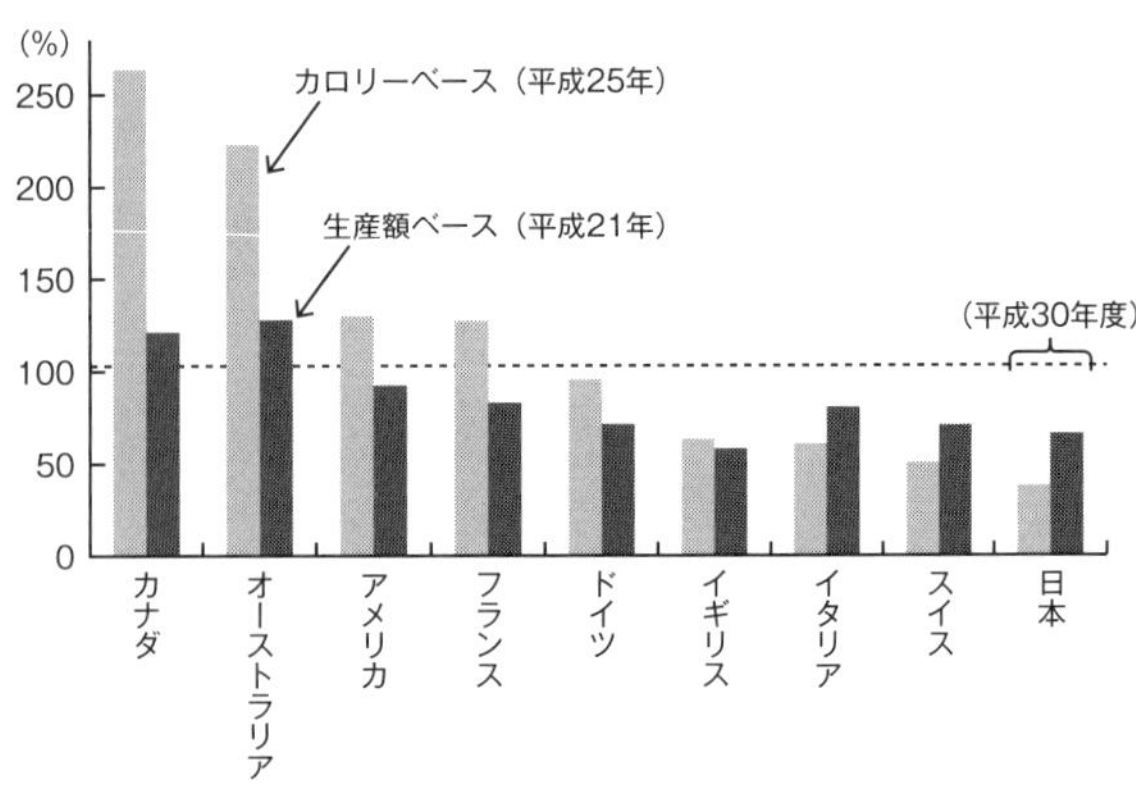

（注）数値は暦年（日本のみ年度）。スイスおよびイギリス（生産額ベース）については、各政府の公表値を掲載。畜産物および加工品については、輸入飼料および輸入原料を考慮して計算
（出典）農林水産省「世界の食料自給率」

が減り、小麦、肉、乳製品、砂糖などを好んで消費するようになった結果、自給率は37％までどんどん下がっていった（図表2－10、口絵参照）。

日本の食料価格が変わらないカラクリ

日本は食料自給率が低く、海外の農作物市況に左右されやすいのに、世界食料価格指数の騰落の影響を実感している人は少ない。そのわけは、日本では政府が配置した「防波堤」によって価格変動の衝撃が吸収されているため、気付かないでいられるからだ。

日本政府は「食糧管理制度」という

もので、主要品目の食料価格をコントロールしている。学校で「米の価格と流通量は食糧管理制度で統制されている」と習ったことを覚えている人もいるだろう。実際には、米だけでなく、小麦、大麦、乳製品も、商社が海外から輸入してきたものを政府が一元的に購入し、政府の統制価格で国内の食品メーカーに販売する制度が導入されている。そのため、日本国内では政府価格という安定価格が維持できている。

だが、価格統制ができていたとしても、そもそも食料が調達できなくなってしまえば、日本に食品が流通しなくなる。また、輸入価格が高騰する事態になれば、政府が価格統制のために投入している差額負担分の国費が膨らんでいくことになる。

6　第2次食料囲い込み時代の幕開け

主役は国家から企業へ

２０１０年ごろ、将来の食料需要増加を予期した国々が、食糧や農地の買い占めを進めているという話が出た。当時は、２００７年ごろから世界的に食料価格が高騰したタイミングで、各国で食料に関する懸念が顕在化した。そして買い占めの主役は中国政府だった。このときを第1次食料囲い込み時代と位置づけると、現在は第2次食料囲い込み時代とでも呼べる事態が発生している。今度の主役は企業だ。

私たちが学校で学ぶ食料の輸出入データは、どの国がどの国に輸出しているというもので、国単位で扱われることが多い。しかし実際に輸出入を担っているのは、国ではなく企業。特に先進国では、国営企業ではなく商社や食品会社が海外からの食料調達や貿易を担っている。例えば、日本では総合商社が食品貿易で大きな役割を果たしているし、他の国では食品会社や小売企業が海外へ買付に行っている。では、食料不足が予想される現在、企業はどのように動いているのか。

食品関連企業から最近耳にすることの多いキーワードは「サプライチェーンの可視化」だ。食品メーカーや小売企業が農作物を仕入れるまでには、何社もの貿易会社、卸売会社を挟んでいる。そのため、実際にどこから農作物が来ているのかは「原産国」という国レベルでしかわからないことが多い。しかし、原産国がわかったところで、農作物が採れている農場がどこで、そこでは今後生産量が増えるのか、減るのか、品質は上がるのか、下がるのかが把握できなければ、将来のリスクに備えることができない。

ウォルマート、スターバックス、マクドナルド、ユニリーバ、ネスレなどの欧米の大手企業は、すでに仕入れの源流にある農場の場所や経営者まで特定し、食料生産の将来影響を分析できる体制を構築しつつある。気候変動の影響や土壌の変化、汚染の動向を細かく測定することで、栽培品種や作付量、農法を改善し、収量を上げる取り組みを、約10年前から本格的に実行している。フード・チェーン・リアクションを主催したカーギルやマースも、当然同様の手を打っている。

テクノロジーを用いて収量を上げる取り組みも加速している。例えば、天候状況などをビッグデータを用いて予測し、作付品目や肥料の量、水撒きの量、収穫時期などを細かく調整する手法は「スマートアグリ」や「精密農業（プレシジョン・アグリカルチャー）」と呼ばれている。

精密農業は、気候変動対策の面からも注目されている。窒素が主成分である化学肥料は、過度に散布すると一酸化二窒素という温室効果ガスを発生させてしまう。精密農業では、肥料の適量化を実現することで、一酸化二窒素の発生も抑制できるというわけだ。大手企業は、スマートアグリや精密農業を推進するため、研究開発や設備投資に莫大な金額を投資したり、スタートアップへの出資や提携も始めたりしている。

有望な農家から「切られる」リスク

農場を把握し、収量改善アクションを始めた企業にとって最大の経営リスクは、生産農家から契約を切られ、せっかく育てた生産農家から調達できなくなってしまうことにある。そのため、最近では、生産農家の所得にまで配慮し、買い叩きをやめてむしろプレミアムをのせた金額で買い取りをする長期契約を結ぶ動きも顕著になってきた。そうすれば、生産農家との間で長期的な関係を築くことができ、安定的に高品質の農作物を調達することが期待できるからだ。

生産者の所得に配慮した調達方法は、以前から「フェアトレード」と呼ばれてきたが、最近では、経営リスクを削減するために、積極的にフェアトレードに乗り出す大手企業が続出している。例えばスターバックスは、調達しているコーヒー豆のほぼ100%で、生産者の所得に配慮した買取価格設定が行われている。このように、将来的に生産量が減少するリスクが低い優良な農家を囲い込む動きが、数年前からすでに展開されてきている。

発展途上国で、農家の所得に配慮したきめ細かい農業指導を行うことは、かつては政府や国際機関、NGOの専売特許だった。だがいまでは、食料生産の減少を懸念し始めたグローバル企業が、途上国の農家に資金とノウハウを提供する担い手になるケースが増えてきた。さらにグローバル企業は、効率的に途上国での農家育成を進めるため、ノウハウを持っている国際機関やNGOとパートナーシップを結ぶことも珍しくなくなった。

国際機関では国連食糧農業機関（ＦＡＯ）、ＮＧＯではケア・インターナショナル、ＷＷＦ、コンサベーション・インターナショナル、ザ・ネイチャー・コンサーバンシーなどが、企業から人気の高いパートナーシップ相手となっている。

7　遺伝子組み換え作物の「いま」

作物そのものより除草剤・殺虫剤がリスクに

食料関連の話題の最後に、遺伝子組み換え技術についても少し触れておきたい。現在、とうもろこしや大豆、小麦で普及している遺伝子組み換え技術は、成長を促進するためのものではなく、除草剤や殺虫剤に強くなるようにするために行われている。

作物の栽培で厄介なのは、雑草が生えて栽培作物の成長を邪魔したり、害虫が作物を食い荒らしてしまうこと。しかし不用意に除草剤や殺虫剤を撒いてしまうと、栽培している作物そのものまで枯らしてしまうことになる。そのため、特定の除草剤や殺虫剤を使っても枯れない、つまり薬剤耐性のある品種を人工的に作るための遺伝子組み換えが行われてきた。

遺伝子組み換えは、人為的にDNAを組み換えるため、植物やそれを食べた人間や動物に予期せぬ悪影響を及ぼすかもしれない。遺伝子組み換えに反対している人は、この「かもしれない」を防止しなければいけないと主張している。具体的にどのような悪影響があるかについては、問題がないという研究もあれば、危険は明白との立場の研究もあり、両論が混在している。反対派の人は、禁止すべき理由として、科学の世界で「100%問題がない」と証明することがそもそも不可能だという根本的な問題を突いている。

その中で近年、遺伝子組み換え作物そのものの人体への悪影響ではなく、除草剤に発がん性があるという話も浮上してきた。すでにアメリカのカリフォルニア州では、除草剤を使っていた農場で勤務していた人ががんを発症したと提訴し、州地方裁判所によって発がん性が認められた判例もある。[11] しかし、ここでも、使われていた除草剤には「発がん性は認められない」という研究もある。

この「発がん性は認められない」との研究に対し、推進派の企業や団体から資金が出ているため結論ありきの研究だと批判する声も上がっている。科学的研究が買収されてしまうと何が真実かわからなくなってしまう。そのため、客観的事実をきちんと把握したい大手の機関投資家からは、資金の流れを「見える化」するために、企業が実施している寄付金や政治献金の拠出先、拠出金額、拠出方針を公表するよう迫る動きも出ている。

遺伝子組み換え作物とセットで使われる殺虫剤については、周辺の益虫まで殺してしまうという問題もある。益虫とは、例えば「送粉者」と呼ばれるハチなどのことで、雄花から雌花に飛び移り、植物の繁殖に必要な受精のための花粉を運ぶ「送粉」の役割を果たしてくれている。農業でも、送粉者による受精に依存している農場は少なくない。そのため、この送粉者を殺してしまえば、作物が育たなくなり、食料生産量が減少してしまう。イギリスなどでは、すでに送粉者として活躍していた特定のハチが絶滅危惧リスクを抱えるまでになっている。

大企業が「リジェネラティブ農業」の推進役に

最近では、作物そのものの成長を促進したり、栄養素を高めるための遺伝子組み換え技術も研究されている。また、まったく関係のない生物の遺伝子を人為的に追加する「遺伝子組み換え」ではなく、その生物が持つ遺伝子を一部除去したり、つなげたりする「ゲノム編集」という技術も登場している。遺伝子組み換え作物（GMO）にしても、ゲノム編集作物にしても、未知の問題について事前に「問題がない」と証明しきることがそもそも不可能なため、欧米の大手小売企業では、自主的にそれらの製品を取り扱わないと決めたところも増えてきている。

遺伝子組み換え作物と距離を置く大企業の間では、農薬や化学肥料を使わず、自然に近い環境で農業を営む「リジェネラティブ農業（環境再生型有機農業）」への関心も高まっている。これまで農薬や化学肥料を使っていた農家が、農薬や化学肥料をやめるには、経済的な負荷が大きかった。なぜなら、農薬を使う農場では、植物の成長に必要な窒素を作ってくれる土壌の微生物が死んでいるため、肥料を与えなければ作物が育たないからだ。

微生物の自然回復には一般的に3年はかかるといわれており、その間、農業ができなくなる。誰からの支援もなければ、農家が3年間も農業ができなければ生活が成り立たない。そこで、欧米のグローバル企業は、長期契約を結んでいる農家に対し、資金や技術を提供した上で、リジェネラティブ農業への転換を促す策に出ている。

リジェネラティブ農業に関しては、農薬・肥料を使った農業よりも収量が落ちる懸念も強い。そのため、収量の高いリジェネラティブ農業を確立する研究にもグローバル企業は多額の資金を出すようになった。

以前、グローバル企業は、「緑の革命」を推進し、化学肥料と農薬による農業を世界中に広めてきた。そのグローバル企業がいまや、化学肥料と農薬による農業からリジェネラティブ農業への転換を推進する大きな担い手になってきている。

（注）

1　FAO "FAOSTAT"

2　Cromwell "Soybean meal - an exceptional protein source"（2018）

3　UN Population Division "World Population Prospectus 2019"

4　IIASA "SSP Public Database Version 2.0"（2019）

5 食料消費量はカロリーで計算されることも多いが、今回は栄養ではなく、食料生産量を話題にしているので、重量で計算した

6 FAO "World Agriculture Towards 2030/2050, the 2012 revision" (2012)

7 Food Chain Reaction "Findings Report" (2015)

8 FAO "Special report on climate change and land" (2019)

9 FAO "MNR ISSUE 161" (2020)

10 農林水産省「世界の食料自給率」(2019年、アクセス日:2020年5月12日) https://www.maff.go.jp/j/zyukyu/zikyu_ritu/013.html

11 Superior Court of the State of California, County of San Francisco "Dewayne Johnson v. Monsanto Company, Order denying Monsanto Company's motion for Judgment notwithstanding verdict" (2018)

第３章 消える森林と食品・小売企業への影響

管理が行き届かなくなり、荒れた人工林（東京・八王子）。輸入木材に押され、多くの人工林が手入れされないまま放置されている＝アフロ

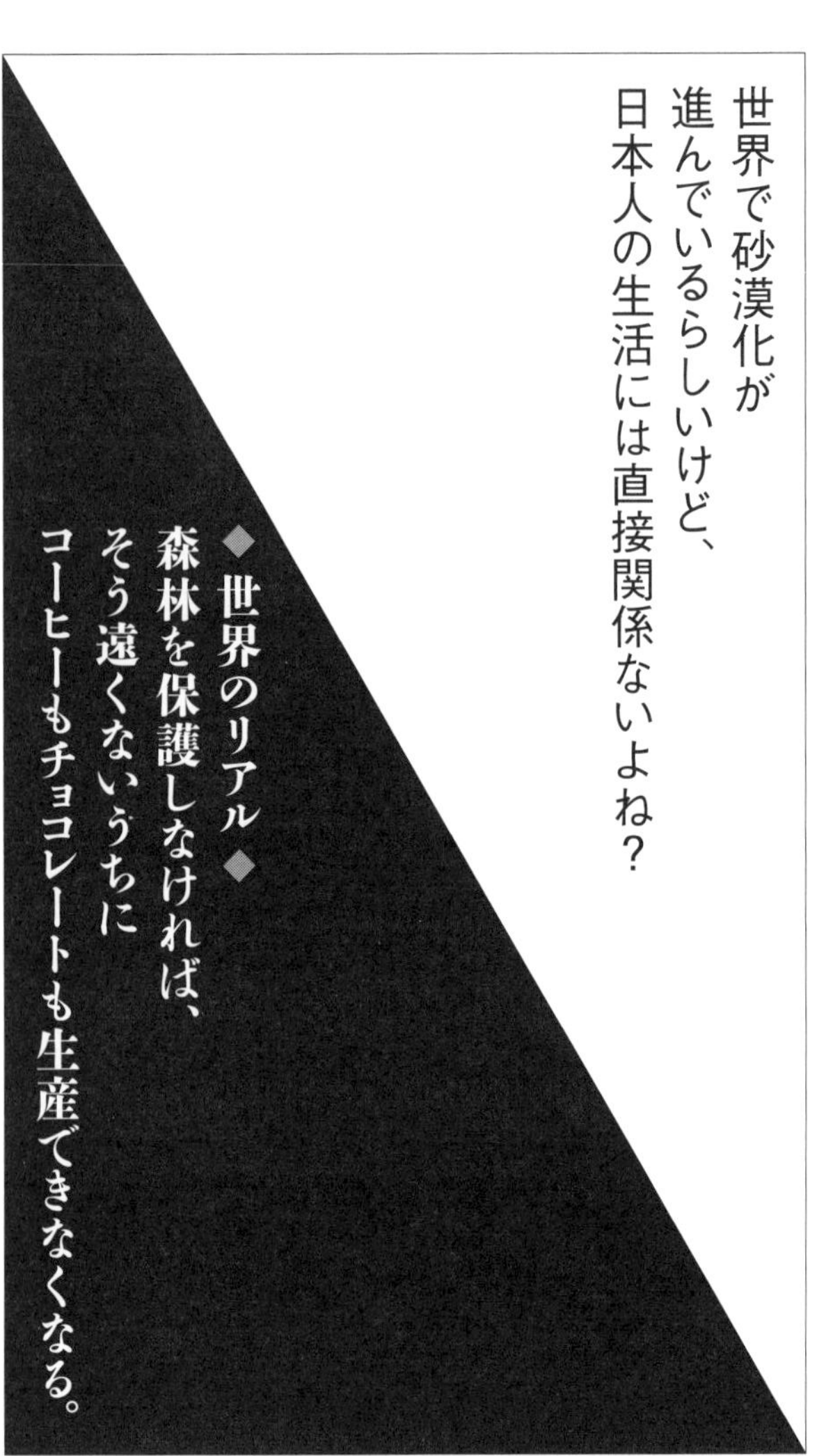

世界で砂漠化が
進んでいるらしいけど、
日本人の生活には直接関係ないよね?

◆世界のリアル◆
森林を保護しなければ、
そう遠くないうちに
コーヒーもチョコレートも生産できなくなる。

1 森林破壊の4大要因——大豆・牛肉・パーム油・木材

森林減少は本当に問題なのか

食料生産量は、収量と面積の掛け算で決まるということは前章でみてきた。そして収量改善は、気候変動により低下すると見通されており、精密農業やリジェネラティブ農業という手法を導入してなんとか食い止めようという動きがあることも紹介した。では、面積をいままで以上に拡大するという策はだめなのだろうか。それが第3章のテーマだ。

近年、森林破壊の将来を予兆する悪いニュースが2つあった。まずは、2019年8月に南米アマゾン地帯を襲った大規模な熱帯雨林火災。NASAの人工衛星から撮影した画像からは、ブラジル、ボリビア、ペルー、エクアドルと4カ国にわたって熱帯雨林が広範囲に燃えたことがわかる（図表3－1、口絵参照）。またブラジルのアマゾン地帯から、やや南に行ったところに広がる低木地帯の「カンポ・セラード」でも非常に広い範囲で森林火災が発生していた。

もう1つの悪いニュースは、同じ年の9月にシンガポールをはじめ東南アジアを襲った煙害（ヘイズ）。こちらは、インドネシアで発生した熱帯雨林火災により、煙が風にのって北上。シンガポールやマレーシアなどのマレー半島に舞い降りたことで、街が煙に覆われた。

だがそもそも、アマゾンや東南アジアの熱帯雨林が伐採されているという話は、もう何十年も前からある。実際に、アマゾンでは毎年のように火災が発生しており、インドネシアから流れ込むヘイズは東南アジアにとっては古くからの悩みの種だ。熱帯雨林火災や熱帯雨林破壊のニュースのたびに、森林が消えていく映像や写真を目にするものの、グーグルマップを見れば、アマゾンやインドネシアには熱帯雨林はいまもそこにあり、なにごともなかったようにも見える。果たして何が問題なのか。

もちろん木は伐採されたり燃えたりしても、適切に森林再生すればある程度は元に戻る。また、熱帯雨林破壊は、違法な伐採業者や資源採掘事業者が引き起こしていると言われてきたため、取り締まりを強化して「悪い奴ら」を退治すれば、熱帯雨林は同じく再生して元に戻るようにも思える。

　しかし、現在の熱帯雨林破壊は、私たちの生活と密接に関連した構造的な問題を抱えており、それが解決への道のりを遠いものにしている。

確実に減り続ける熱帯雨林

　アマゾンの熱帯雨林は、なぜ破壊されているのか。熱帯雨林を破壊するのは、木材を伐採するためだと思っている人も多いかもしれないが、そうではない。現在の森林破壊で最も深刻なのは、大豆と牛肉の生産だ。

　前章で説明したように、大豆の生産面積はこの半世紀ほどの間にブラジルで141倍にも膨れ上がった。当初は、低木地帯のカンポ・セラードを焼き払い、大豆畑に変えていたのだが、それでも場所が足りず、いまはアマゾンの熱帯雨林を焼き払い、大豆畑に変えている。なぜ低木地帯や熱帯雨林を焼き払うかというと、植生が豊かな地域では土壌の栄養素が豊富なためだ。手っ取り早く収量の高い大豆畑を増やすには、辺鄙な荒地を開拓するより、緑豊かな土地を活用しようと農家は考える。こうして、森が大豆畑へと変わっていった。

図表 3-2　法定アマゾン地域の消失熱帯雨林面積の推移

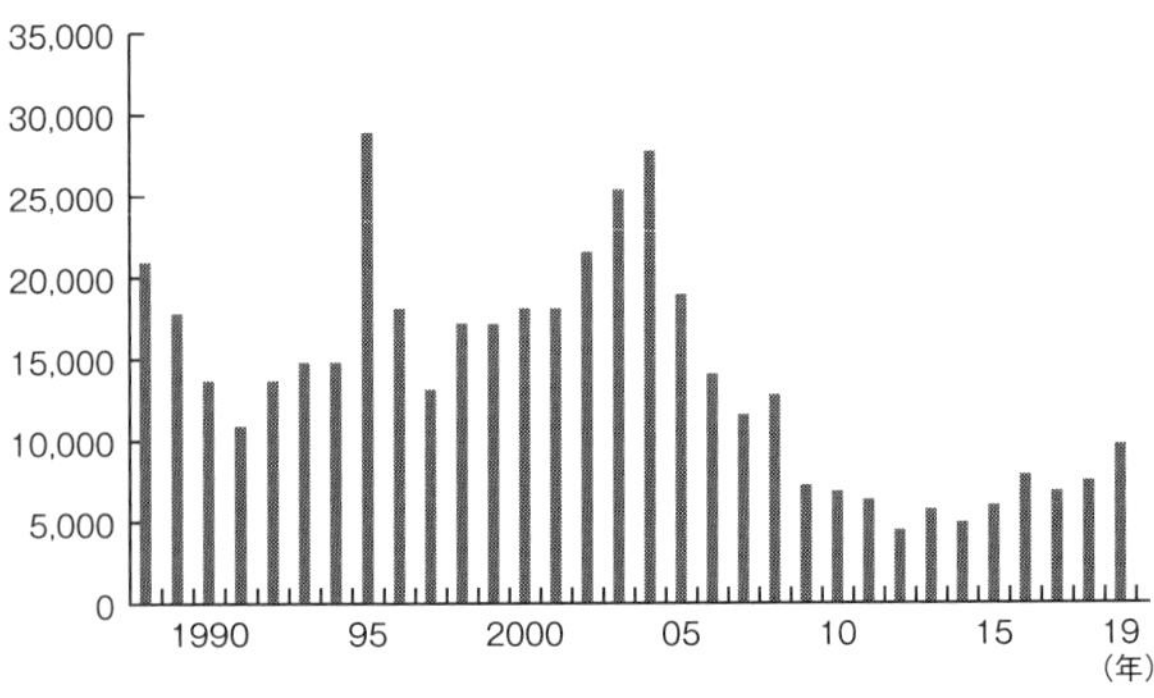

（出典）INPE "Prodes" http://terrabrasilis.dpi.inpe.br/（2019 年）を基に著者作成

人工衛星画像からアマゾンの熱帯雨林破壊状況を分析しているブラジル国立宇宙研究所（ＩＮＰＥ）によると、２００６年ごろまでは年間の熱帯雨林消失面積は１万５０００平方キロメートルを超える水準だった。この面積は都道府県第2位の面積を誇る岩手県に匹敵する。その後、政府の規制強化や取締強化により、２０１２年までには５０００平方キロと3分の1以下にまで減ったが、近年では政権交代により、大豆生産の促進を図る政策が再び推進され、消失面積は反転増加。２０１９年の消失面積は１万平方キロと推計されている（図表３－２）。森を大豆畑に変える際には、意図的に森を燃やす。その火が制御できなくなると、熱帯雨林火災は大規模化し、農地とはまったく関係のないものまで燃やしつくしてしまう。

今後も世界の肉食需要の増加により、大豆の生産はまだまだ伸びていく。この需要の急増にあわせ、再び熱帯雨林が焼き払われ、大豆畑へと姿を変える。加えて、ブラジルは肉牛飼育も盛んな国で、牛を育てる放牧地も必要になる。そして放牧地確保のために、また熱帯雨林が焼き払われ、放牧地に変えられる。

「再生可能ではない」バイオマス発電

インドネシアやマレーシアの熱帯雨林破壊では、パーム油が原因となっている。パーム油は、ヤシの木の一種であるアブラヤシの果実を搾って抽出する液体油。パーム油というと、「天然石鹸」を思い浮かべるかもしれないが、他にも食用油、マーガリン、スナック菓子、チョコレート、洗剤、シャンプーなどの原料として非常に幅広く使われている。東南アジアでのパーム油生産の歴史は古く、「プランテーション」という大規模農園型の農場経営を植民地時代にヨーロッパ人が始めた。そしてそのプランテーションがいまも続き、面積が拡大している。

パーム油生産は、インドネシアとマレーシアの2カ国だけで、世界の生産量の80%以上を占める。そして、パーム油の需要の拡大とともに、東南アジアでは、熱帯雨林を焼き払い、アブラヤシ畑に変えてきた。最近では、再生可能エネルギーの隆盛とともに、パーム油を燃料とするバイオマス発電も注目を集めた。だが、原料のパーム油生産が大きな熱帯雨林破壊を引き起こしていることが明らかとなり、パーム油[1]を用いたバイオマス発電は「再生可能ではない」と考えられるようになった。

EUではすでに、焼き払った熱帯雨林で採取されたパーム油を原料とするバイオマス発電は、法的に「再生可能エネルギー」とはみなさないことが決まった。東南アジアの熱帯雨林は、希少生物のオランウータンの生息地でもあり、熱帯雨林破壊の被害者の象徴として、オランウータンが描かれることも多い。

これらの大豆、牛肉、パーム油に、従来から森林破壊の温床となっている木材（紙パルプ含む）の4つが、現代の森林破壊の首謀者だ。

2 森林破壊は気候変動を悪化させる

二酸化炭素の固定量が減少する

では、森林破壊の一体何が問題なのか。母なる地球が与えてくれた森林を破壊する行為そのものが愚かだという自然保護主義的な考え方もある。景観を損なうという意見や、森林に棲む動植物の多様性が失われていることを懸念する声もある。それに対して、「地球が与えてくれた資源を人間社会のために有効活用すべき」「景観よりも経済成長が重要」「生物多様性が低下しても、人間社会そのものには影響が少ない」などの反論もあることだろう。

地球から森林が失われることで、人間社会や経済活動にさまざまな悪影響があるが、その中でも最も関心が高まっているのが、やはり気候変動だ。植物は、光合成により大気中の二酸化炭素を吸収し、植物の「体」を作り出していることはよく知られている。植物の中でも、森林に生息する樹木は、樹高が高いものも多く、面積あたりの炭素吸収量が非常に多い。特に天然林は、異なる樹木や草木が層を成して生息しているため、人工林よりも炭素吸収量が多い。熱帯雨林は、この天然林の代表的な存在だ。

熱帯雨林を焼き払ったり、熱帯雨林を炭素吸収量の小さい大豆畑やアブラヤシ畑に変えたりすると、面積あたりの二酸化炭素固定量は減少する。すると吸収しきれなくなった二酸化炭素は、再び大気中に放出されていく。切った木材を燃やさず放置しておいたとしても、微生物が分解して腐ると、やはり大気中に二酸化炭素やメタンなどの温室効果ガスとなって放出される。すると、第1章で触れたような自然災害の増加や、第2章で触れたような食料生産量の低下の原因になってしまう。

森林破壊や森林劣化は、世界の二酸化炭素排出量全体の約15％を占めている。もし、気候変動を抑制しようとするならば、熱帯雨林を消失させるようなやり方は、賢い選択ではない。

キーワードは「NDPE」

では、どうすれば持続可能な方法で大豆やパーム油を生産できるのだろうか。国際的なキーワードは「森林破壊ゼロ、泥炭地開発ゼロ、搾取ゼロ（No Deforestation, No Peat and No Exploitation）」だ。頭文字をとってNDPEと略称で呼ばれることも多い。

森林破壊ゼロについてはすでに説明してきた。泥炭地というのは、土壌に豊富に炭素成分を含む泥地のことで、泥炭地を開発することも土壌の炭素成分を大気中に放出することとなるため、泥炭地を開拓して畑に変えることもやめる。搾取ゼロは、労働搾取をゼロにし、適正な賃金や安全な労働環境を整備しようというものだが、これについては第8章で詳しく扱う。

特に、森林破壊の原因となってきたパーム油については、生産時に森林破壊をともなっていないことを証明するRSPO認証という国際認証が、かなり普及してきている。この認証の基準でも当然NDPEが採用されている。ユニリーバやネスレは、RSPOもしくは同等の認証を取得しないパーム油生産企業からパーム油を調達しないことを企業ポリシーとして定めており、実際にルールに抵触した企業との取引を何度も停止してきている。

投資家もパーム油生産による森林破壊には懸念を示しており、欧米の大手の機関投資家は、投資先の食品・消費財企業に対し、RSPO認証の取得を強く要請するようにもなった。欧米の大手銀行では、ＲＳＰＯなどの認証を取得しないパーム油生産企業には融資しないところも出てきた。最近では日本のメガバンクも数年遅れでそれに続いている。

パーム油に続いて、大豆でも同様の認証制度が確立してきている。南米産の大豆では、ＲＴＲＳ認証が誕生。北米では、アメリカ大豆輸出協会（ＵＳＳＥＣ）が開発した「大豆サステナビリティ認証プロトコル（ＳＳＡＰ）」認証が広がりを見せている。

牛肉でも、冒頭でマクドナルドの例で紹介した「持続可能な牛肉のためのグローバル・ラウンドテーブル（ＧＲＳＢ）」の動きに触発され、カナダで「持続可能な牛肉のためのカナダ・ラウンドテーブル（ＣＲＳＢ）」が発足し、ＣＲＳＢ認証が誕生している。また、既存の認証制度に頼らず、各社で独自の基準を策定し、直接サプライヤーを監督するグローバル企業も増えてきている。むしろ、外部認証に依存するよりも、自社でしっかり確認したほうが確実と考え、自社監督を導入する動きも、資金力のあるグローバル企業の間ではよくみられるようになってきた。その際、専門性の高いＮＧＯをパートナーとして選ぶことが一般的だ。

3 チョコレートやコーヒーも森林破壊を引き起こす

森林破壊は、他の食品生産でも引き起こされている。例えば、チョコレートの原料となるカカオの栽培。カカオは、低木のカカオの木から採れる果実の中の種子が原料で、それを焙煎して、皮を剥いて、擦り潰すとカカオになる。世界のカカオの70%は、アフリカ西部の沿岸国であるシエラレオネからカメルーンまでの地域で生産されており、とりわけコートジボワールとガーナが2大生産国。そのコートジボワールでは、熱帯雨林を焼き払ってカカオの木を植えていった結果、かつて国土の25%を占めていた熱帯雨林が、現在は4%未満にまで激減してしまった。

現在のカカオ農法では、同じ土地でカカオを栽培し続けることが難しい。土壌の栄養素や微生物の状態を考慮に入れずに、単発的な栽培を繰り返してきたためだ。土壌管理に取り組まないまま生産量だけを確保するには、新たな肥沃な土地をカカオ農園に変えるしかない。

そうやって肥沃な熱帯雨林をひらすら開拓してきた。しかし、コートジボワールには、もはや新たに開拓する熱帯雨林はほとんど残されていない。

そこで、世界の大手チョコレートメーカーは、「森林破壊ゼロ」型のカカオ栽培を確立する必要性に迫られ、さらに植林を通じた森林再生も急務となっている。実際に、カカオの持続可能な生産を推進する世界カカオ財団（ＷＣＦ）は、コートジボワールとガーナでカカオ栽培による熱帯雨林伐採を食い止め、国立公園を守るためのアクション「フレームワーク・フォー・アクション」を２０１７年に発足。すでに、カーギル、ネスレ、ハーシー、マース、ゴディバなど大手のチョコレートメーカーが参画し、実現に向けたアクションを開始している。

しかし実際にチョコレートメーカーが生産農家の農法を改善するには、仕入れているカカオが世界のどの農場で栽培されているかを特定しなければならない。やはりここでも「サプライチェーンの可視化」が必要となる。「フレームワーク・フォー・アクション」では、カカオ流通の認証・モニタリング制度を導入するとともに、人工衛星画像の分析も行い、サプライチェーンの透明性を進めるプランを進めている。

同じことは、コーヒー産業でも起きている。コーヒーも、低木の木から採取できる実に含まれている種子が原料で、この種子（豆と呼ばれる）を焙煎するとコーヒーとなる。コーヒーの木は、熱帯で寒暖差の大きい地域でよく育つ。

特に、コーヒーの生産地は、北緯25度から南緯25度までの熱帯と亜熱帯に集中しており「コーヒーベルト」と呼ばれている。有名な産地は、ブラジル、コロンビア、コスタリカ、ホンジュラス、グアテマラ、ハワイ、インドネシア、ベトナム、エチオピア、ケニア、タンザニアなど。

コーヒーは、今後の大幅な需要増が予測されており、2050年までに現在の3倍にまで拡大するとの観測もある。そして、チョコレートと同じように、これまでは熱帯雨林を焼き払うことで大規模な農地を開拓してきている。

4　肉食から草食へのシフトは避けられないのか

広がる「ビーガン」の動き

熱帯雨林での森林破壊は、煙害や環境破壊につながるとの批判を受けた企業や政府が対策に乗り出し、事態が改善しているところもある。インドネシアでも、パーム油生産で、年々熱帯雨林の面積が減少し、2016年には消失面積が90万ヘクタールを超えたが、2018年には40万ヘクタールを下回る水準にまで半減した。[2] それでも、同じインドネシアでも別の地域では、消失面積が拡大しているところもあり、全体としては予断を許さない状況だ。

また、食料増産による森林消失面積拡大に歯止めをかけようと、一部の消費者の間では牛肉をはじめとした肉食をやめる動きも始まっている。この動きは「ビーガン」と呼ばれ、自分たちの生活によって気候変動を助長してしまうことを嫌がり、肉食や乳製品、動物の皮革

図表 3-3　可食部 1kg 生産に必要な大豆の量や CO_2 排出量

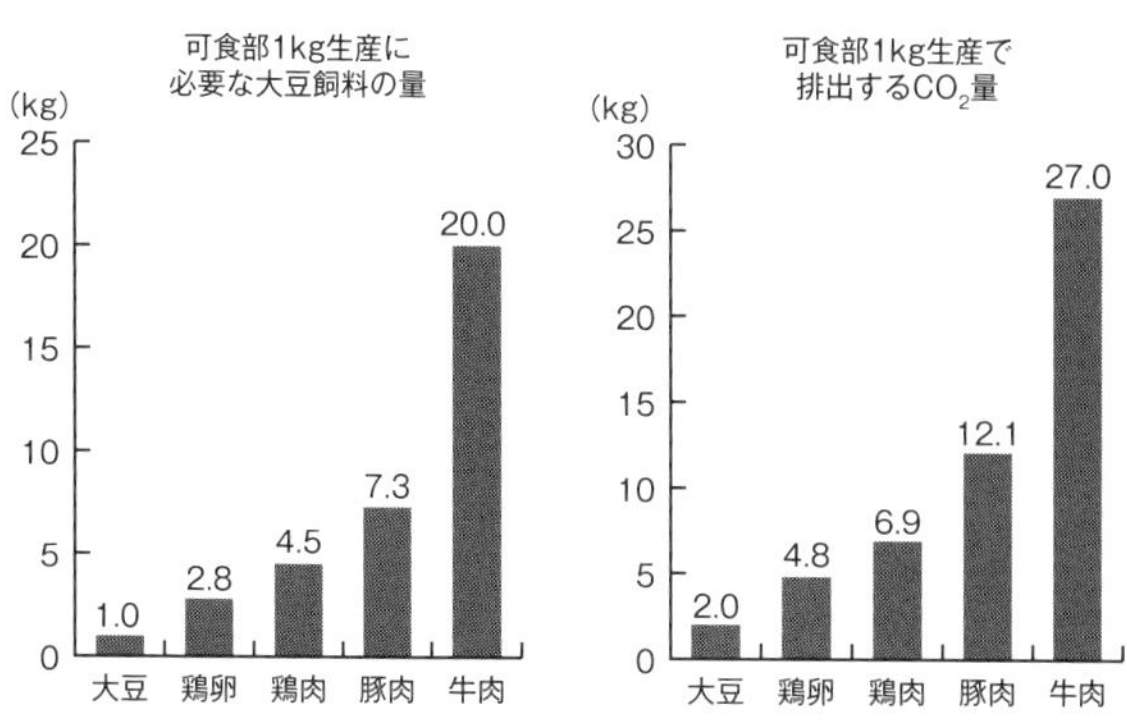

（出典）飼料は Smil, Vaclav "Enriching the earth" MIT Press（2004 年）、CO_2 排出量は EWG "Climate and environmental impacts"（2011 年　アクセス日 2019 年 12 月 31 日）を基に著者作成

を消費することを自発的にやめ、植物由来の食材や素材にこだわっている。

例えば、ブラジルでは大豆生産により、大量の低木地や熱帯雨林が農園へと姿を変えた。大豆の多くは家畜の飼料として使われており、今後も肉の需要は増える見通しだが、家畜の飼育に必要な飼料は家畜の種類によって当然異なる。牛肉の可食部を1キログラム生産するには、大豆が20キロ必要。同様に、豚肉1キロの生産では大豆が7・3キロ、鶏肉では4・5キロ、鶏卵でも2・8キロが必要となる（図表3－3）。

つまり、たんぱく質成分の大豆を使って、同じたんぱく質成分の食肉や鶏卵を少ない量だけ生産するという非効率が畜産業界では起きているということだ。であるならば、肉を生産する代わりに、飼料になっていた大豆そのものを人間が食べればいい。そうすればはるかに多くの食料を消費することができる。ビーガンの人たちは、このように考えている。

「代替肉」が巨大市場に

食料生産の効率性以外にも、大豆をそのまま食べることには二酸化炭素排出量を削減できるメリットがある。可食部1キロを食卓まで運ぶのに必要な飼育や加工、物流工程など一連の工程から出る二酸化炭素の量は、大豆に比べ牛肉は13倍、豚肉で6倍、鶏肉でも3・5倍多い。

特に牛は、主食の草を消化するために、胃の中に嫌気性細菌を宿している。この細菌は、草を分解する過程でメタンガスを発生させ、これがゲップとして体外に排出される。そのため二酸化炭素排出量が増えてしまう。こうした点から、肉食は、大豆を無駄に消費し、不必要な二酸化炭素を排出しているという側面がある。

こうした背景から、第2章で紹介したように大豆などの植物由来の素材を活用した「代替肉」の研究も始まっている。世界的には、ビヨンド・ミートというアメリカの代替肉スタートアップ企業が、2019年にナスダックに上場した際に初日で株価が1・6倍になったことで一躍話題となった。同じく代替肉スタートアップのアメリカのインポッシブル・フーズやジャスト、香港のオムニポークなども有名になった。

ちなみにビヨンド・ミートには、アメリカの食品大手ゼネラル・ミルズやタイソン・フーズが出資。アメリカの穀物メジャーのカーギルも2020年に代替肉分野への参入を発表し、一気に巨大市場へと発展してきている。ケンタッキー・フライド・チキンやスターバックスなどの大手外食企業も、アメリカや中国ではすでに代替肉製品の取り扱いを開始。気候変動という大きな難題を前に、食品関連企業は、肉から代替肉へのシフトを視野に入れてきている。

それでも当然、肉を食べたいと思う人はいる。肉は、単なる栄養素ではなく、「食文化」だという意見もあろう。栄養学や環境効率の観点だけで、肉から代替肉に変えられてたまるかと思う人もいるにちがいない。であるならば、肉食文化を続けたいと思う人は、なおさら肉生産による森林破壊や二酸化炭素排出を減らす努力が必要になってくる。

肉文化を続けるためには、企業と消費者の積極的な協力が欠かせない。例えば、カギケノリという藻を飼料に混ぜた牛は、メタンガスのゲップが少なくなることがわかり、畜産関係者の間で研究が進められている。生産された肉を、食べ残したり、加工・流通過程で無駄にすることをやめ、食品ロスを出さないことも、肉文化を守るためには不可欠になっていく。

5「紙や割り箸の使用禁止」では解決できない

木を使わなければ、森は死ぬ

森林破壊を食い止めるためには、ペーパーレス（紙の使用量を減らす）や、マイ箸（使い捨てではない箸）の持ち歩きが重要だという話も以前からいわれてきた。確かに、アマゾンやインドネシアの熱帯雨林でも、木材や紙を目的とした森林伐採はいまも続いている。天然林を保護するためには、森をそのままにしておくほうがよく、紙や木材の使用停止は理に適っている。

しかし、日本の森林については、必ずしもその提言は当てはまらない。私も以前、日本の森林保護に熱心に取り組んでいる方に、「環境活動家は森を守るためにペーパーレスや木材使用を減らさなければいけないと言っていますよ」と伝えたら、「そんなことを言われているのですか。それでは森は守れません」と驚かれたことがある。なぜならば、日本では、木を使わなければ、森が死んでしまうという真逆の状況にあるからだ。

この話のポイントは、天然林と人工林では、必要な森林保全活動がまったく異なるということにある。日本でもかつては天然林を活かす形で林業が営まれてきた。江戸時代の日本の林業は、世界の手本とも言われていた時代もあった。しかし、各地が焼け野原となった戦後、住宅再建に必要な木材を大量に確保するため、政府は日本中の森林を杉の人工林に変える政策を推進した。その結果、花粉症の話でおなじみのように、日本中の山々は杉だらけになった。現在、日本の人工林面積は全体の約4割を占め、その半数弱が杉という非常に偏った状況にある（図表3－4）。

しかし、悲劇はここで終わらなかった。杉の木を植えてから十数年後、本来なら木材とし

図表 3-4　日本の天然林と人工林の状況

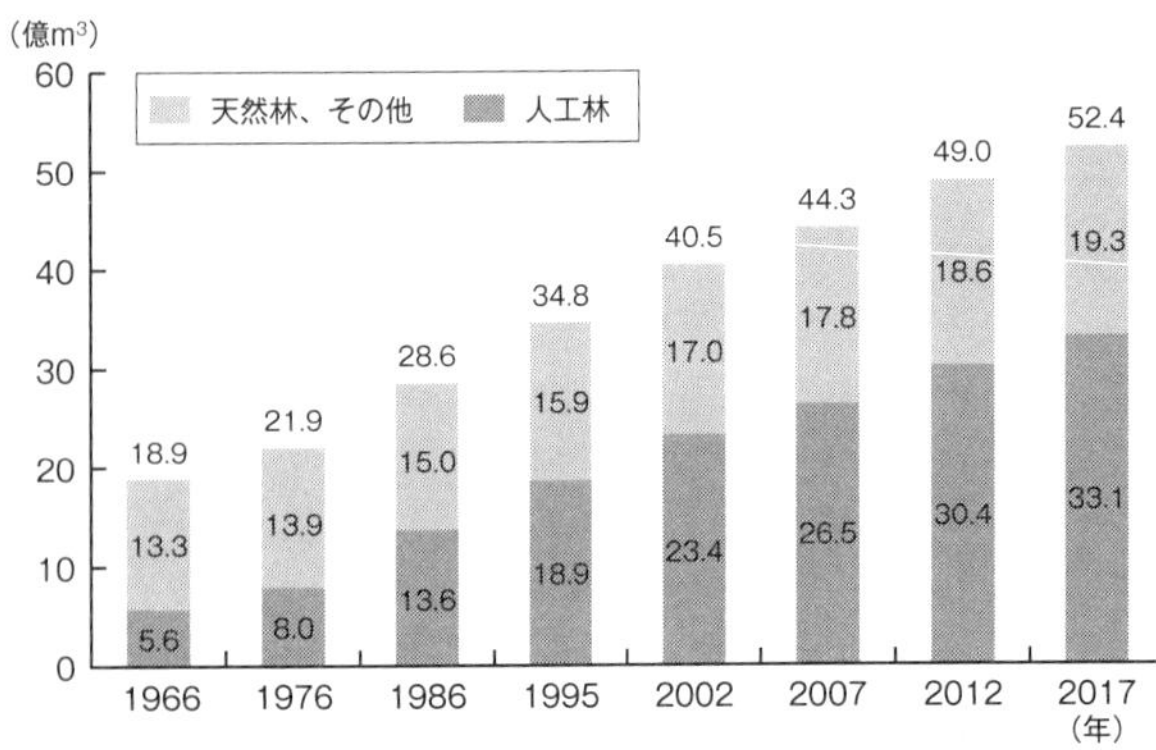

（注）1966 年は 1966 年度、1976 ～ 2017 年は各年 3 月 31 日現在の数値
（出典）林野庁「森林資源の現況」

て使用されるはずだった杉が、まったく活用されずに放置されていくことになった。その理由は、東南アジアなどからの輸入木材の価格が大幅に下がり、日本の杉の経済価値がなくなってしまったからだ。

一度、人工林にしてしまった山は、天然林とは異なり人の手によるメンテナンスが必要となる。不要な枝を切り落として間引きをし、一本一本の杉の木を育成させていかなければ、山は痩せ細った杉だけになってしまう。すると、根が土壌に十分に張らずに、土砂崩れが起きやすくなる。保水力も低下するため、鉄砲水も起きやすくなる。

図表3-5 人工林の齢級構成の変化

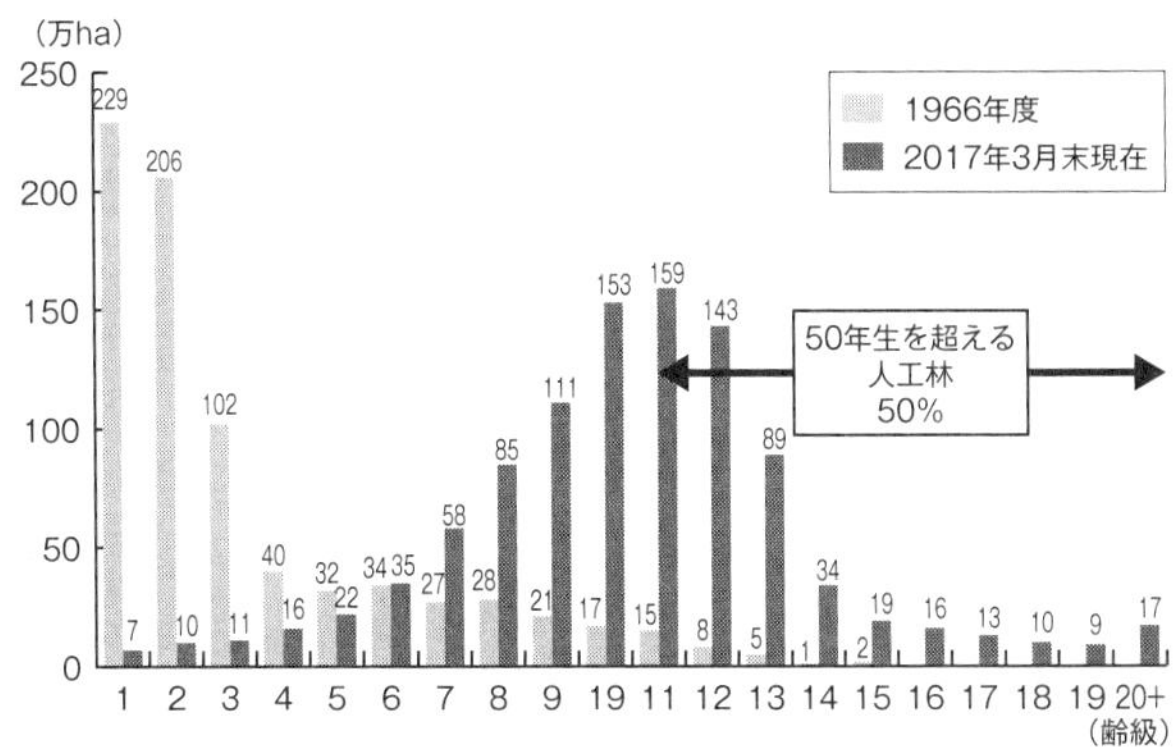

（注）齢級は、林齢を5年の幅でくくった単位。苗木を植栽した年を1年生として、1～5年生を1齢級と数える

（出典）林野庁「森林資源の現況」（2017年3月31日現在）、「日本の森林資源」（1968年4月）

しかし、経済価値がなくなり林業が成り立たなくなった杉だらけの日本の人工山は、手入れができなくなってしまった。人工林は、植林から約50年を超えると本格的に手入れをしなければいけなくなる。そしていま、日本の人工林の約7割が樹齢50年を迎えようとしている（図表3－5）。

認証された木材を使う仕組み

森林は本来、自然災害から社会を守る役割を果たしてくれるはずが、痩せ細った日本の人工林は、その力を失ってしまった。一方で今後、気候変動により、豪雨や台風、さらには地震までもが懸念されており、土砂崩れの危険性はむしろ高まっている。日本の人工林は、ますます放置していられない状況になった。

そこで、日本政府は、2024年度から毎年全国民から森林環境税を1000円徴収する法律を2019年に成立させた。経済価値のなくなった人工林を手入れするためには、国家予算で必要資金を確保しなければならなくなったからだ。しかし、本質的な解決策は、経済価値を失った人工林が再び経済価値を取り戻し、林業の一環として手入れを進めていくことにあるはずだ。そして、林業事業者もそれを望んでいる。経済価値を取り戻すためには、国産スギや、次に多い国産ヒノキを、有効活用する用途を発掘し、企業や消費者が積極的に使っていくしかない。

木材消費の難しさはこの点にある。「積極的に使え」や「絶対に使うな」と言われればわかりやすいが、「適切なものを適度に使う」というのは、使う側には非常にわかりづらい。その木材が天然林から来ているのか、人工林から来ているのか、素人には判別がつかない。

そこで重要になるのが、積極的に使っていいものに「目印」を付けること。すなわち木材でも認証製品の重要性が高まっている。木材分野での認証では、ドイツ・ボンに本部を置く森林管理協議会の「ＦＳＣ認証」や、スイス・ジュネーブに本部を置くＰＥＦＣ評議会の「ＰＥＦＣ認証」が有名だ。これらは、森林管理が環境や労働の基準に照らして一定以上に達しているかを審査している。欧米のグローバル企業の間では、認証材のみを活用する動きが広がってきており、例えば、世界最大の小売企業ウォルマートは、認証木材を原料としていない紙を使わないことを決定している。

しかし、日本では、持続可能な森林管理を証明するＦＳＣ認証やＰＥＦＣ認証を取得した森林の面積はわずか８％しかない[3]。ドイツでは78％、スウェーデンで１０２％、カナダで54％、アメリカでも15％あることを考えると、日本の取得面積率が非常に低いことがわかるだろう（ＦＳＣとＰＥＦＣの重複認証もあるため合計が１００％を超えることもある）。

認証取得については、「認証がすべてではない。別に認証を取得していなくても、日本では健全な林業が実現できているのではないか」という反論もあるだろう。だが健全か否かの目印が付いていなければ積極的に活用すべき木材の判別ができなくなってしまう。海外の大手企業の間で認証を取得していない木材を使わないという動きも広がっている中、日本の木材が認証を取得しなければ、国際的な競争力はさらに落ちていってしまう。認証がすべてで

図表3-6　1990～2020年の年間森林面積の変化

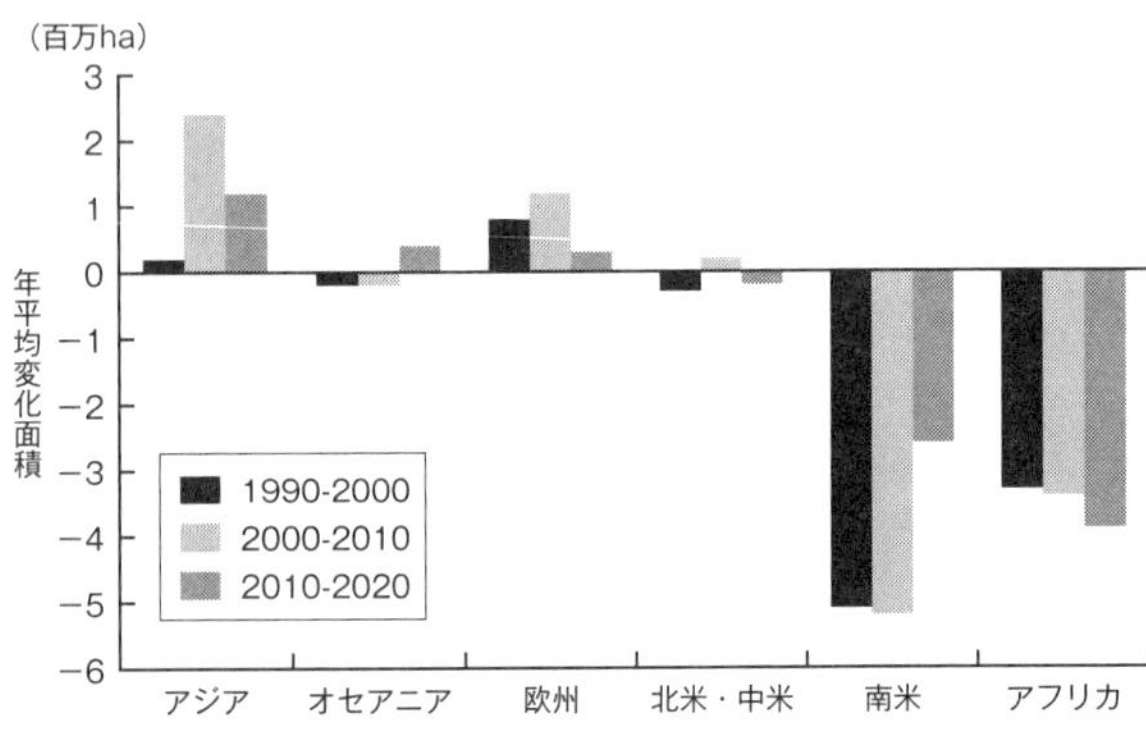

(出典) FAO "Global Forest Resources Assessment 2020" を基に著者和訳

はないのは確かだが、日本の林業関係者で、現状に甘んじていて良いと考える人はほとんどいない。日本でも認証の積極活用が切実に求められている。

森林分野では明るい話題もある。国連食糧農業機関(FAO)のレポート[4]によると、企業とNGO、政府の森林破壊防止努力が進んできたことで、世界全体の森林減少は続いているものの、減少幅は過去10年間で小さくなった(図表3－6)。アジアでは中国での大規模植林政策もあり面積はプラスを維持し、オセアニアでもプラスに転じた。南米でも大幅に減少幅が少なくなった。

しかしながら、アフリカでは森林消失が依

然として進行している。加えてオーストラリア、アメリカのカリフォルニア州、南米のアマゾン地域では、せっかく改善がみえてきた矢先、２０１９年に大規模火災が発生し、世界の先行きに影を落とすことにもなった。確かに人為的な森林破壊は企業努力で抑制されてきたのかもしれない。だが、気候変動という新たな課題によって森林消失が拡大する懸念がむしろ強まっている。

（注）

1 最近では、パーム油そのものではなく、アブラヤシの果実の殻（ＰＫＳと呼ばれる）を燃料としたバイオマス発電も登場してきた。比較的批判は少ないが、それでも原料のアブラヤシ生産が熱帯雨林破壊を引き起こしていないことを示さなければならないことには変わりはない

2 WRI "Indonesia is reducing deforestation, but problem areas remain" (2019)（アクセス日：２０１９年12月31日）

3 林野庁「平成30年度 森林・林業白書 全文」

4 FAO "Global Forest Resources Assessment 2020"

第4章 食卓から魚が消える日

深刻な不漁に見舞われ、値上がりしたサンマ（2016年）。これまで考えられなかった種類の魚介の不漁が目立つようになった＝読売新聞／アフロ

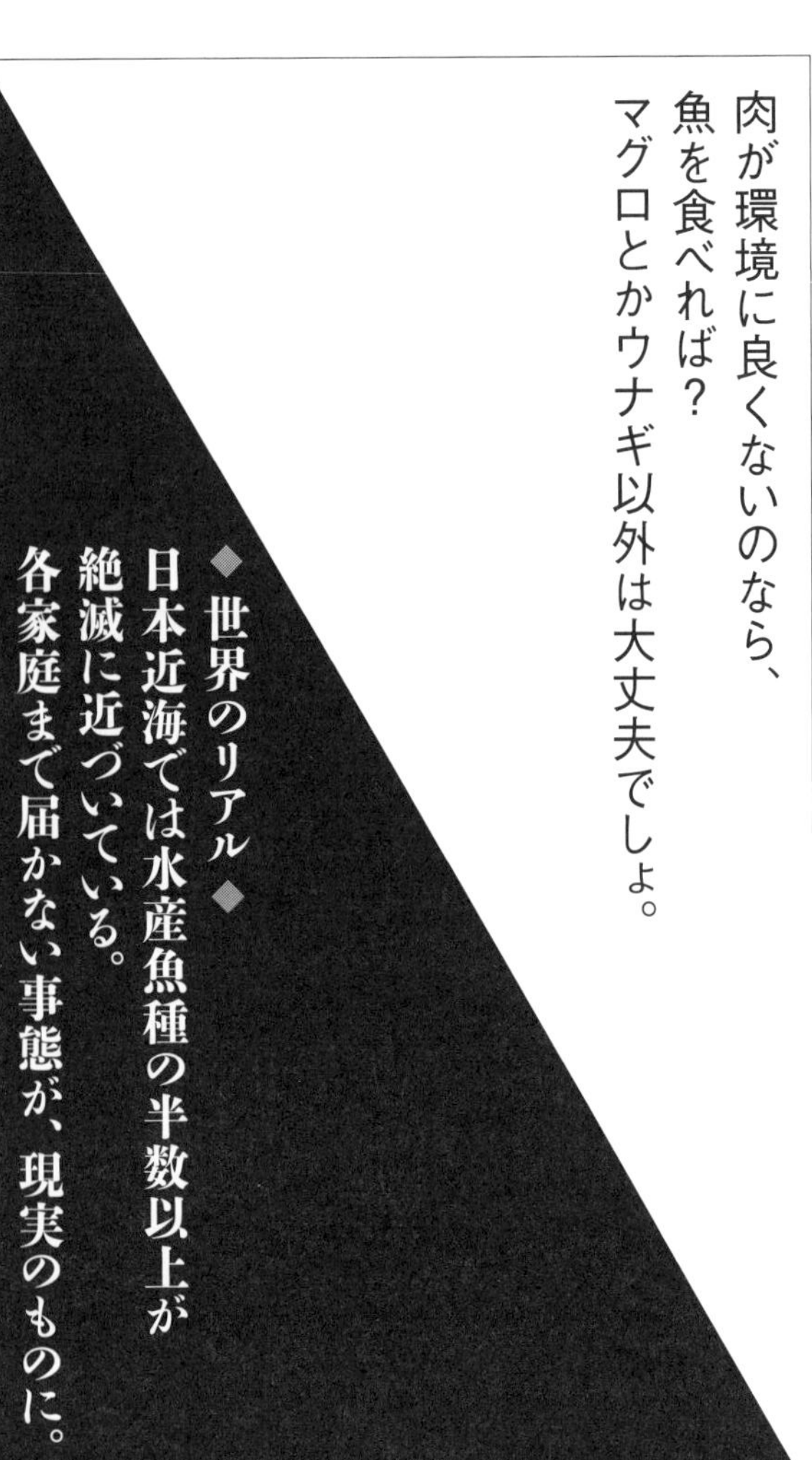

肉が環境に良くないのなら、
魚を食べれば？
マグロとかウナギ以外は大丈夫でしょ。
◆世界のリアル◆
日本近海では水産魚種の半数以上が
絶滅に近づいている。
各家庭まで届かない事態が、現実のものに。

1　飽和状態を迎えた漁業

世界的に続く不漁

海にも異変は起きている。たとえば最近、サンマやイワシの不漁を報じるニュースが増えた。マグロ漁では、ついに漁獲量の国際制限が始まった。ウナギの値段は高騰し、最近では老舗のうなぎ屋の閉店も各地で相次いでいる。

不漁が続いているのは日本だけではない。世界の最新統計でみると、2015年から2017年までの3年間で漁獲量が減少した国・地域は、他にも、中国、韓国、台湾、フィリピン、ペルー、カナダ、アイスランドなどがある。これらはいずれも漁業が盛んな地域だ。実際、世界全体の水揚量は、1995年にピークを迎え、そこからほぼ横ばいで推移している。「ヘルシー食ブーム」「宗教上の理由による肉食禁止」「日本食ブーム」「格安寿司チェーン店」という言葉とともに、世界的な魚介類の需要が高まる中、供給の確保は年々困難になってきている。

これからの世界では、気候変動の影響を受け、穀物生産量の減少が予想される。また、肉も飼料生産の面積拡大が難しく、以前ほどは生産量を増やすことができなくなっていく。そうなると、魚介類でのたんぱく質確保を期待する声が出てきても当然おかしくはない。では、いま水産業はどのような局面を迎えているのだろうか。そして魚介類の未来はどうなっていくのだろうか。

世界で高まる消費量

日本はかつて魚食大国だった。日本近海には豊富な漁場が多く、漁業が盛んだった。そのため、日本人は、動物性たんぱく質を魚介類で補ってきた。戦前までは、日本人は肉や乳製品をほとんど摂食しておらず、魚介類ばかりを食べていた。寿司、天ぷら、刺身など、和食の代表格に魚介類が多いのはそのためだ。

だが、戦後に肉食文化が到来して肉の消費量は急増。同時に、若者を中心とした「魚離

図表 4-1　世界全体の魚介類生産量の推移

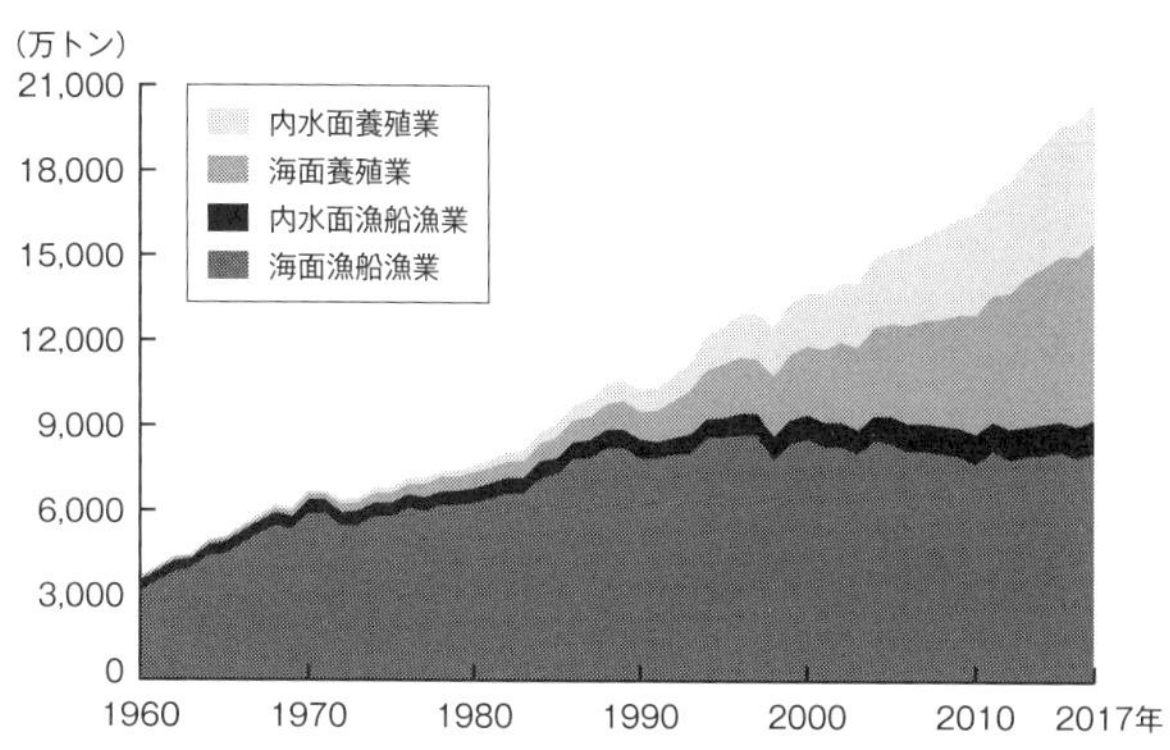

（出典）水産庁「平成 30 年度　水産白書」、元データは FAO FISHSTAT

れ」も始まり、1995年をピークに魚介類の消費量が大幅な減少に転ずる。1人あたりの年間魚介類消費量も、2001年の40・2キログラムがピークで、2017年には24・4キロと6割の水準にまで低下した。それでも日本で肉の消費量が魚介類を上回ったのは2010年と、つい最近だ。他の先進国と比べても、日本と韓国は、いまでも動物性たんぱく質摂取量に占める魚介類の割合が抜きん出て高い。

日本で魚介類の消費量が落ち込む中、世界全体では魚介類の消費量はうなぎ登りだ（図表4－1）。魚介類の生産は、漁業による漁獲と養殖の2つで成り立っている。1970

年ごろまでは、魚介類はほぼすべて漁獲による天然モノだったが、やがて世界の旺盛な魚介類需要の増加に、漁獲だけでは賄いきれなくなった。そこで養殖が急速に広がった。1995年には漁業の生産量はついに完全な頭打ち状態に突入し、いまに至るまで横ばいが続く。その間も、トナーなどの漁業装置が開発され漁業の生産性を上げるための対策も打たれたが、ライバル漁船には勝てたとしても、漁業全体のパイを大きくすることはできなかった。

養殖が「主役」に代わる

一方で、旺盛な需要を支え始めた養殖は、ついに脇役から主役へと転じようとしている。2017年には天然モノと養殖モノの生産量がほぼ同じ水準に並び、養殖が過半数を占める時代を迎えた。特に目覚ましいのは、海面養殖業。少し前に近畿大学がクロマグロの完全養殖を成功させたことが話題となったが、実際には世界中でさまざまな魚種の養殖手法が開発されてきている。

国別に漁獲量や養殖生産量をみると、過去数十年間で何があったのかがよくわかる（図表4－2）。漁獲量は、全体としては1995年で頭打ちになるのだが、各国の漁獲量はその

図表 4-2 国別漁獲量の推移

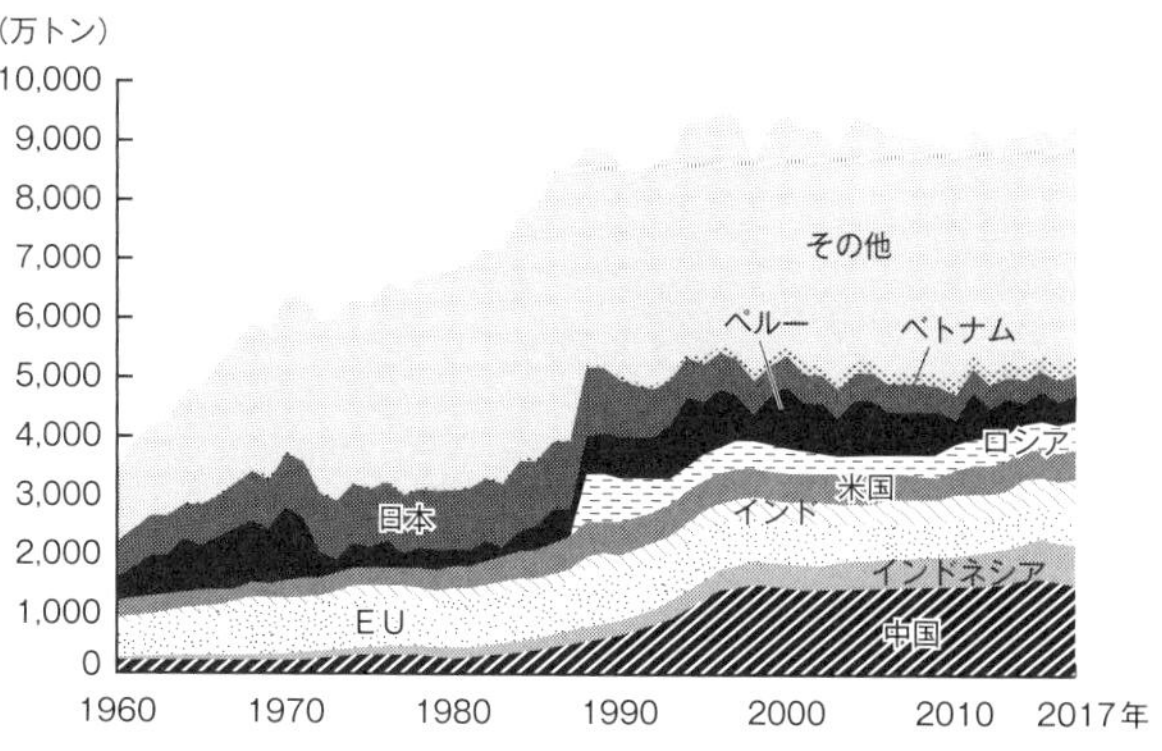

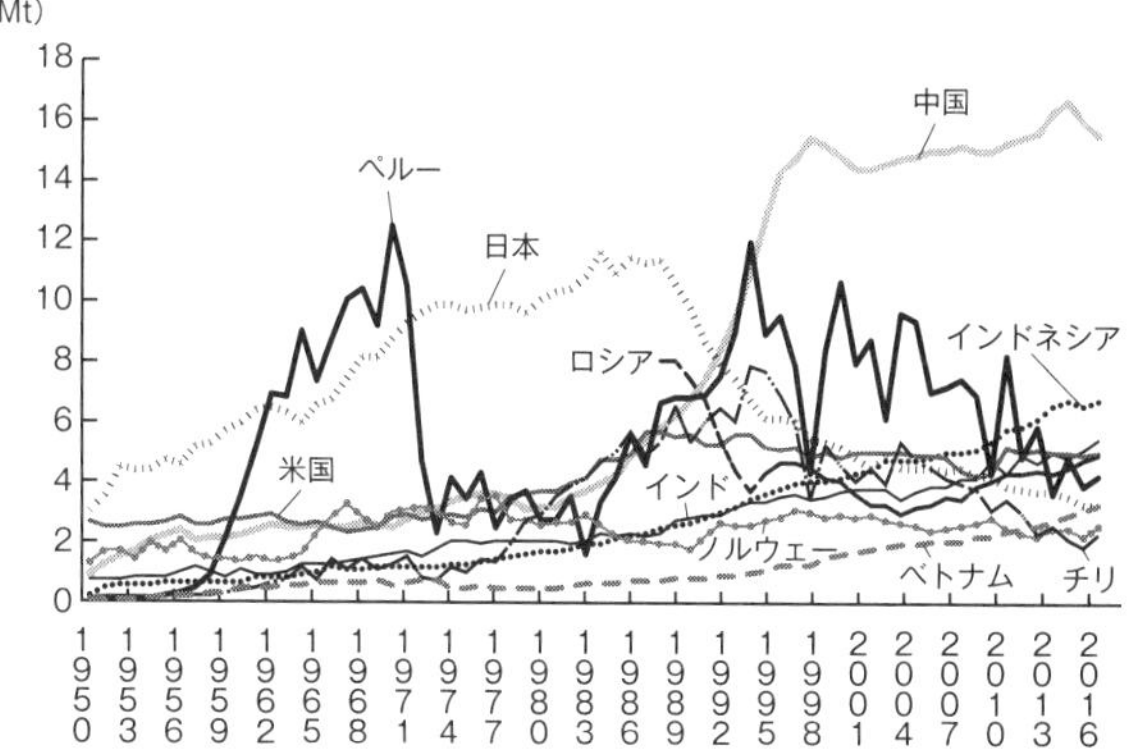

(出典) 上図は、水産庁 (2019年) 作成で元データはFAO FISHSTAT。下図はFAO FISHSTATを基に著者作成

間にも大幅に変化している。かつては、日本とペルーが漁業大国だった。特に日本は、1991年まで、一時期を除いて漁獲量第1位の座を守り抜いていた。しかし日本の漁業を支えた沖合漁業がその後衰退し、2017年はピーク時から72%減の水準にまで低下した。同様にペルーも乱高下を続け、いまや日本と同水準まで落ち込んだ。

反対に大幅な急成長を遂げたのが、中国、インド、インドネシア、インド、ベトナムなどアジア新興国。図表の中にはないが、フィリピン、マレーシア、タイも近年漁獲量を大きく伸ばし、漁獲量20位以内に食い込んできている。特に中国は、1950年と比べ2017年は漁獲量が18倍になり、世界の中でも圧倒的な存在となっている。その中国も、1995年に急成長が一気に鈍化し、近年は減少に転じている。

養殖の国別動向はもっとわかりやすい（図表4－3）。養殖は、中国一強時代がずっと続いている。過去20年間の魚介類生産の伸びは、ほぼ中国一国によって支えられてきた。中国で養殖されている魚種は、コイ・フナが最も多く、それに海苔や昆布、カキ、アサリ・ハマグリ、エビ、サケ・マスと続く。いずれも日本で馴染みのある食材ばかりだ。

漁獲でも養殖でも、圧倒的覇者となった中国。魚食は日本文化という認識が、日本人の中

図表 4-3 養殖における生産量の推移

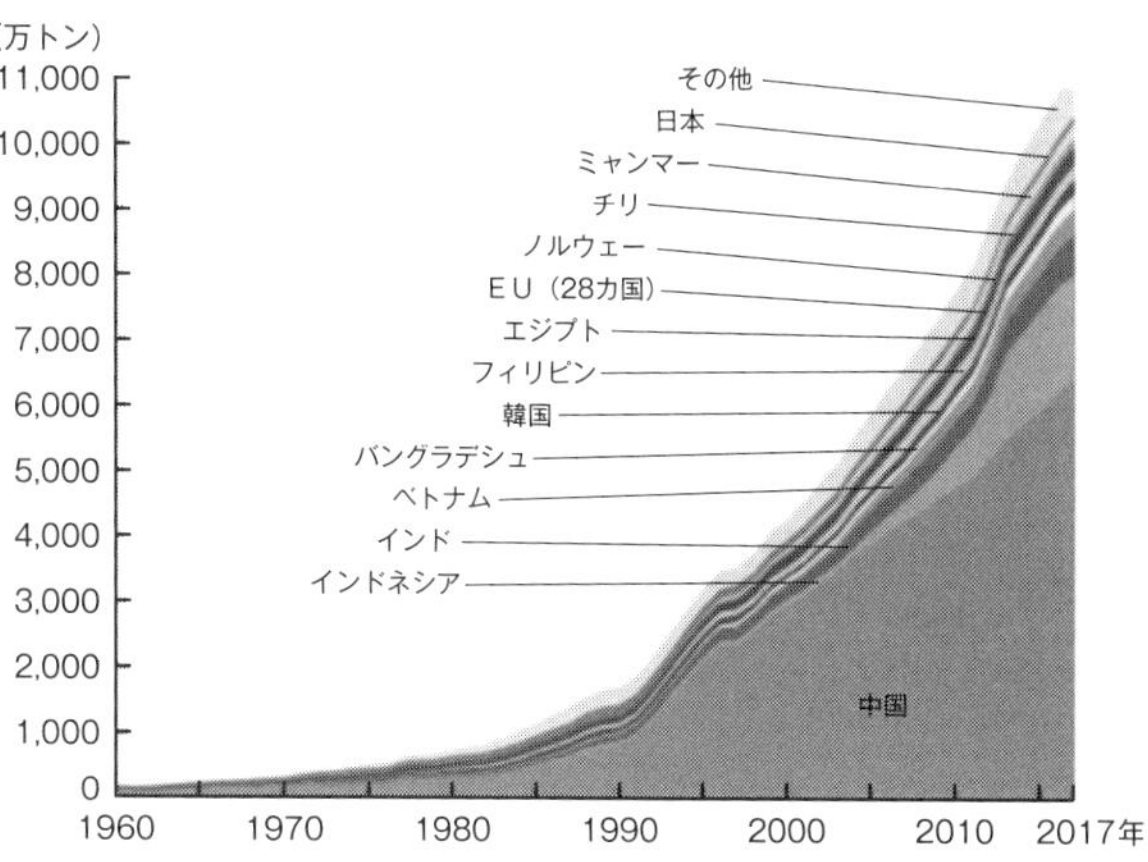

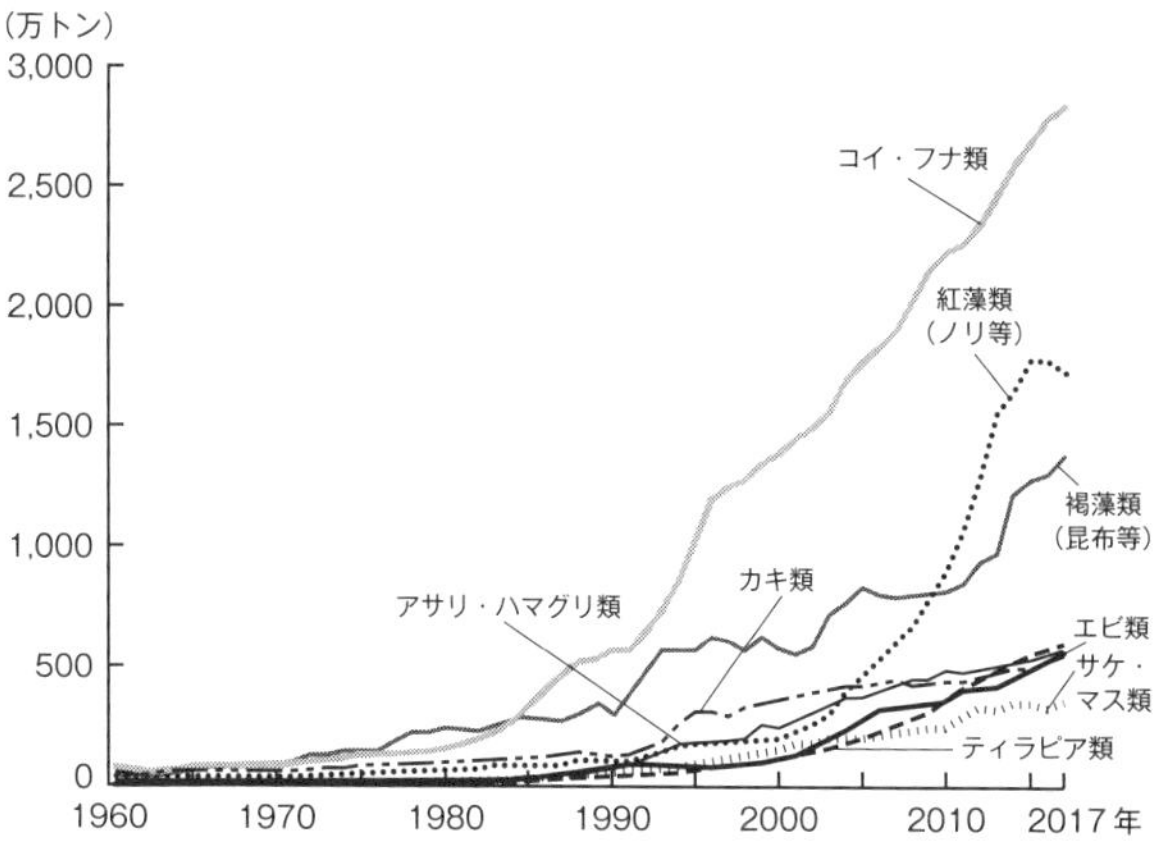

(出典) FAO FISHSTAT を基に水産庁作成

にも、また諸外国の中にもあると思うが、実は魚食文化が広がれば広がるほど、中国への依存度が高まるという構造が生まれている。

2 漁獲量が頭打ちになった原因は資源量の低下

90％以上の魚種が「乱獲」状態

天然モノの漁業は、自然繁殖によって増加した魚介類を、私たちがありがたく頂戴しているというもの。魚の数（個体数という）が十分多い状況では、毎年繁殖する数も多いため、魚の数の減少を気にすることなく漁業ができる。しかし、ひとたび魚の数が少なくなると、繁殖で個体数が回復するには時間を要する。そして回復するより多くの漁獲を続けていれば、その魚種は絶滅していく。したがって、漁業を継続的に行うためには、水系にいる魚の数を必然的に考慮しなければならない。魚は、年々成長して大きくなるため、専門家は実際には個体数ではなく、重量で魚の量を把握しようとしている。そしてその存在量のことを、専門家は「資源量」と呼んでいる。

　では一体どの程度の量まで漁獲をしてもよいのか。それを判断するには、海や川に存在している資源量を把握する必要がある。ただし、実際に水の中に潜って1匹ずつ数え、その上で魚の体重を図るなんてことは不可能だ。そのため、科学者は、海域を絞ってサンプル調査をしながら、統計的に全体の資源量を推計するという手法を世界的に採用している。このように、資源量の把握は、極めて数学的な作業だ。

　資源量が把握されると、そこから繁殖数や成魚になる年数等が加味され、漁獲してもよい限界量が算出される。この限界量を「最大持続生産量（ＭＳＹ：Maximum Sustainable Yield）」と呼ぶ。専門家は、現在の漁獲量がＭＳＹを超えているのか、ＭＳＹを下回っているのかを見極め、思う存分水揚げしてもよいのか、水揚げを制限しなければいけないのかを判断している。

　世界の漁業は現在、資源量管理の面で、非常によろしくない状態にある。ＭＳＹを上回る「乱獲」状態にある魚介類の種は、１９７５年は10％と少なかったのに対し、現在は33％ま

図表 4-4　漁獲量とMSY

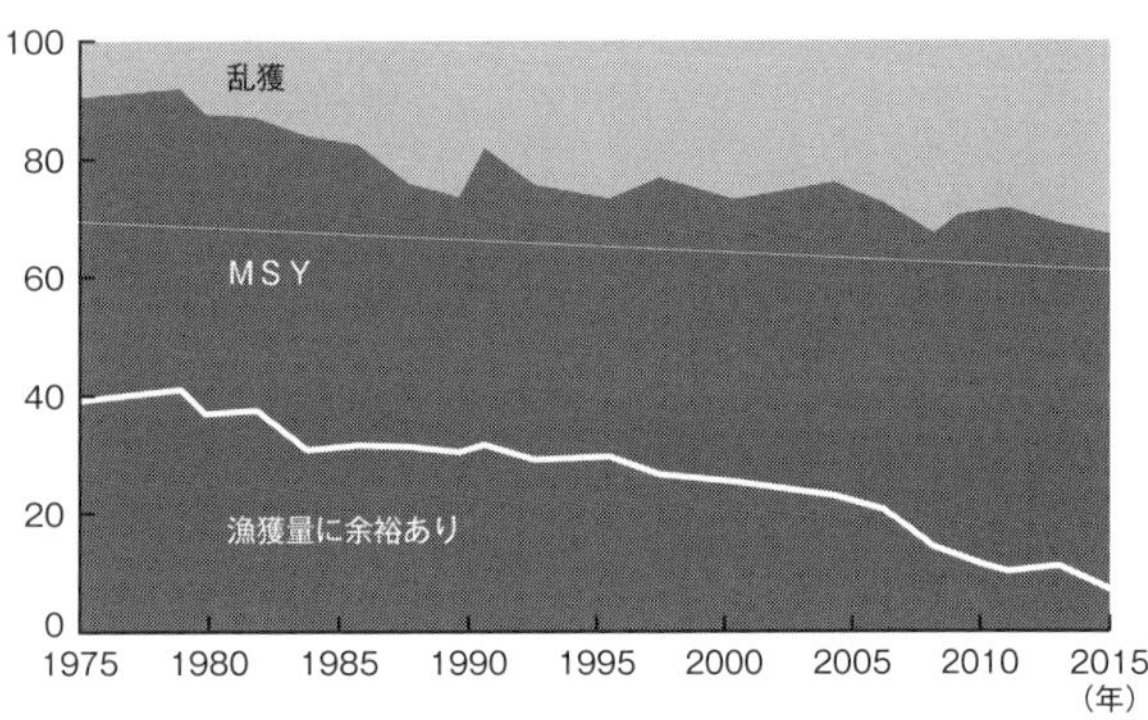

（出典）FAO "2018 the state of the world fisheries and aquaculture" を基に著者和訳

で増加。反対に、MSYを十分に下回る「資源量に余裕がある」魚介類の種は、1975年は40％あったのだが、いまでは10％を下回ってしまった。すなわち、大半の魚介類は、すでに漁獲可能なギリギリの量を捕りきってしまっており、多くの魚種はそれを超えた「乱獲」の状態にある（図表4－4）。

放置されてきた日本の漁業

とりわけ乱獲が顕著になっているのが日本だ。日本では、衰退していく漁業をなんとか下支えするため、政府は漁業事業者の足枷になる政策を避け、漁獲の「制限」という手段に踏みきれないできた。その結果、資源量が

図表 4-5 資源量の変化（高位・中位・低位）

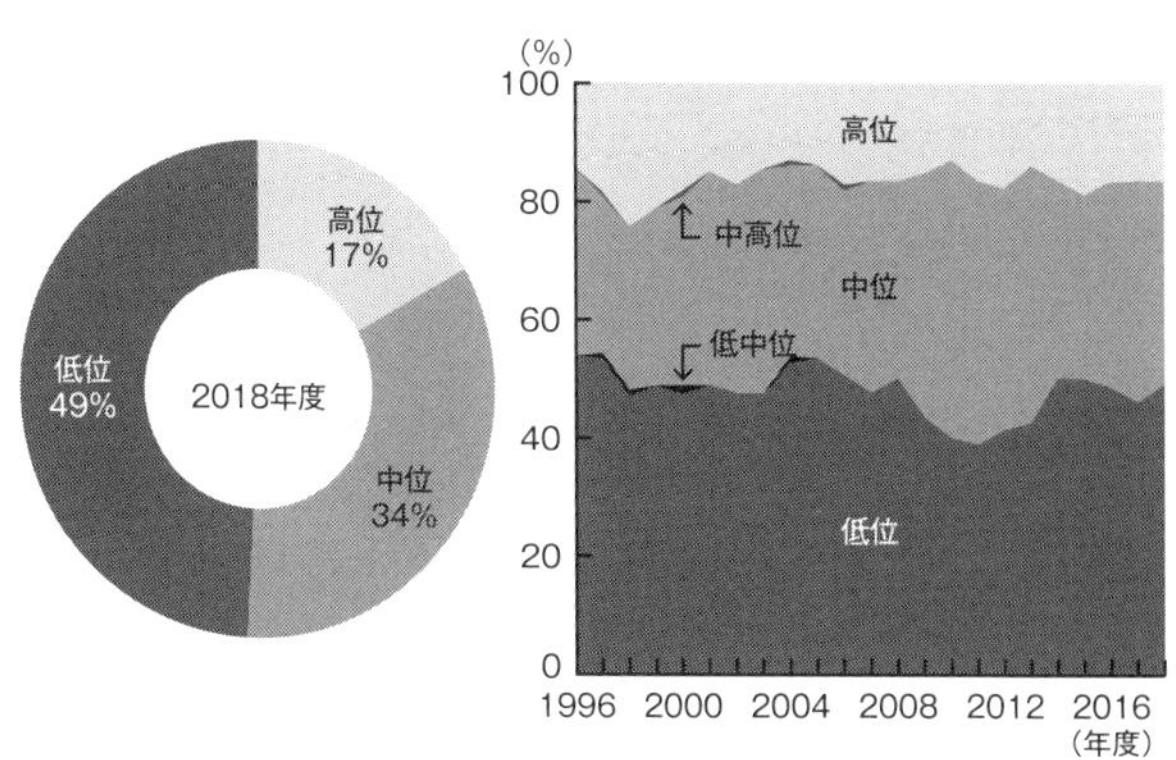

（注）2018 年度 資源評価対象魚種 50 魚種 84 系群
（出典）水産庁「平成 30 年度 水産白書」

危機的な状態にまで下がっている。2018年の時点で、資源量が十分にある「高位」評価の種は、全体の中でわずか17%しかない。反対に「低位」が49%と約半数を占めている（図表4－5）。例えば、資源量が「低位」と位置づけられている魚種には、ホッケ、スケトウダラ、トラフグ、マガレイ、シャコ、キンメダイ、イカナゴ、タチウオ、マサバ、ケンサキイカなどがある。

資源量がMSYを下回ると、漁獲量を規制し、資源量を回復しようと試みるのが一般的だ。しかし、日本政府は、1996年に漁獲量を規制するTAC法を制定したもののの、水産庁が規制対象魚種に選定したのは、マアジ、マサバ・ゴマサバ、マイワシ、サンマ、スケトウダラ、ズワイガニの6種類のみ。後にスルメイカが加わり7種類となったものの、それ以外の魚種については漁獲量規制を実施しないままきてしまった。その結果として、資源量「高位」の魚種が非常に少なくなった。

日本政府は2018年になって、ようやく重い腰を上げ、改正漁業法を制定。資源量に基づく漁獲量規制を大規模に導入する方針を固めた。いまのところ、漁獲量規制が適用される具体的な魚種は発表されてはいないが、「低位」や「中位」にある魚種に、規制を適用することが予想されている。

また別途、国際条約によって漁獲量や取引が規制される魚種も増えている。代表的なものにウナギ、マグロ、カツオがある。いずれも日本の伝統的な魚種だが、すでに資源量が非常に厳しい状態にあり、絶滅の可能性も指摘されている。

規制の対象となったウナギ

ウナギはいち早く国際規制の対象となり、取引が大幅に制限された。絶滅危惧種の商取引を禁止する国際条約にワシントン条約というものがある。英語では正式名称の頭文字をとって「ＣＩＴＥＳ」と呼ばれている。３年に一度開催されるこの条約の締約国会議で、附属書Ⅱに指定された動植物種は、輸出する際には輸出国の政府の許可が毎回必要となる。さらに、附属書Ⅰに指定されると、商取引が原則禁止され、輸出入でも輸出国と輸出国の双方の政府の許可が毎回必要となる。

食用ウナギには、ニホンウナギ、ヨーロッパウナギ、アメリカウナギ、ビカーラ種の４種類があるが、そのうちヨーロッパウナギは２００７年の締約国会議で附属書Ⅱに指定され、２００９年から国際取引が規制されることとなった。ヨーロッパウナギの原産はヨーロッパだが、中国を経由して日本にも稚魚（シラスウナギ）が大量に輸出されていたため、日本でのうなぎ消費が、ヨーロッパウナギの絶滅危惧に加担したという側面はある。

ワシントン条約での附属書指定では、政府と環境ＮＧＯが構成メンバーとなっている環境団体の国際自然保護連合（ＩＣＵＮ）での絶滅危惧種判定が実質的な影響を与えている。ＩＣＵＮは、総会の開催は４年に一度だが、絶滅危惧種を指定する「レッドリスト」の更新を毎年行っている。世の中で「絶滅危惧種」と呼ばれるものは、実際には「深刻な危機」「危

図表4-6　IUCNのレッドリスト・カテゴリー

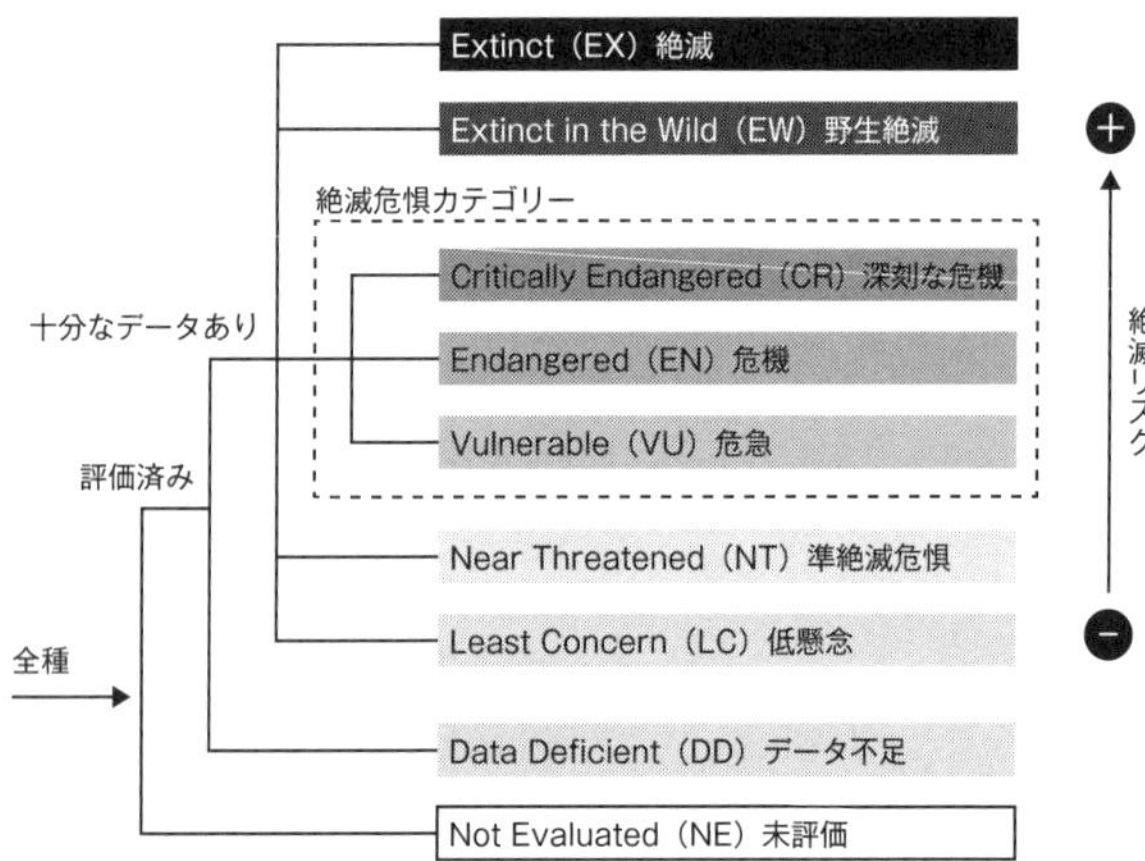

（出典）IUCN

機」「危急」の3段階に分けられて指定されている（図表4－6）。

レッドリストは、純粋な科学的なカテゴリーであり、指定されても保護義務や取引禁止ルールが発動されるわけではない。取引に関するルールは、ワシントン条約で判断される。そして、レッドリストで「深刻な危機」や「危機」に指定された動植物種は、ワシントン条約での附属書Ⅰまたは附属書Ⅱに指定される対象になりやすい。

密漁・密輸うなぎが過半を占める

ウナギの話に戻ろう。ニホンウナギ、

アメリカウナギ、ビカーラ種の3種は、現時点ではワシントン条約の附属書には指定されていない。だが、アメリカウナギは2013年に、ニホンウナギは2014年に、ICUNにより絶滅危惧種の上から2つ目のカテゴリー「危機」に、ビカーラ種も2014年に「準絶滅危惧」に指定された。これらも同様に、日本でのうなぎ食のために大量消費されたことが大きく関係している。その結果、この3種のウナギもいつワシントン条約により商取引が禁止されてもおかしくない状態になっている。当然、指定されれば、外食店やスーパーでうなぎを買ったり、食べたりすることができなくなってしまう。

実際に戦後の日本は、うなぎを食べ尽くしてきていた（図表4−7）。まず1961年には国内天然モノの漁獲量が3387トンもあったが、2018年には78トンまで減った。理由は乱獲による減少だ。そこで日本は、うなぎの稚魚であるシラスウナギを採捕し養殖するという手法に活路を見出し、1956年に4900トンだった養殖は、最盛期の1985年には4万1000トンと9倍にまで増えた。日本での旺盛な需要を察知した台湾と中国でも、養殖で育てたヨーロッパウナギを日本に輸入する動きが加速。2000年には輸入量だけで13万トンにもなった。[1]

図表 4-7　うなぎの国内生産量と輸入量

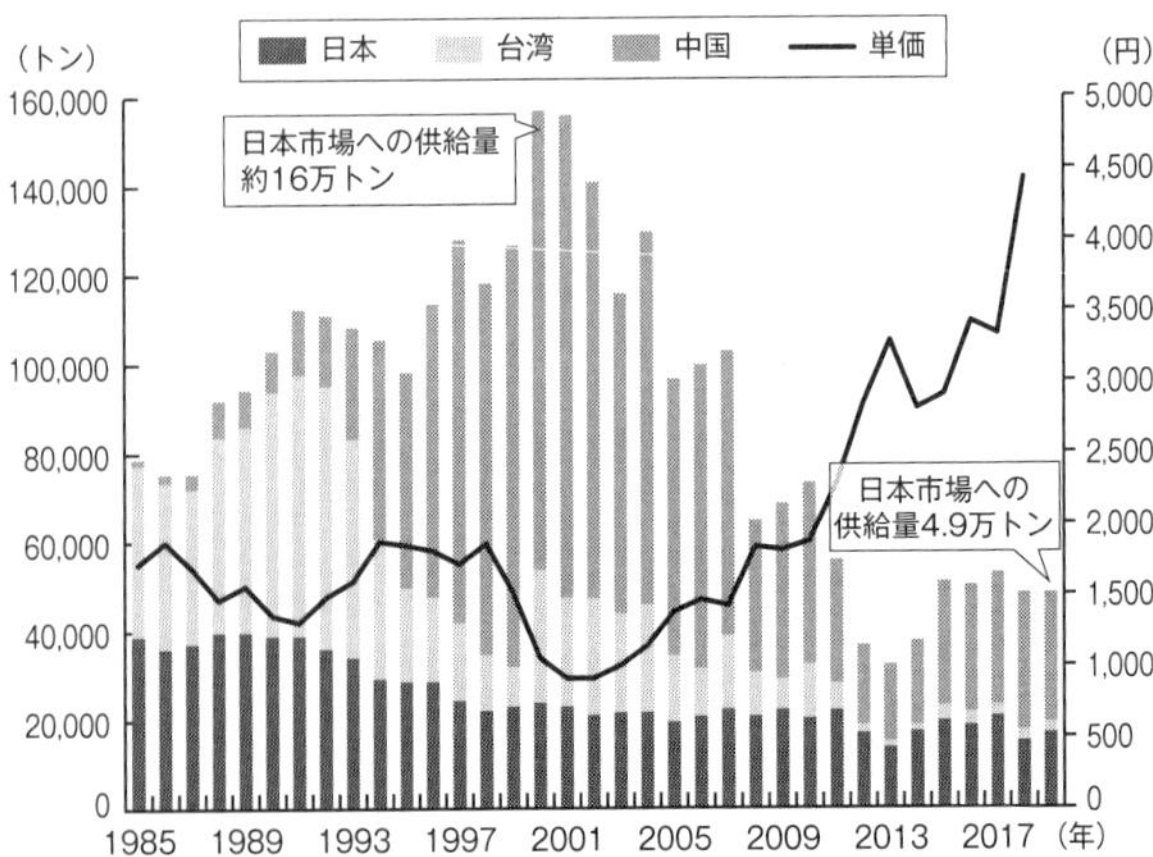

（出典）日本養鰻漁業協同組合連合会

しかしその後、うなぎの流通量は一気に減少していく。まず、ヨーロッパウナギがワシントン条約附属書に指定されたことによる輸出規制と、台湾と中国でのシラスウナギ不漁の影響を受け、輸入モノが激減。さらに国内養殖でも、稚魚のシラスウナギの確保を輸入モノに頼っていたため、同様に確保が難しくなっていった。特に2007年に台湾がシラスウナギの輸出を自主禁止したことが大きかった。結果、うなぎの希少性は上がり、価格は高騰していった。

それでも飲食店やスーパーには、うなぎが売られている。そのうなぎはどこから来ているのだろうか。まず国内養殖用のシラスウナギ採捕量は、1957年には207トンあったが、2018年には9トンにまで減った。[2] そのため、国内で採捕された分だけでは賄いきれないため、香港から大量に輸入している。年によっては輸入したシラスウナギのほうが多いこともあるほどだ。

ただし、香港では、シラスウナギが遡上する河川は存在しておらず、本来香港にシラスウナギがいるのはおかしい。ではどうやって香港から輸入しているかというと、台湾で輸出が禁止されたシラスウナギが、香港に密輸された後に日本に輸入するという違法ルートが使われているのだ。

さらに国内で採捕されているものにも問題がある。水産庁は2014年からようやく国内養殖業の管理に乗り出し、2014年にはシラスウナギの池入れ数量の報告を義務化し、2015年からは池入れ量の割当許可制度による数量規制も開始した。しかしそれでも、国内で不許可密猟が何件も発覚しているという悲しい現実がある。

では、国内養殖のために池入れされたシラスウナギのうち、違法ルートの可能性のある輸入モノと国内密猟の割合はいかほどだろうか。各都道府県に報告されているシラスウナギの池入れ量のうち、都道府県知事が特別許可した国内採捕量の割合は、多いときで2017年の42・9％、少ないときで2019年の14・5％しかない。[3] すなわち、残りの6割から8割の養殖うなぎは、実は密漁・密輸うなぎの可能性が高いというのが、日本のうなぎ流通の実態だ。

3　資源量をさらに悪化させる要因

海にも「共有地の悲劇」

漁業生産量は1995年ごろから横ばいとなった。一方、世界では今後人口増加を迎え、食料を増産しなければならない、にもかかわらず、漁業生産量はむしろ減少に転じる可能性が指摘されている。それは、2つの難題が漁業に押し寄せているからだ。

1つ目の課題は、国際競争の激化。漁業には、農業とは大きく異なる特徴がある。陸上で営まれる農業は、いずれかの国に所属する土地で行われる。そのため、国による管理がいきとどきやすい。一方、漁業は必ずしもそうではない。漁業の中でも、国際海洋法条約により沿岸から200カイリ（約370キロメートル）まで設定できる排他的経済水域（EEZ）内は、いずれかの国に属している状態にある。しかし、排他的経済水域の外側にある海域は、どの国にも属していない「公海」の扱いで、原則として漁業は誰がどれだけ実施してもいいことになっている。

さらに農業と違って、獲物となる魚は動く。特に海水魚は、広大な海洋を回遊しながら成長していくことが多く、太平洋や大西洋、インド洋などの公海上を動き回っている。そのことが漁業管理の問題を難しくしている。

魚介類は資源量管理が不可欠なのだが、海水魚の多くは各国の規制が及ばず、激しい競争にさらされている公海上にいる。そうなると、各国の政府は、自国に属している海域では資源量や漁業活動を積極的に管理しようとするが、公海には規制が及ばないため、各漁業事業者は「捕れるだけ捕ってしまおう」という意識が働く。管理者不在の「公海」では、こうして資源量を意識しない漁業が横行することになる。

このように所有者がいない資源をみんなが奪い合う状態のことを、経済学の用語で「共有地の悲劇」と言う。共有地は、管理者がいないため、明確なルールがない。その中で、各々が自分の取り分を増やそうとするために、さらに共有地では乱獲が進む。「共有地の悲劇」とはこのような状態を指す。

公海上の漁業に規制をかけるには、国際条約が必要となる。これが現在、マグロとカツオでは実現している。マグロは各地で乱獲による資源量の減少が懸念されており、１９４９年にはいち早く、東太平洋地域のマグロを管理する「全米熱帯まぐろ類委員会（ＩＡＴＴＣ）」が発足した。ＩＡＴＴＣは、当初はアメリカとコスタリカの二国間条約だったが、その後加盟国が増え、現在は日本を含む15カ国が自主的に加盟している。

その後、大西洋のマグロを管理する「大西洋まぐろ類保存国際委員会（ＩＣＣＡＴ）」が１９６９年に、南極圏のマグロを管理する「みなみまぐろ保存委員会（ＣＣＳＢＴ）」が１９９４年に、インド洋のマグロを管理する「インド洋まぐろ類委員会（ＩＯＴＣ）」が１９９６年に、そして最後に、日本の近海を含む西太平洋のマグロを管理する「中西部太平洋まぐろ類委員会（ＷＣＰＦＣ）」が２００４年に設立された。これらの機関では、マグロに近い魚種であるカツオも一緒に管理している。

しかし、マグロとカツオ、そしてクジラを除いて公海上の漁業規制はほとんど存在していない。日本の近海でも、サンマ、タラ、イワシ、イカなどで資源量管理が喫緊の課題となっているのだが、国際条約が誕生する気配はまったくない。政府間会議が開催されることはあっても、漁獲枠設定で合意に至らず、規制が成立しない状態が続いている。すなわち「共有地の悲劇」が現実のものとなっている。

深刻なIUU漁業問題

国の管理が及びやすい排他的経済水域内にも大きな問題がある。近年、漁業関係の国際会合で頻繁に話題になっている言葉に「IUU漁業」というものがある。IUUは、「違法(Illegal)・無報告(Unreported)・無規制(Unregulated)」のこと。つまり規制に従わず密猟や違法操業を行っていたり、そもそも適切な漁獲量規制が存在しない国・地域で実施されている漁業のことを指す。IUU漁業には、周辺の魚介類を一網打尽に釣り上げる違法な乱獲手法の問題とともに、犯罪組織の関与や強制労働行為の問題も指摘されている。

実は、世界的にＩＵＵ漁業で水揚げされた魚介類は普通に市場に流通してしまっている。現在世界の漁獲量の5分の1はＩＵＵ漁業で獲られたものと推計されており、金額換算では235億ドルに上る。[4] 世界銀行によると、この乱獲の影響で、漁業全体では毎年830億ドルの損失が出ている。[5] 現在世界の人口の32億人が、栄養源として必要なたんぱく質を魚から得ており、漁獲量の減少は健康と生命に関わる問題にもなる。

民間シンクタンクの国際組織犯罪対策会議の調査[6]によると、ＩＵＵ漁業対策が最も遅れている国・地域は中国で、その後に台湾、カンボジア、ロシア、ベトナムが続く。日本も152カ国中上から19位と状況は良くない。数年前に、ロシア政府から要請され、日本政府がロシア船籍の違法カニ漁船が北海道に入港することを取り締まったところ、日本でカニの流通量が激減したということもあった。

一方、ＩＵＵ漁業対策が進んでいるのは、ベルギー、ラトビア、エストニアなどでＥＵ加盟国に多い。ＥＵにはＩＵＵ漁業対策が未整備な国・地域からの輸入を禁止するというルールもある。最近では要調査を示す「イエローカード」に指定された台湾とタイでは、政府がＥＵとの協議に応じて対策を進めたことで、2019年にイエローカード指定が解除された。2020年6月時点では、カンボジアなど3カ国に輸入禁止の「レッドカード」が、ベトナムなど8カ国に「イエローカード」が発令されている。

IUU漁業対策では、企業やNGOも動き出している。グーグル、国際海洋NGOのOCEANA、国際漁業NGOのSkyTruthの三者は、2015年にIUU漁業を監視する団体「グローバル・フィッシング・ウォッチ（GFW）」を発足。人工衛星データやAIを組み合わせ、IUU漁業の監視を行っている。漁船は、船舶自動識別装置（AIS）と呼ばれる装置から安全性のための信号を発信しているのだが、この信号を人工衛星で検知することで、漁船行動パターンや漁具等も特定できるようになる。

さらに、各国当局がキャッチしている船舶信号データを含めてデータを捕捉すれば、各漁船の動きがより細かく分析できるようになる。すでに、アメリカ、インドネシア、ペルー、コスタリカの当局は、GFWとの連携を開始。国連食糧農業機関（FAO）も運営に協力しはじめた。そのためGFWはいまや国際的なIUU漁業対策機関へと発展を遂げている。GFWによると、日本の漁船も監視されているという。

気候変動の影響が漁業にも

気候変動も漁業の状況を悪化させる。気候変動が漁業に与える影響には、海水温上昇と海洋酸性化がある。海水温上昇は、大気の平均気温が上昇する際に、海がその一部の熱を吸収することで起きる。また、海洋酸性化は、大気中の二酸化炭素濃度が上がり、海が二酸化炭素を炭酸イオンや重炭酸イオンの形で吸収することにより起こる。海は、熱や二酸化炭素を吸収し、気候変動の影響を緩和する役割を果たしてくれる。しかしその分、海洋内の生態系に影響を及ぼしてしまう。

海水温上昇や海洋酸性化が海洋生態系に与える影響は、まだはっきりとは解明されてはいない。その理由は、海流や各種のイオン濃度、上下対流や熱塩循環などのメカニズムが非常に難解で、依然として研究途上だからだ。その上、魚種ごとの影響となると複雑なシミュレーション・モデルと計算が必要になる。

それでも過去数十年のデータからは、海水温上昇と海洋酸性化が影響を与える関係性が徐々にみえてきている。例えば、日本近海でも海流の変化により魚群の移動経路に変化が見られる。珊瑚礁の白化も、具体的な現象の1つだ。海洋の生態系のメカニズムそのものを把握するのは難解なのだが、これらすでに表れている過去の変化を基に将来を予測するモデルが構築されてきている。

気候変動により、漁獲量はどれほど落ち込むのか。気候変動に関する政府間パネル（IPCC）が2019年に発表した「海洋・雪氷圏特別報告書」[7]では、将来の漁獲量の変化に関する研究が紹介されている。それによると、仮に二酸化炭素排出量が現状レベルのまま進行し、世界の平均気温が2000年ごろから2・6℃~最大4・8℃上昇した場合、赤道に近い熱帯地域の多くでは、漁獲可能量が25％以上減少する。特に影響を受けるのは漁業主要国のペルー、エクアドル、インド、フィリピン、太平洋島嶼国やカリブ海諸国。これらの地域は、漁業で生活している人の割合が高く、漁業の衰退は生活にとって大きな打撃となる。

一方、北極圏は、海水温上昇で魚が適温を求めて寒い地域に移動した結果、漁獲量が増えると予想されている。この点、小麦の適地が高緯度地域にシフトしていくことと似ている。

漁獲量の多い海域では、今後大幅な漁獲量の減少が見込まれる。とりわけ影響が大きいのがイギリスと日本の近海だ。最大漁獲可能量は、日本海側で34・7％減、イギリス周辺の北海で34・6%減。日本の他の海域でも、対馬海流域で6・3%減、太平洋側で17・4%と全域で漁獲量が落ち込む予測となった。日本では、不十分な漁業管理により、資源量が危機に瀕している中、気候変動がさらなる資源量低下という厳しい課題を突きつけてくる（図表4－8、口絵参照）。

「プラスチック汚染」という新たな難題

プラスチック汚染も、海の生態系を狂わせる新たな課題として浮上してきた。プラスチック汚染とは、人間社会が生み出したプラスチック製品が、廃棄されて、海洋に流出し、汚染物質となる問題だ。プラスチックそのものは、いわゆる「有害化学物質」と異なり、生物にとって化学的には害はない。またプラスチックを分解できる微生物が極めて少なく、何年経っても分解されずにプラスチックのまま残るので、分解により有害な副生物を発生させるというリスクも小さい。だが、この「分解されずに何年もプラスチックとして残る」ことが、プラスチック汚染という特有の問題を生み出している。

プラスチック汚染は、大きく2つに分類される。1つはマクロプラスチックによるもの。

マクロは「大型」を意味する言葉だ。例えば、ビニール袋を大量に飲み込んでクジラや亀が死んでしまった映像を見たことがある人も多いだろう。消化されにくいプラスチック製品は、そのまま大量に摂取すると窒息や消化不良を招く。

他にも、廃棄された漁網に亀や魚が絡みついて死んでしまうという悲劇も起こる。生態系の宝庫であるマングローブ林でプラスチックごみが滞留すると、マングローブ林の生育を妨げてしまう。マングローブ林は、多くの生物の住処として機能しており、生態系の宝庫とも呼ばれている。マングローブ林の減衰は、漁獲量の低下を招く。

もう1つがマイクロプラスチックによるものだ。マイクロは「小型」を意味し、一般的に5ミリメートル以下のプラスチックがマイクロプラスチックと定義されている。マイクロプラスチックには、洗顔剤などに含まれている微細なプラスチック製研磨剤であるマイクロビーズのように最初からマイクロプラスチックとして生産されたものと、マクロプラスチックが海を漂う間に小さくなりマイクロプラスチックになったものの2パターンある。

マイクロプラスチックは、微細なため生物が喉に詰まらせることはないが、むしろ口に入れば自然と体内に入り込んでしまう。そして、食物連鎖を通じ、体内にマイクロプラスチックを蓄積した小型魚を、大型の魚が食べ、さらにそれを人間が食べるという流れで人体にも入り込んでくる。すでに人体からマイクロプラスチックは検出されている。他の生物でも、スコットランドのロブスターや大西洋産のカキから高い濃度のマイクロプラスチックが検出された事例も報告されている。[8]

マイクロプラスチックが、人間やその他生物にどれほどの健康被害を及ぼすかは、まだはっきりとはわかっていない。理由は、マイクロプラスチックの健康への影響に関する研究がまだ始まったばかりだからだ。

ただし科学者たちは、分解されない微細な物質が体内に蓄積されれば、消化系や神経系に悪影響を及ぼすという仮説をすでに持っており、実験を通じた実証研究を進めている。ただし、いきなり人体で実験をするわけにもいかないので、まずは微生物などを用いて実験を行っている。すでにマイクロプラスチックはプランクトンの成長を妨げるという研究結果も数多くある。最近では、マイクロプラスチックを摂り込んだ魚が行動障害を引き起こすことを発見した研究結果もある。[9]

プラスチック汚染の原因となるプラスチックごみは、さまざまなところで発生している。

図表 4-9 海洋ごみとマイクロプラスチック

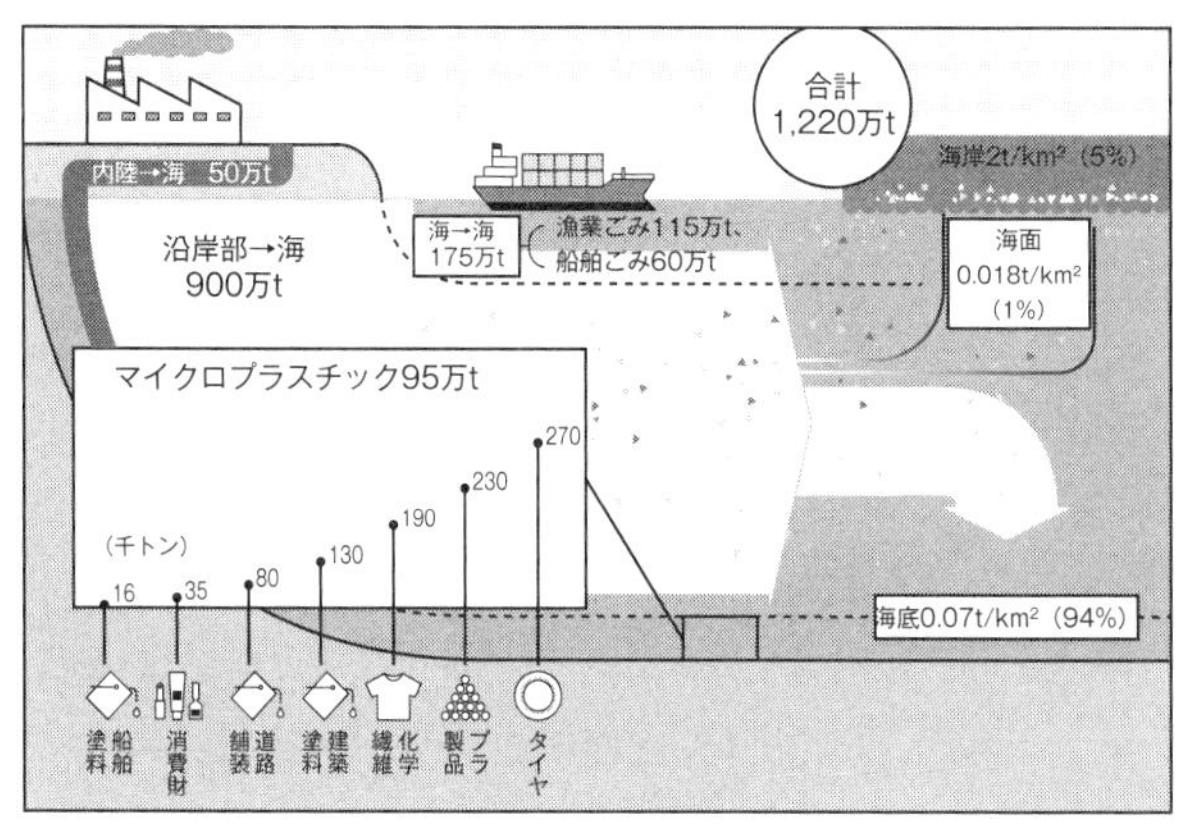

(出典) Eunomia "Plastics in the marine environment" (2016年 アクセス日: 2020年1月3日) を基に著者和訳
https://www.eunomia.co.uk/reports-tools/plastics-in-the-marine-environment/

最も多いのは海に近い沿岸部で、全体の75%を占める(図表4－9)。また内陸から川に流されて海にたどり着くものも5%ほどある。残りの20%は、海上で発生。特に、廃棄されたり破損したりしたプラスチック製の漁網が深刻な汚染源で、漁具が水産資源を苦しめるという皮肉な結果となっている。観光用の大型クルーズ船が、燃費と船内スペースを浮かせようとごみを海に投棄することも横行しており、これも海上でプラスチックごみが発生する原因となっている。

4　プラスチックのリサイクルは進んでいるのか

プラスチックは便利な素材だ。プラスチック製品は1950年ごろから登場し、その後急速に普及。1950年代には年間200万トンだった生産量は、2015年には4億7000万トンにまで増えた[10]。いまのペースでいけば、経済成長と人口増加により、2050年には世界の消費量は現在の4倍の18億トンにまで増える見通しだ[11]（図表4－10）。

欧州での試算によると、そのうち約40%が使い捨てプラスチックによるものだという。結果的に、プラスチックを高い割合でリサイクルさせることが必要となっており、EUでは、「サーキュラーエコノミー・アクションプラン」という政策の中で、プラスチックを生産する際に再生プラスチック素材を強制的に使わせていく規制も検討されている。そうすれば、プラスチック製品を作るメーカーが、自発的にプラスチックごみを回収するようになると考えているからだ。

図表 4-10 プラスチック消費量の見通し（100 万 t）

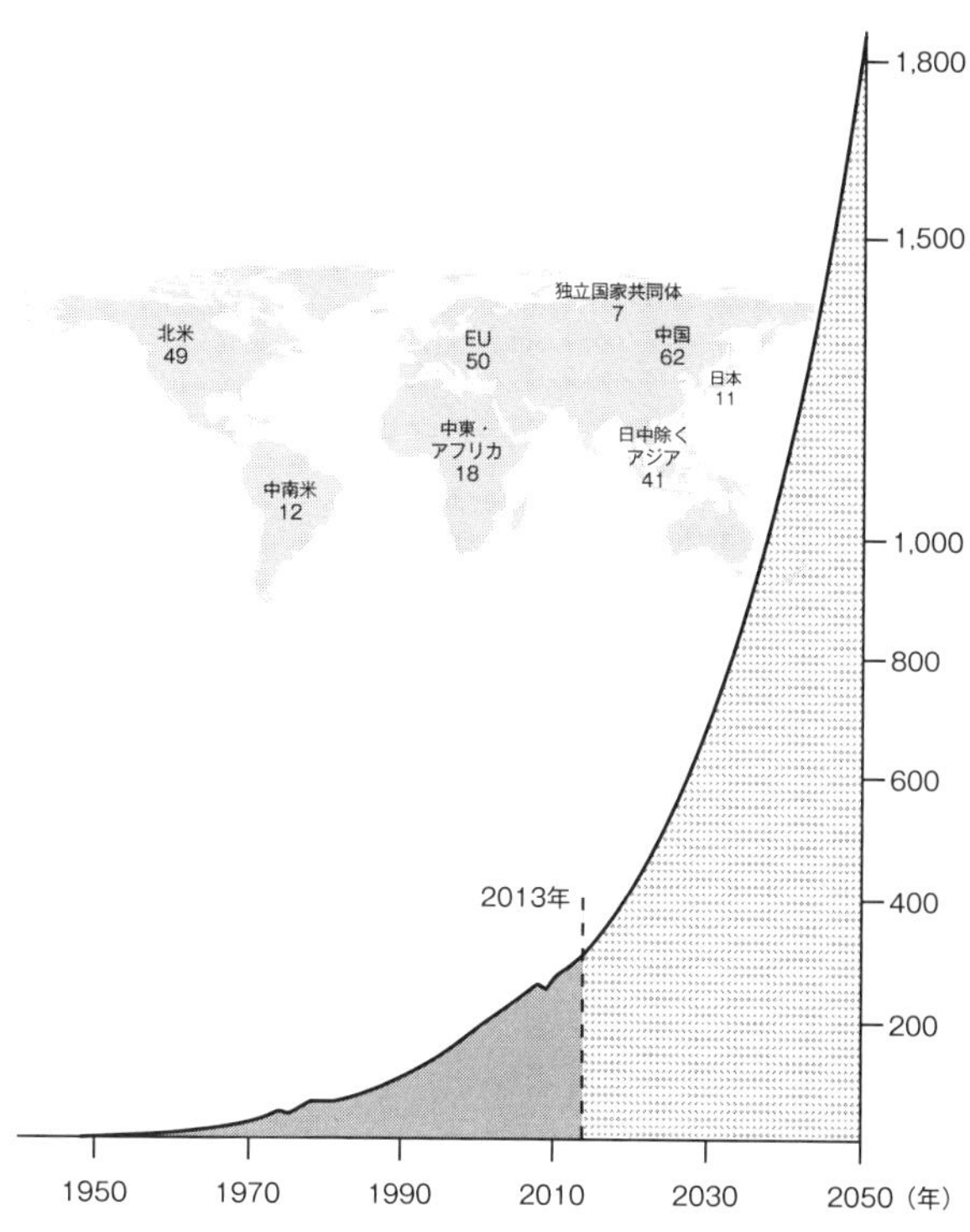

（出典）FAO（2017 年）を基に著者和訳

日本では、回収したプラスチックの50％以上をごみ発電所で焼却し、エネルギーに変えている。プラスチックの原料は原油なので、火をつければ木材よりもはるかに高温で燃え、エネルギーに変えやすい。２０１８年に日本で排出されたプラスチック廃棄物は８９１万トン。そのうち、ごみ発電所で焼却されエネルギーに変えられた（これを「エネルギー回収」という）量は５０２万トンで全体の56％を占める。これに、製鉄所で炭素還元剤として炉に入れられたり、ガス等に改質されたりした分を含めると59％になる。[12]

では実際に再生プラスチック素材に生まれ変わったものはというと24％のみで、[13]そのうち国内でリサイクルされたものはわずか９％しかない。残りの15％は、海外にごみ輸出していたのだが、中国が２０１８年からプラスチックごみの輸入を禁止したため、２０１８年の実績では輸出済みが10％、輸出待機で倉庫に溜まっているものが５％ほどある。[14]

日本は、ごみ発電でのエネルギー回収の分も含めて「リサイクル」と呼んでいるが、国際的にはエネルギー回収はリサイクルとはみなされない。国際的な定義で各国のリサイクル率を比較すると、日本は海外輸出分も含め24％となる。一方、スペインとノルウェーは40％以上、ドイツとスウェーデン、デンマークは40％弱、オランダ約35％、イギリスとイタリア約

30％、フランス約25％で、欧州諸国は日本よりもプラスチックごみのリサイクル率がはるかに高い。[15]

日本人は、日本は環境先進国だという自負心があるが、国際的に見ると実はあまり評価されていない。そのため、東京都は最近、ごみ発電ではなく、モノからモノへのリサイクルにシフトしていく政策を発表し、国際的な考え方に合わせていく立場を示した。[16]

ただし、悲しいことに、プラスチックごみを適切に回収し、リサイクルしたとしても、人間社会からのプラスチック汚染は続いてしまう。マイクロプラスチックの成分を分析したところ、プラスチック製品以外でも、タイヤ、アパレル化学繊維、塗料、道路の舗装材が摩耗して塵になったプラスチックも主要な発生源だということがわかってきたからだ。[17]

プラスチック汚染を止めるためには、摩耗して自然にマイクロプラスチックになってしまうプラスチック原料を、自然界で微生物に分解される「生分解性」を持つ素材に変えなければいけないところにまできている。

5　養殖にも不安要素あり

養殖に感染症の脅威

「漁業の未来が危ういのであれば、養殖に切り替えてしまえばいいのではないか」。前述した通り、実際に1995年以降、人類は養殖に頼る道を選択してきた。だが、自然を相手にしている以上、養殖の未来にも解決しなければならない課題が山積している。

養殖も当然、気候変動リスクとは無関係ではいられない。まず、海水温上昇や海洋酸性化の影響は、海水を活用している養殖場であれば同じように魚介類の成長を妨げるかたちで及ぶことになる。確かに、天然漁場とは異なり、魚の移動経路が変わってしまう心配はないが、そもそも海洋環境が養殖している魚介類に適さなくなってしまうと、養殖はできなくなってしまう。

また、気候変動で大洪水や高潮、巨大台風が頻繁に起こるようになれば、養殖場そのものが破壊されるリスクも出てくるため、防災対策が欠かせなくなる。反対に、気候変動で降水量が減る地域では、旱魃になり、水が確保できなくなるリスクもある。

その他、養殖特有の問題もある。まず、病原菌や耐性菌の問題。[18]養殖により同種の生物が密集している場所では、当該生物が感染する病原菌が生まれると、たちまち養殖場全体に感染が拡大してしまう。

特に恐ろしいのが、動物衛生に関する国際機関である国際獣疫事務局（ＯＩＥ）が策定する「ＯＩＥリスト疾病」に載っている病原菌だ。あまり聞き慣れないかもしれないが、伝染性造血器壊死症、流行性潰瘍症候群、伝染性サケ貧血症、マダイイリドウイルス病、コイヘルペスウイルス病、ホワイトスポット病などがリストに記載されている。

ＯＩＥには現在、１８２カ国・地域が加盟しており、リストに入っている感染症が新規に出現した国・地域の政府は、直ちにＯＩＥに報告しなければならない。実際に世界有数のサケ養殖国であるチリでは、２００７年に伝染性サケ貧血ウイルスが大流行した。

この感染は２００８年末ごろから減少に向かったものの、その後も２０１０年まで経済的影響は続いた。被害総額は2000億円ほど。サケ養殖業界の関係者の半分にもなる2・6万人が失業した。[19] 一時期、養殖事業者には倒産の噂も出るほどで、最終的に銀行団が融資契約の再交渉を認めるほどの事態にまでなった。[20]

感染症が怖いのであれば、抗生物質を使うという対策もある。すると今度は、薬剤耐性の問題が出てくる。薬剤耐性とは、病原菌やウイルスが抗生物質への抵抗力を獲得し、薬が効かず、治療できなくなる状態を指す。薬剤耐性を獲得した病原体は、人類は退治することができず、ひたすら自然消滅を祈るか、新たな抗生物質を開発するしかなくなる。

薬剤耐性は、病原体の遺伝子進化によって獲得されるため、頻繁に抗生物質を与え続ければ、その中から薬剤耐性を持つ病原体が現れてしまう。それを予防する目的で、近年、過度な抗生物質利用を避けるよう求める動きも出てきた。たとえばアメリカ政府は、禁止している抗生物質を用いた中国とインドの養殖エビに対し、輸入禁止措置を発動したことがある。

感染症と同様に、魚介類への寄生虫を退治するための殺虫剤も、周辺の環境汚染や生態系破壊を引き起こすと懸念されている。養殖での殺虫剤濃度の許容レベルに関する研究が各国で行われている。

養殖も天然漁がなければ成立しない

さらに養殖では、生物を短期に育成するために大量の飼料を使う。養殖では飼料費用がコストの6割から7割を占めるとも言われている。養殖用飼料で最も主要なものは、他の魚の身を粉末状にした「魚粉」だ。

日本の場合、魚粉のほぼ全量を海外からの輸入に頼っている。魚粉の原料となる魚は漁業で漁獲された天然もので、現在漁獲量のうち約15%が魚粉として使用されている。このように、養殖は天然ものがなければ成り立たないのが実情で、天然ものの漁獲量が下がれば、養殖も減るという関係性にある。

最近では、大豆やとうもろこしを用いた植物性飼料も検討されているが、大豆やとうもろこしは、気候変動や森林破壊の影響を今後受けることはすでに見てきたとおりだ。そこで、水産加工過程で廃棄されていた魚の骨、内臓、尾を原料とした飼料作りも検討されている。

飼料の大量使用そのものも、新たな問題を生み出してしまう。飼料は、栄養素が豊富なため、他の生物を予期せず大量発生させてしまうリスクがある。代表的なものは、藻が大量発生するアオコ被害。例えば、２０１６年には、チリ南部のサケの養殖地域でアオコ[21]が大規模に発生し、養殖場のサケの20％に相当する２７００万匹が絶命。被害総額は１０００億円に及んだ。２０１９年には今度はノルウェーでアオコが発生し、推定で４万トンのサケが絶命。現地のノルデア銀行は、このアオコ被害により、世界のサケ生産成長率が６・６％から５・０％に下落するだろうと発表した。[22]

サケの養殖の多くは、竹などの網に漁網を結びつけることで沿岸に閉鎖的な空間を作って放流する「オープンネットペン養殖」が一般的。２０１６年時点では大西洋沿岸での養殖の95％がこの方式によるものだった。しかし海水はそのまま海とつながっているため、海洋での環境変化を直接的に受けることになる。最近では、今後の気候変動対策のために、オープンネットペン養殖から、オフショアの密閉ケージ型（ＣＣＳ）養殖や閉鎖循環式陸上養殖（ＲＡＳ）への転換が必要との声も出てきている。

6　水産関連事業者は自身で事業を守るしかない

漁業漁獲も養殖も、従来と同じやり方を続けていれば事業が拡大できるという時代ではなくなった。前途には数多のリスクがあり、それに適切に対応したものだけが、魚介類生産事業者として生き残ることができる。そのため、農業と同じように、魚介類を扱う食品メーカーや小売企業にとっても、「サプライチェーンの可視化」が、かつて以上に重要性を増してきている。

すでに欧米の大手小売チェーンでは、サプライチェーンを可視化し、持続可能な漁獲や養殖が実施されていない事業者から製品を仕入れることを禁止する動きも出てきている。特にイギリスの小売大手は動きが早く、テスコ、セインズベリー、マークス＆スペンサー、ウェイトローズ、Ｃｏｏｐなどが、取り扱う魚介製品の認証化を進めている。

魚介類の分野の認証には、漁業のサステナビリティ認証であるＭＳＣ認証や、養殖のサステナビリティ認証であるASC認証がある。MSC認証では、漁獲魚種の資源量や、漁法、漁業の管理体制などが、ASC認証では、病原体管理、飼料、周辺の生態系や人間環境への影響などがチェックされ、審査に通過すれば認証が付与される。機関投資家の間でも、FAIRRという機関投資家団体は、養殖事業者に対し魚介類の感染症対策、抗生物質使用方針、飼料の調達方法の開示を投資企業に求めており、開示状況に基づく格付まで実施している。[23]

魚介類を扱う食品メーカー、小売企業、飲食店は、優良な水産事業者と安定的な調達関係を築けなければ、将来、魚介類が調達できなくなる可能性が出てきた。そうした中で、もし日本企業が、サプライチェーンの可視化に遅れ、安定的な海外産の魚介類を確保できなくなったとしたら、まさに「食卓から魚が消える日」が現実のものになってしまうかもしれない。

(注)

1 水産庁「ウナギに関する情報」(アクセス日：２０２０年６月８日)
https://www.jfa.maff.go.jp/j/saibai/unagi.html

2 同前

3 水産庁「ウナギをめぐる状況と対策について」(２０２０年、アクセス日２０２０年６月８日)
https://www.jfa.maff.go.jp/j/saibai/attach/pdf/unagi-158.pdf

4 Agnew et al. "Estimating the worldwide extent of illegal fishing" (2009)

5 World Bank "Giving oceans a break could generate US$83 billion in additional benefits for fisheries" (2017)

6 Global Initiative Against Transnational Organized Crime "The illegal, unreported and unregulated fishing index" (2019)

7 IPCC "Special report on the ocean and cryosphere in a changing climate" (2019b)

8 FAO "Microplastics in fisheries and aquaculture" (2017)

9 Mattsson, K. et al "Brain damage and behavioural disorders in fish induced by plastic nanoparticles delivered through the food chain" Sci Rep 7, 11452 (2017)

10 OECD "Improving Markets for Recycled Plastics Trends, Prospects and Policy Responses" (2018)

11 Ibid.

12 ケミカルリサイクルのうちコークス式還元法で回収された炭素原料分（筆者推計）は除外

13 マテリアルリサイクルと、ケミカルリサイクルのうちコークス還元法で回収された炭素原料分（筆者推計）の合計

14 プラスチック循環利用協会「２０１８年プラスチック製品の生産・廃棄・再資源化・処理処分の状況」

15 Conversio Market & Strategy "Plastics - the fact 2019"

16 東京都環境局「プラスチック削減プログラム」（２０１９年）

17 Eunomia "Plastics in the marine environment" (2016)（アクセス日：２０２０年1月3日）
https://www.eunomia.co.uk/reports-tools/plastics-in-the-marine-environment/

18 FAO "Understanding and applying risk analysis in aquaculture" (2008)

19 Barrionuevo, Alexei "Norwegians Concede a Role in Chilean Salmon Virus" New York Times, 27 July 2011
https://www.nytimes.com/2011/07/28/world/americas/28chile.html

20 Aquaculture Alliance "The recovery of the Chilean salmon industry" (2012)

21 ＪＩＣＡ「共に見つけ出す　赤潮対策への道筋　チリ」（２０１７年）

22 Ramsden, Neil "Nordea: Real algal bloom impact thus far is 40,000t salmon lost to market" Undercurrent news, 21 March 2019
https://www.undercurrentnews.com/2019/05/21/nordea-real-algal-bloom-impact-thus-far-is-40000t-salmon-lost-to-market/

23 FAIRR "Coller FAIRR Protein Producer Index 2019" (2019)

第5章

水をめぐる社会紛争

日本は世界有数の水リスクにさらされている

真水を確保するためのソリューションとして期待が集まる海水淡水化施設（パレスチナ、2017年）＝Abaca／アフロ

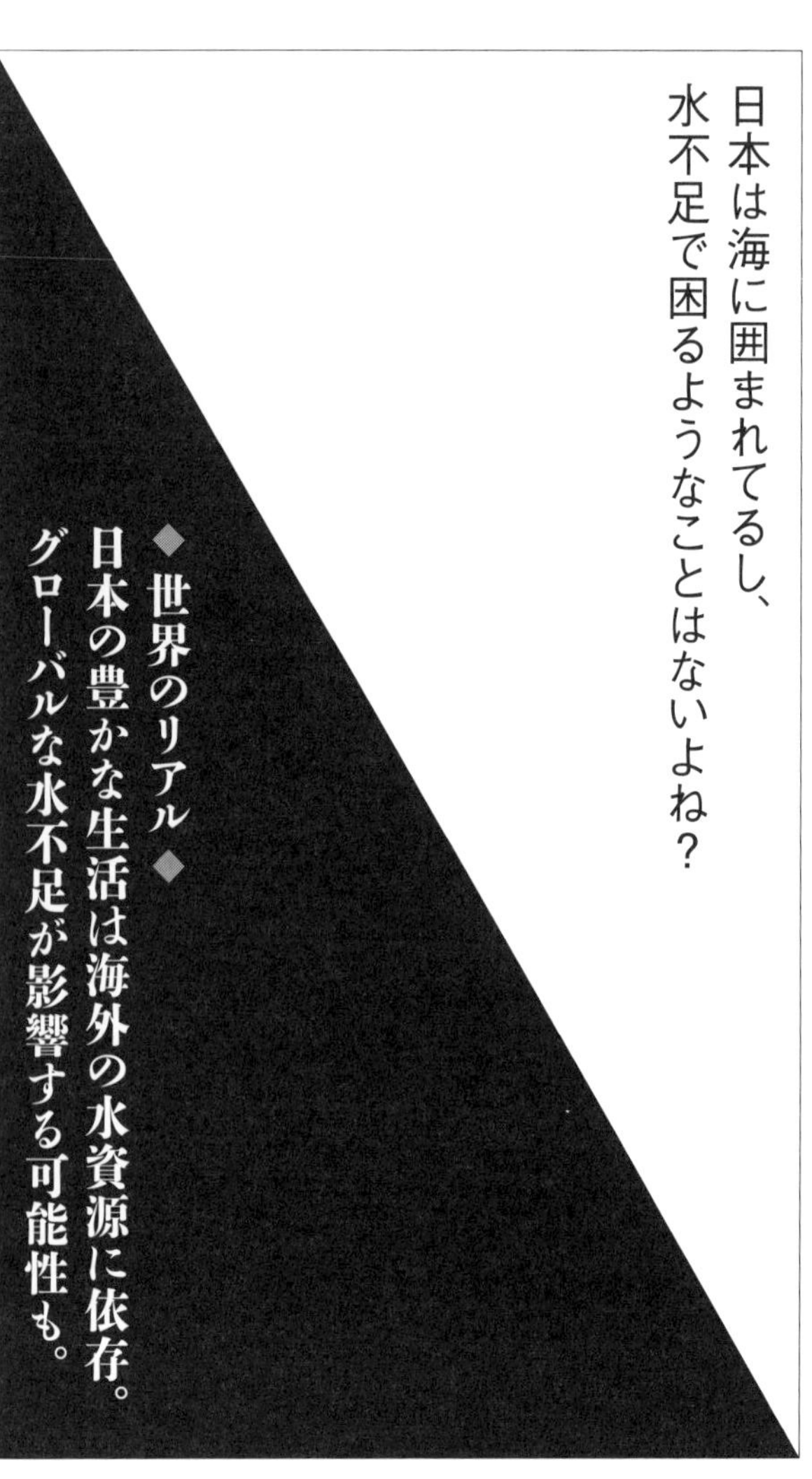
日本は海に囲まれてるし、
水不足で困るようなことはないよね？
◆世界のリアル◆
日本の豊かな生活は海外の水資源に依存。
グローバルな水不足が影響する可能性も。

1　2040年には幅広い地域で水ストレスを抱える

「真水」はわずか2・5%

電気やガスと並ぶ生活インフラになっている水道。地球は「水の惑星」と呼ばれるほど、水が豊富に存在し、そのおかげで生物も人間も進化を遂げてきた。地球上に存在している水の量は約14億立方キロメートル。そのうち人間が、生活や産業のために取水している量は年間4000立方キロしかない[1]。取水量は1950年には1400立方キロで、70年間で3倍になろうとしているが、総量の14億立方キロと比べると、私たちが使用している量は微々たるものに思える。しかし、この考え方には大きな落とし穴がある。

残念ながら地球上には、私たちが必要としている「真水」が非常に少ない。地球の14億立方キロの水のうち、97・5%は海水で、人類はこのままの状態では水資源として利用することができない。人類が水資源として活用できる淡水は残りの2・5％にあたる3500万立方キロしかない。

さらに淡水のうち1・7％は、南極や氷河、万年雪など活用困難な状態にあり、0・8％弱は地下水の状態で地中にある。それらを除いて人類が取水しやすい河川や湖沼等にある水は、地球の水全体のわずか0・01％、10万立方キロしかない。もちろん、私たちは地下水を汲み上げ、海水を科学技術で淡水化してもいるのだが、取水を毎年4000立方キロしているということは、真水をかなり有効利用しているということになる。

年間4000立方キロの内訳は、農業用水が約70％と圧倒的に多く、工業用水（水力発電含む）が19％、生活用水が12％となっている。特に農業が盛んな南アジアでは農業用水が90％と高く、逆に先進国では工業用水の割合が高くなる。[2] 農業の中には、穀物や野菜などの食料用もあれば、牧草、綿花、バイオマス燃料用など多様な作物があり、幅広い業種が水に頼っている。取水は今後も伸び続け、国際エネルギー機関（ＩＥＡ）によると、2040年には年間約4400立方キロにまで到達するという。[3]

「真水利用率」が重要な指標に

水資源は、取水して、使用して、排水して、蒸発して、雨が降って、川に流れて、再び取水してというように循環している。このため、ある一時点にある場所において利用可能な真水には限りがある。水資源を活用できる余力を測るためには、利用可能な真水のうち何％を取水しているかを示す「真水利用率」が重要な指標となる。

水資源に乏しい砂漠地帯に位置する中東や北アフリカ地域は、真水利用率が70％を超え、かなり高い状態にある。次に高い地域は、日本、中国、韓国、インド、ドイツ、イタリア、スペイン、メキシコ、トルコ、南アフリカなど。この中には、水が豊富にありつつも取水量も同様に多い国もあれば、そもそも水資源が少ない国もある。

特に、中国、インド、メキシコ、トルコ、南アフリカは、これからも人口が増え、工業化も進み、水がますます必要となる地域であり、水資源が経済成長における大きな制約条件になると危惧されている。一方の農業大国のアメリカ、フランス、オランダ、ウクライナ、タイ、ベトナムは、取水量は多いが、まだまだ取水に余裕がある。

真水利用率が高いほど、社会は水に対して脆弱になる。少し降水量が減少しただけで、節水を強いられたり、酷い場合には断水になったりすることもある。そのため、真水利用率が高いことを「水ストレス」とも言う。真水が利用できなくなればなるほど、水ストレスが高くなるということだ。

では、世界各地域の水ストレスは２０４０年ごろにはどうなっているだろうか。環境シンクタンクとして名高い世界資源研究所（ＷＲＩ）が、今後の経済成長、人口増加、気候変動（気温が２・８℃から５・４℃上昇するシナリオ）、水質変化などを考慮し、各地域の総合的な水ストレスをマッピングしたのが（図表５－１、口絵参照）だ。

この図によると、中東・北アフリカの砂漠地帯だけでなく、アメリカ西海岸から西部にかけては水ストレスが、すなわち真水利用率が80％以上にまで高まる。中国北部と中部、インドのほぼ全域、オーストラリア東海岸、地中海沿岸地域でも同様に水ストレスが80％以上になる。

この中には、中東のようにすでに水ストレスが高い地域もあるため、水ストレスが高いことが、イコール生活が成り立たないことを意味しているわけではない。だが、現段階で水ストレスがそこまで高くない地域で、水ストレスが高くなれば、人々の生活はいまと同じようにはいかなくなってしまう。

例えば、アメリカ西部・中西部、メキシコ、北アフリカ、中東、中央アジア、中国北部、モンゴル、フィリピン、スリランカ、オーストラリア東海岸では、今後水ストレスが大きく高まるという予測が出ている。

日本では、東京都東部、埼玉県東部、神奈川県横浜市と川崎市、新潟県柏崎市周辺で水ストレスが80％以上に上がる見込み。そのほか、大阪府、福岡県、愛知県尾張地方、北海道の道央・道北地域、宮城県北部、福島県、岡山市周辺、敦賀湾沿岸、静岡県西部、青森県弘前市周辺でも水ストレスが高くなると予測されている。

水ストレスが高くなった地域では、取水量を減らしながら社会を維持するために、水の消費効率を上げたり、廃水を浄化したりして再利用をすることが重要となる。そうしなければ、強制節水や断水のリスクが生じてしまう。

2　バーチャルウォーターという真の危機

節水や断水を経験したことがある人は、私たちの生活がどれほど水なしでは苦しいかを体感されていることだろう。だが、水不足の話は、身の回りの水ストレスの話だけでは終わらない。私たちの社会は、すでにグローバル化している。その意味は、生活に必要な食料や衣類、電子機器などの多くが、遠く離れた場所からやってきているということだ。自分がどこに住んでいようと、世界のどこかで何かが起これば、自分の身にも影響が及ぶという時代に私たちはいる。

例えば、日本の食料自給率は非常に低い。衣類も今日、海外から大量に輸入しており、少なくとも原料のほとんどは海外産だ。電子機器も最近は海外製が増え、部品に使われている原料のほとんどは、やはり海外の鉱山で採掘されたものだ。

そのため、私たちの社会が水リスクを考慮するためには、日本国内での水不足だけでなく、海外での水不足の状況も考慮しなければならない。そこで生まれた概念が「バーチャルウォーター（仮想水）」だ。バーチャルウォーターは、製品の輸出入に着目し、私たちの社会がどのぐらい海外の水資源に依存しているかを測る指標だ。

世界には、バーチャルウォーターが大幅にマイナスになっている、つまり製品の輸入によって間接的に海外の水資源に大きく依存している国が、12カ国ある。それは、日本、韓国、イギリス、ドイツ、イタリア、ベルギー、オランダ、スペイン、メキシコ、アルジェリア、サウジアラビア、イエメンだ。とりわけ日本は、年間で約804億トンものバーチャルウォーターを輸入しており、輸入量としては世界最大だ（図表5－2、口絵参照）。

日本のバーチャルウォーター輸入元は、アメリカ、オーストラリア、カナダの3カ国だけで609億トン。全体の約7割を占める（図表5－3、口絵参照）。なぜこの3カ国からのバーチャルウォーター輸入が多くなるかというと、牛肉、小麦、大豆を輸入しているからだ。品目の中でも、牛肉、コーヒー、オリーブオイルの3品目は生産量あたりの水消費量が非常に多い。次に、豚肉、鶏肉、鶏卵、乳製品、米、小麦、大豆、乳製品、茶なども多い。[4]

日本は、水消費量の多い品目である牛肉、小麦、大豆を輸入に頼っており、輸入元であるアメリカ、オーストラリア、カナダの3カ国の水資源に大きく依存しながら生活している。

このうち特に心配なのは、アメリカとオーストラリアからの輸入だ。水ストレスの地図で見たように、アメリカとオーストラリアの食料生産地域は今後、水不足に陥っていくおそれがある。日本の食生活は、この2カ国で水が潤沢に使えることが前提となっている。もしこの大前提が崩れるようなことがあれば、アメリカとオーストラリア以外の国から食品を輸入するか、そもそも食べるものを変えるかの、どちらかを選ばなければならなくなってしまう。

3　すでに始まっている水をめぐる社会紛争

内戦の背景に水不足があった

水不足を原因とした社会紛争はすでに起きている。例えばインドでは、カーヴィリ川の水利権をめぐり、カルナータカ州とタミル・ナードゥ州との対立が頻発している。カーヴィリ川は全長802キロメートルと長い、インドを代表する河川の1つで、両州の水源の90%以上はカーヴィリ川が担っている。

この地域では100年ほど前から、カーヴィリ川の水をあてにした灌漑農業が盛んになり、サトウキビ栽培の一大産地にまで発展した。だが最近、行き過ぎた農業開発で水が足りなくなり、両州が水利権を巡って訴訟を起こすとともに、両州の住民が暴徒化して激しく対立する事態にまで発展するようになった。この一帯は、今後も水ストレスが高く、水不足を解決しなければ、紛争の火種が残り続けるという状況にある。

2015年から激しい内戦状態に突入したイエメンも、背景には水不足があることがわかってきた。イエメンはもともと降水量が少ないのだが、近年さらに降水量が減少。ところが、水消費量は人口増にともない、むしろ増えてしまった。

そこで、農業用水を確保したい農村と、飲料水を確保したい都市の間で水利権争いが勃発。市民の不満は問題を解決できなかった中央政府へと向かい、2011年のアラブの春で、34年間も続いたサーレハ政権が崩壊した。現在は、フーシ派とスンナ派の間での宗教対立の様相を呈しているが、内戦の発端には水不足があった。

水リスクは企業の安定操業にも関わる

国際河川にもなると、水利権問題はさらに解決が難しくなる。チグリス・ユーフラテス川流域では、水利権を巡ってトルコ、シリア、イラクの3カ国がお互いを牽制しあってきた。トルコとシリアは経済発展にともない1960年代からダム建設を開始。すると下流のイラクで水不足が発生し、イラクとの間で一触即発の事態となる。そのときはサウジアラビアとソ連の仲介でなんとか戦争は回避されたが、その後も協調と対立を繰り返しながらいまに至っている。今後水不足が深刻になれば対立が再燃するおそれがある。

世界最長の河川、ナイル川も、水利権の問題を抱える。「エジプトはナイルの賜物」という言葉があるが、ナイル川流域にあるエジプトは古代から農業が盛んで、重要な食料生産地となってきた。だが、ナイル川の流域に位置する国は、エジプトだけでなく、スーダン、南スーダン、エリトリア、エチオピア、ケニア、ウガンダ、ルワンダ、ブルンジ、タンザニア、コンゴ民主共和国と全部で11カ国もある。

ナイル川の水をめぐっては、エジプトとスーダンがナイル川の水の90%を利用できると決めた2国間合意を結んでいたが、当然上流の国々がそんな勝手な取り決めでは納得しない。そのため、2010年に、当時まだスーダンの一部だった南スーダンを除く10カ国が「ナイル流域協力枠組み協定」に署名し、協調して水利権問題を解決していこうということになった。しかし結局、エジプトとスーダンが反対し、この協定に加わらない道を選んでしまう。ナイル川にも同様に紛争の火種がある。

水紛争を抱えている地域で水消費量を増やせば、当たり前だが社会不安が生まれる。だが、経済発展が続く発展途上国では、おのずと水消費量が増えていってしまう。飲料メーカーや精密機器メーカーによる取水、水洗トイレの普及による不動産での取水、農業の灌漑整備などで、水消費量が増えるからだ。そのうえ、工業排水や農業排水で水源が汚染されると、真水を巡る対立はさらに深刻化する。

こうした状況により、企業が安定的な操業を行うためには、取水削減と廃水管理を徹底し、地域社会に不安を与えない存在になることが不可欠になっている。

4 期待高まる淡水化と必要なソリューション

真水の確保が難しくなるのであれば、豊富にある海水を淡水化することで真水そのものを作り出そうという考え方もある。河川・湖沼の真水は10万立方キロメートルしかないのに、海水は13・5億立方キロもあるからだ。例えば、真水確保が長年の国家課題であるシンガポールは、マレーシアからの水の輸入に依存し続けることを避けるため、海水を淡水化しようとしている。

海水を淡水に変える技術には大きく2つの方法がある。まず、塩水を熱で蒸留して水蒸気に変え、それを冷却して真水を抽出する方法。この方法は、純度の高い真水が得られる反面、熱するためのエネルギーが必要となる。淡水化プラントは現在、原油資源を大量に確保できる湾岸諸国に集中しているが、その背景には産油国としてエネルギーが豊富にあるという事情がある。だが当然淡水化のために化石燃料を燃やしていたら、気候変動を悪化させて

図表5-4 淡水化を行っている海水の量（千 m^3 ／日）

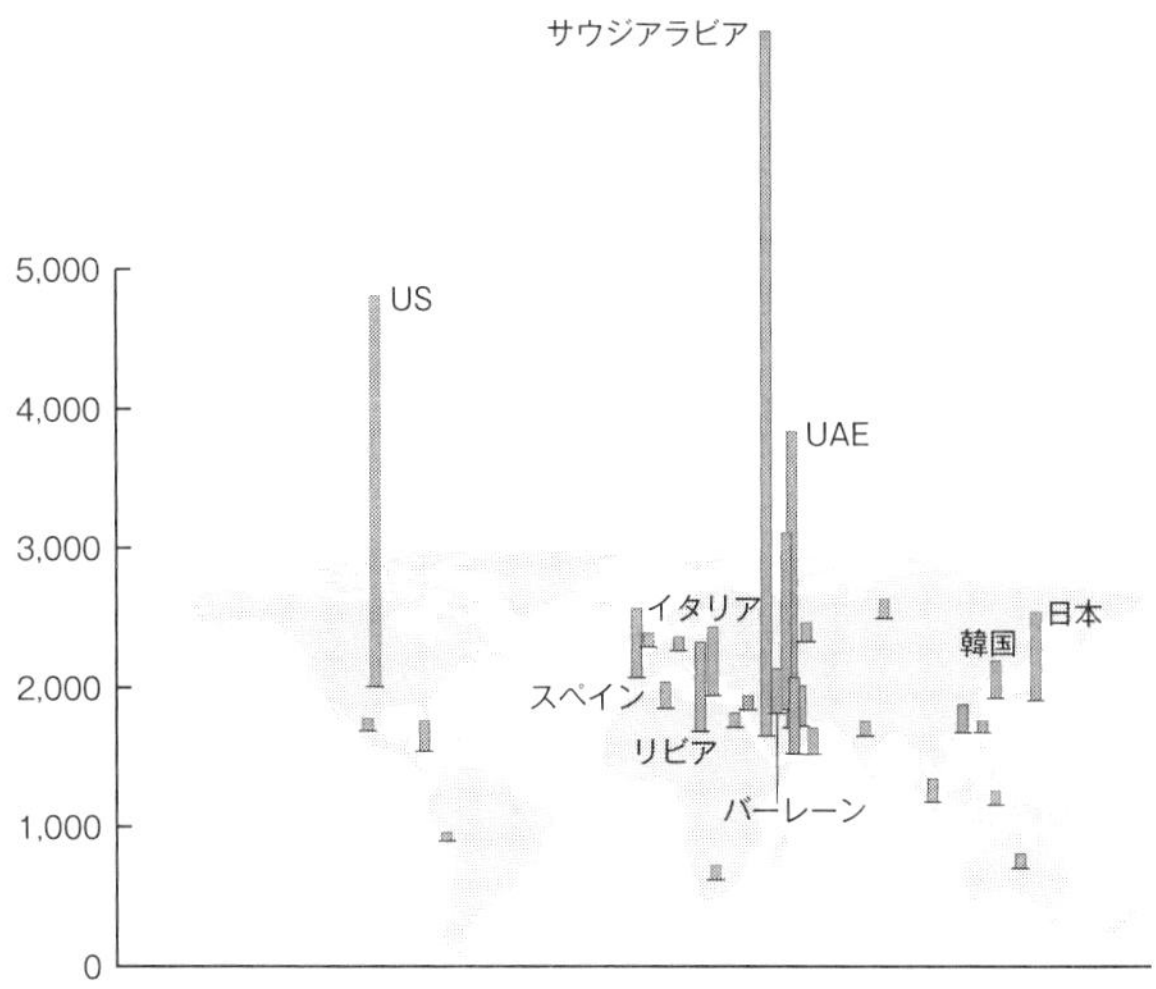

（出典）UNEP GRID Arendal "Water desalination"（2010年 アクセス日：2020年1月1日）

しまう（図表5－4）。

もう1つの淡水化手法は、化学の授業で習った「浸透圧」を活用する方法だ。塩分を含む海水の層と真水の層を、浸透膜を通してくっつけると、真水が浸透膜を通過して海水の層に移動し、塩分濃度を均一にしようとする作用が働く。そのとき、海水の層に人工的に圧力をかけると、膨れ上がった海水の層から水分だけが真水の層に移動する現象が起きる。これを「逆浸透」と言う。最近では熱エネルギーが不要なこの逆浸透法に注目が集まっている。日本には福岡市と沖縄県中頭郡北谷町に大規模な水道水確保用の淡水化プラントがあるが、両方とも逆浸透法を採用している。

淡水化は海水を真水に変える夢のような技術だが、やはり問題もある。まずは、淡水化の結果残った塩分の処理だ。現在は大量の塩分を含む残水は海に放流されている。すると周辺海域の塩分濃度が上がり、魚を殺したり生態系を破壊したりするおそれがある。

また、淡水化プラントの水槽や配管に不純物が付着することを防ぐため、化学薬品を混ぜることもあり、そのまま残水を放流すると化学薬品による海洋汚染のリスクも生じる。それを防ぐため、残水に残った塩分や化学物質を放流前に回収し、有効活用する技術も必要とされている。

(注)

1 UNESCO "World Water Development Report 2019"
2 World Bank "World Development Indicators"(アクセス日:2019年12月31日)
3 UNESCO "World Water Development Report 2019"
4 環境省「バーチャルウォーター(VW)量 一覧表」(アクセス日2019年12月31日)

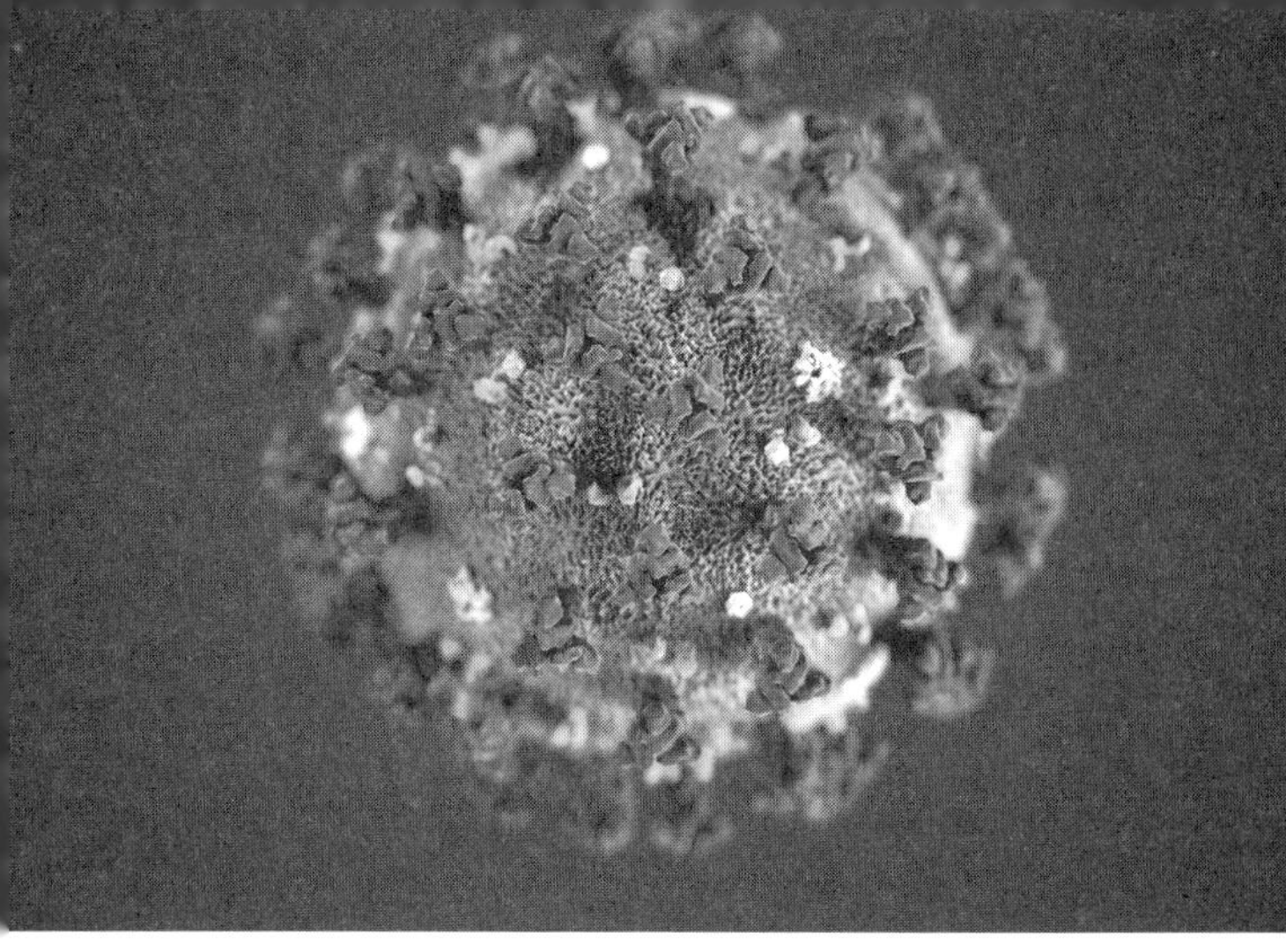

第6章　感染症の未来
コロナの次のリスクはどこに

中国・武漢からわずか数カ月という驚くべきスピードで世界中に蔓延した新型コロナウイルス（Covid-19）
＝Agence Phanie／アフロ

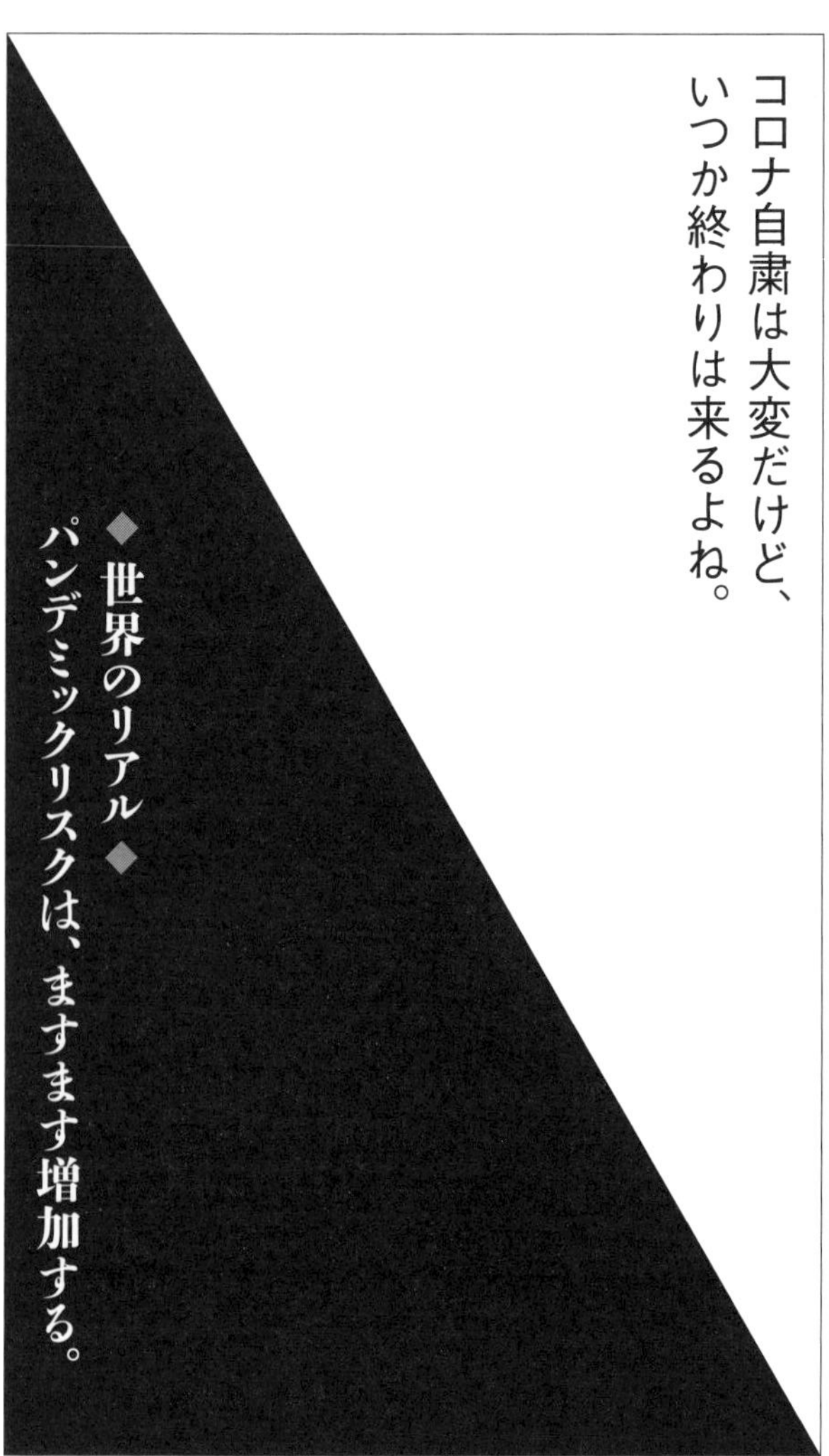
コロナ自粛は大変だけど、
いつか終わりは来るよね。
◆世界のリアル◆
パンデミックリスクは、ますます増加する。

1 そもそも、感染症とは何か

わずか数カ月で世界中に蔓延

２０１９年11月に中国・武漢市で発生したといわれる新型コロナウイルス感染症（正式名ＣＯＶＩＤ－19）は、わずか数カ月で世界中に蔓延し、「感染症」という言葉をすっかり社会に浸透させてしまった。新型コロナウイルス・パンデミックは、世界の隅々にまで到達し、遠い異国にいるまったく見ず知らずの人たちが、同じ困難を味わった。このパンデミックは、世界70億もの人々に、初めて「共通体験」といえるものをもたらしたのかもしれない。

そもそも感染症とは、体内に病原体が感染することで健康を害する症状を発することをいう。病原体には、ウイルス、細菌、原虫、真菌など多様なものがある。例えば、インフルエンザやコロナ、エボラ出血熱、狂犬病、黄熱、ジカ熱、デング熱、水疱瘡、風疹、麻疹、天然痘は、すべてウイルスが病原体だ。一方、マラリアは寄生性原虫が病原体。結核やペスト、コレラ、赤痢、破傷風は細菌が病原体となっている。

感染症は、災害の1つではあるものの、地震や台風などの自然災害とは特徴が大きく異なる。地震や台風は、災害が短期間かつ局地的に終わるのに対し、感染症はときに短期間で収束せず、被害が長期化するものが現れる。特に「ヒト－ヒト感染」するタイプの感染症は、感染が広範囲に及び、新型コロナウイルスのようにわずか1、2カ月間で世界中に影響を及ぼしてしまうことすらある。

また大規模感染時には、感染拡大を阻止するためには、人間同士の接触を避けることが対処法となるため、社会活動にも大きな制約が生じる。感染症対策では、感染による健康被害や衛生面の対策と同時に、感染防止のための社会活動制限による雇用や物流への影響にも注意を払う必要がある。

人類史上3回大流行を起こしたペスト

感染症は、太古から人類の悩みのタネだった。だが現代社会においては、飛行機や鉄道という交通手段の発達とともに、感染速度が大幅に上がるとともに、遠い場所にまで感染が拡大するようになった。このことは新型コロナウイルスによっても明らかとなった。しかし、交通手段が未整備だった時代にも、パンデミックは何度も人間社会を襲い、被害が現代よりも大きくなったこともあった。

例えば、ペスト菌という細菌が病原体となって引き起こすペストは、人類史上3回も大流行を起こしている。1回目は、540年代に東ローマ帝国のコンスタンティノープルで発生したときのもの。このときは大流行が2年ほど続き、世界で約5000万人が死亡。コンスタンティノープルでは、市民のうち40%が死亡したと推計されている。この感染では、当時の東ローマ帝国の皇帝ユスティニアヌス自身も感染したため、「ユスティニアヌスのペスト」という別名もある。

2回目は、「黒死病」の名前で14世紀に欧州で流行。死者数は諸説あるが、7500万人から2億人ともいわれている。発生源は、元朝時代の中国という説が有力で、モンゴル帝国が築いたユーラシア大陸交通網に乗り、中東を越えて、欧州に到達。欧州では人口の3割から6割が死亡するという歴史的大惨事となった。特にイギリスでは、住民の7割から8割が死亡する街もあったほどで、イギリス全体で言語がフランス語から英語に変わる契機にもなった。

その後もペストは、数万人から数十万人の死者を出す流行がたびたび発生した後、1855年に3回目の大流行を引き起こす。今度の舞台はアジアで、中国・雲南省で発生したものがインドに伝わり、合計で1200万人、インドだけで1000万人が死亡した。

致死率が30%から60%と非常に高いペストの原因が、ペスト菌という細菌だということがわかったのが1894年。北里柴三郎とアレクサンドル・イェルサンが、それぞれ独立した研究により、ほぼ同じタイミングでペスト菌を発見した。

だがペストは、今日に至ってもまだ有効なワクチンが開発されておらず、いまでも、ペルー、マダガスカル、コンゴ民主共和国で感染が確認され、2010年から2015年までで584人が命を落としている。ペストを予防するためには、ペスト菌の宿主となるノミと、そのノミの宿主であるネズミを駆除するしかなく、感染地域では今でも地道な駆除対策が行われている。

いまだワクチンのない感染症も

他方、ワクチンという手段で危機を乗り越えてきた感染症も多い。人類史上最初のワクチンは、1796年に英国人医師のエドワード・ジェンナーが開発した天然痘のワクチンというのが通説だ。ジェンナーは、牛の病である牛痘に感染した人は天然痘に感染しないという噂を聞きつけ、症状の軽い牛痘感染者の膿から体液を採種し、ワクチンとして接種する「牛痘法」を世界で初めて確立した。

だが、後の研究で、牛痘と天然痘は免疫交差反応がないことがわかり、天然痘の感染を抑えることができていたのはたまたま付着していた「ワクチニアウイルス」という別のウイルスだったことが判明している。

ジェンナーの時代には、まだ天然痘ウイルスそのものが特定されたわけではなく、効果は偶然だったが、社会に大きなインパクトをもたらしたことは間違いない。人類はその後、1980年に天然痘を自然界から撲滅することに成功。その後ワクチン接種は行われなくなり、いまでは天然痘ウイルスは、アメリカの疾病管理予防センター（CDC）とロシアの国立ウイルス学・バイオテクノロジー研究センターの2カ所だけで厳重に保管されている。なぜ2カ所でワクチンを温存しているかというと、天然痘ウイルスが今後万が一にも再発する場合に備え、ワクチン生産を再開できるようにしておくためだ。

19世紀後半からは、病原体を特定した上で、その病原体に効果を発揮するワクチンを開発するという手法が確立されていく（図表6－1）。ワクチン開発では日本人科学者も数多く世界に名を馳せた。

前述したように、北里柴三郎は1894年にペストの病原菌を発見し、狂犬病、インフルエンザ、赤痢、発疹チフスではワクチン開発の源となる血清開発で大きな功績を上げた。志賀潔は1898年に赤痢菌を世界で初めて発見。野口英世は1910年代に、梅毒や黄熱の病原体研究で国際的な成果を残した。その後も数多く感染症でワクチンが開発されていくが、マラリア、ペスト、デング熱、ジカ熱、単核症、コロナウイルス、AIDSのように、いまもまだワクチンが開発されていないものも多い。

図表6-1　感染症の病原体発見年（左）とアメリカでのワクチン開始年（右）

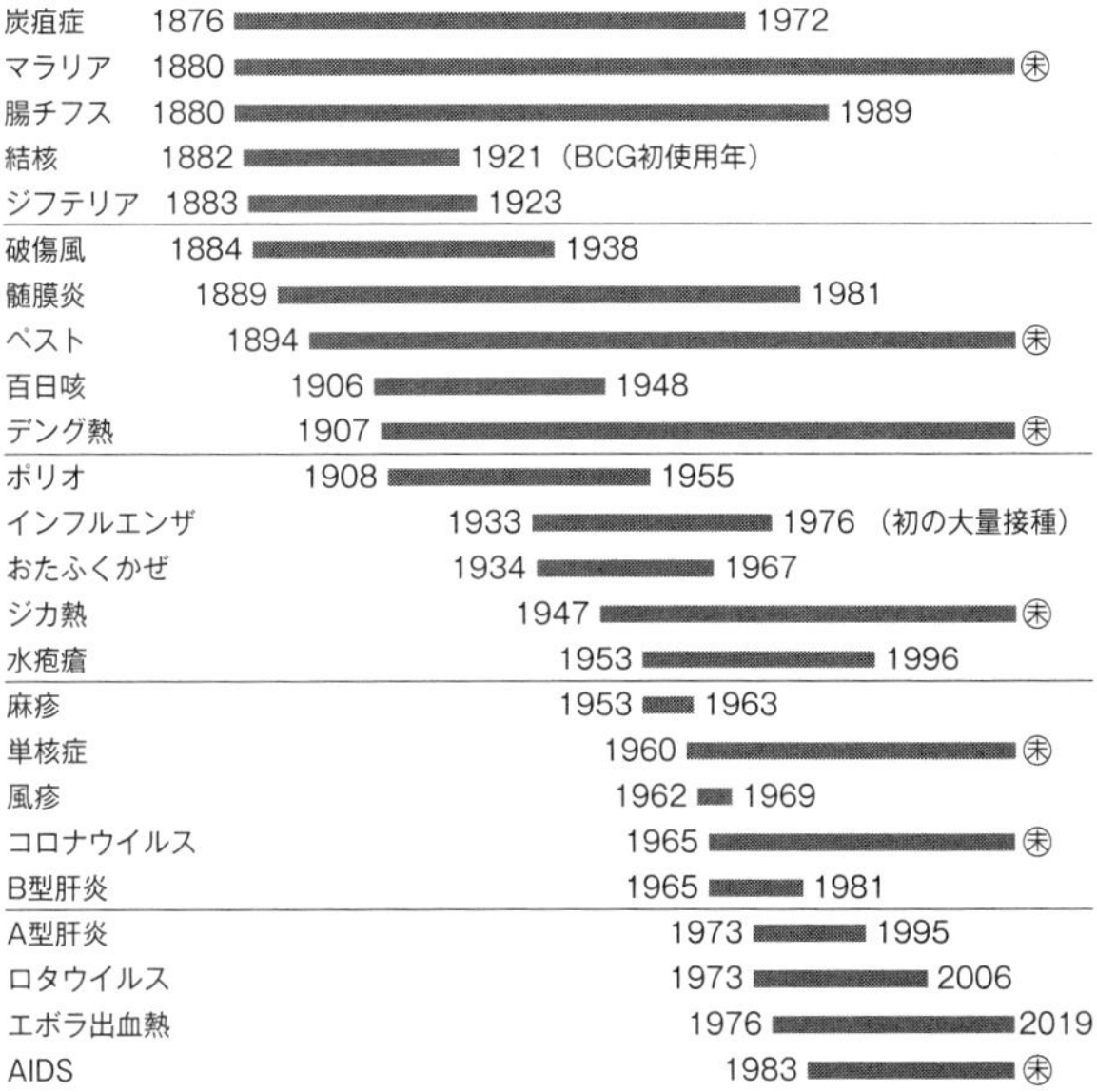
炭疽症 1876 1972
マラリア 1880 ㊍
腸チフス 1880 1989
結核 1882 1921（BCG初使用年）
ジフテリア 1883 1923
破傷風 1884 1938
髄膜炎 1889 1981
ペスト 1894 ㊍
百日咳 1906 1948
デング熱 1907 ㊍
ポリオ 1908 1955
インフルエンザ 1933 1976（初の大量接種）
おたふくかぜ 1934 1967
ジカ熱 1947 ㊍
水疱瘡 1953 1996
麻疹 1953 1963
単核症 1960 ㊍
風疹 1962 1969
コロナウイルス 1965 ㊍
B型肝炎 1965 1981
A型肝炎 1973 1995
ロタウイルス 1973 2006
エボラ出血熱 1976 2019
AIDS 1983 ㊍

（注）結核ワクチンのBCGはアメリカでは使用されておらず、世界で初めて使用された年を記載。インフルエンザは初めて大規模接種が実施された年を記載。㊍は未開発
（出典）著者作成

2　感染症の「危険度」をどう見るのか

基本再生産数と致死率が指標に

感染症に関する指標の中で特に重要なのが、基本再生産数と致死率の2つ。基本再生産数は、1人の感染者が何人に感染させるかという感染力の強さを指す。基本再生産数が1を超えると感染者は増加し、1を下回ると収束に向かう。一方、致死率はその名の通り、感染者のうち何人が死亡するかという致死力の強さを指す。この2つの指標で見ると、各々の感染症には特徴があることがわかる（図表6－2）。

例えば、マラリア、ジカ熱、デング熱、黄熱といった感染症は、致死率が非常に高いが、「ヒト－ヒト感染」ではなく、蚊を媒介して感染するため、感染地域が宿主となる蚊の生息地域に限定される。また、麻疹や水疱瘡は、くしゃみや咳などによる飛沫感染だけでなく、

図表 6-2 主要感染症の基本再生産数と致死率

	感染経路	基本再生産数	致死率	ワクチン
マラリア	蚊	—	3.0%-4.0%	—
ジカ熱	蚊	—	8.3%	—
デング熱	蚊	—	26.0%	—
黄熱	蚊	—	20.0%-50.0%	○
狂犬病	犬	—	99.0%	○
ペスト	ノミ、飛沫感染	2.8-3.5	60.0%-90.0%	—
麻疹	エアロゾル感染	12.0-18.0	0.2%	○
水疱瘡	エアロゾル感染	10.0-12.0	>0.001%	○
エボラ出血熱	血液感染	1.5-2.5	83.0%-90.0%	○
スペインかぜ（1918H1N1）	飛沫感染	2.0-3.0	2.5%	○
新型インフルエンザ（2009H1N1）	飛沫感染	1.4-1.6	0.02%-0.4%	○
重症急性呼吸器症候群（SARS-CoV）	飛沫感染	2.0-5.0	9.5%	—
中東呼吸器症候群（MERS-CoV）	飛沫感染	0.3-0.8	34.4%	—
新型コロナウイルス感染症（SARS-CoV-2）	エアロゾル感染	1.4-6.6	7.0%	—

（出典）論文・記事検索をもとに著者作成

鼻口から出る微細な液体粒子（エアロゾル）でも感染するため、感染力を示す基本再生産数が10以上と非常に高い。その反面、致死率は低く、ワクチンも開発されており、現代社会では衛生状態や医療体制が充実していれば、あまり恐れる必要のない感染症となった。

エボラ出血熱は、致死率は80％以上と極めて高いが、飛沫感染しないため、慎重に対処すれば封じ込めることができ、念願だった有効性の高いワクチンも２０１９年にアメリカとＥＵで認可された。

インフルエンザとコロナが何度も流行

他方、厄介なのがインフルエンザとコロナウイルスだ。インフルエンザは毎年、変異により型を少しずつ変えて流行することは多くの人に知られるようになった。インフルエンザの基本再生産数は、飛沫感染をするため2から3と比較的高い上に、ときおり致死率の高いウイルスが現れると大規模感染となるリスクが高まる。

１９１８年には、アメリカが発生源と言われている「スペインかぜ」が、世界的大流行を意味する「パンデミック」を引き起こし、世界5億人が感染。死者は５０００万人と推計されている。日本では、全人口が５５００万人の中、約半数の２３８０万人が感染し、39万人の死者を出した。著名人では、皇族の竹田宮恒久王や建築家の辰野金吾が命を落としている。

このインフルエンザは、第一次世界大戦中に蔓延したため、各国が被害状況を隠蔽した。中立国だったスペインだけは被害状況を隠さなかったため、メディアが大きく報じ、「スペインかぜ」という俗称が付いた。スペインかぜは、１９１８年の終盤に急に収束していくのだが、なぜ収束したのかは未だによくわかっていない。

2000年代に入ってからは、インフルエンザウイルスとコロナウイルスによる感染症が相次いだ。2002年から2003年にかけては、SARSコロナウイルスによる「重症急性呼吸器症候群（SARS）」が流行し、中国・広東省を起点に世界で8000人が死亡した。この反省をもとに、世界保健機関（WHO）は2005年に感染状況に応じた6段階の対応ガイドラインを策定し、最終の第6フェーズを「パンデミック」と呼ぶ運用が公式に確立。こうして「パンデミック」という言葉が、国際機関の公式な行政用語となった。

2009年には、スペインかぜを引き起こしたH1N1型インフルエンザウイルスが、突然北米で再発し、世界で1万4000人が死亡した。このインフルエンザは「新型インフルエンザウイルス」と命名され、WHOは2005年に定めた「パンデミック」を、このとき初めて宣言している。

2012年には、再びコロナウイルスが猛威を振るい、中東呼吸器症候群（MERS）が発生した。発生源はサウジアラビアと考えられており、死者は800人。致死率は高いが、感染力が弱く、パンデミック宣言には至らなかった。

そして、２０１９年11月に、今度は別種のコロナウイルスが出現。発生源は中国・武漢市とみられ、「新型コロナウイルス感染症（正式名称ＣＯＶＩＤ－19）」がわずか数カ月で世界中に広がった。

新型コロナウイルスに対し、ＷＨＯは史上2回目の「パンデミック」を宣言。スペインかぜ以来の猛威となった。２０２０年6月時点では、感染者数は約８５０万人、死者数は約50万人。感染防止のために、各国で外出抑制策がとられたことで、ＧＤＰやエネルギー需要の落ち込みは、２００８年のリーマン・ショックを上回り、１９２９年の世界恐慌以来の規模になる見込みとなった。

新型コロナは変異を起こしやすい？

ウイルスには「ＤＮＡウイルス」と「ＲＮＡウイルス」の2種類があるが、インフルエンザウイルスは、変異を起こしやすい「ＲＮＡウイルス」に属している。その中でも通常のウイルスが行う小規模の「連続変異」に加え、他の型のインフルエンザウイルスと交雑すると「不連続変異」という大きな変異を起こす特徴を持っている。

連続変異は1年から2年で少しずつ変わるが、小規模なので一度体内に免疫ができるとある程度は対応できる。しかし、10年から40年に一度の不連続変異ではウイルスの型が大きく変わってしまい、免疫が機能せずに、致死率が上がりやすくなる。

コロナウイルスもインフルエンザウイルスと同じ「RNAウイルス」に属しており、比較的変異を起こしやすい。だが、コロナウイルスについては、まだ研究途上なため、どれほど変異するかはよくわかっていない。

新型コロナウイルスは、SARSコロナウイルスの変異種ということがおおむねわかっている。2020年4月に発表された論文[1]では、新型コロナウイルスの変異頻度はSARSコロナウイルスよりも少ないことわかり、対策が打ちやすいという期待感も広がった。

だが一方で、すでにまったく新しいコロナウイルスの突然変異種も確認されている。日本の国立感染症研究所の研究[2]では、14日に一度のペースで変異しているという推定結果も出た。もし変異を頻繁に起こすのなら、ワクチンや抗体が効きづらい種が出てくるリスクも否定はできない。

そうなると、多くの人が免疫を獲得し感染が収束に向かう「集団免疫」の状態を達成しても、コロナウイルスはインフルエンザと同様に、再度感染が広がるリスクが出てきてしまう。
そのため、変異種が現れるリスクを下げるためにも、コロナウイルス・パンデミックを極力早く収束させた上で、新たな流行を封じ込めていくことが重要となる。

3 WHOが指定した対策優先感染症

一方、将来の感染症に対しては、どのような対策が進められているのだろうか。WHOは2016年に「R&Dブループリント」[3]という文書を公式に採択し、世界中の関係者が研究や準備で協力すべき優先度の高い感染症を定めた。

背景には、2014年から2015年にかけギニアをはじめとする西アフリカで大流行したエボラ出血熱からの反省がある。そのときは、治療薬やワクチンの開発が遅れてしまい、感染者2万8512人、死者1万1313人、致死率40%という大惨事となった。

その反省から、WHOは将来感染リスクの高い感染症に対しては、検査薬、治療薬、ワクチンの早期開発が必要との意見で一致。パンデミックの前段階にあたり、特定地域での大流行を指す「エピデミック」が確認されている感染症のうち、特に優先順位の高い感染症を定めることにしたのだ。

リスト入りしたのは、エボラ出血熱・マールブルグウイルス病、クリミア・コンゴ出血熱、ラッサ熱、中東呼吸器症候群コロナウイルス（ＭＥＲＳ－ＣｏＶ）・重症急性呼吸器症候群コロナウイルス（ＳＡＲＳ－ＣｏＶ）、ニパ及びヘニパウイルス感染症、リフトバレー熱、ジカ熱の7つ。いずれの感染症も、感染は局地に限定されているが、致死率が高い。

指定された7種類の感染症に対しては、世界各国の官民の研究機関が進めている検査薬、治療薬、ワクチンなどの研究情報をＷＨＯが一元的に収集・把握し、ＷＨＯとしても資金援助をする態勢が敷かれている。エボラ出血熱ではすでに有効ワクチンが開発された。リフトバレー熱でも、研究用ワクチンが開発され、実用試験の段階に移った。

「Ｒ＆Ｄブループリント」のリストには、8つ目の指定感染症として、新種の危険なウイルスが出現することに備え「疾病Ｘ」が置かれている。そして「疾病Ｘ」の第1号として認定されたのが、２０２０年1月7日に検出された新型コロナウイルス（ＳＡＲＳ－ＣｏＶ－２）

による新型コロナウイルス感染症（COVID－19）だった。

その後、新型コロナウイルス感染症は、指定された感染症の中でも最優先の感染症と位置づけられ、各国研究機関での研究が加速する。新型コロナウイルスについて、通常より迅速に治療薬やワクチンの開発が進められている背景には、2016年からWHOが進めてきた国際的な協力体制作りがあった。

4　感染症の今後

気候変動や食料問題とは異なり、感染症の将来予測については、機関投資家の間でもまだ統一的な見方はないが、すでに楽観的な話と悲観的な話の双方が出てきている。

楽観的な話としては、人工知能（AI）や量子コンピュータ技術によるデータ分析能力の向上により、さまざまな感染症の分野でワクチンや治療薬の開発が期待できるということがある。

実際に、大手の製薬会社は2016年ごろからAI会社とのパートナーシップ締結を本格化している。また、AI活用の製薬スタートアップ企業も次々と登場し、グーグルやアップルなどもAIを活用した医療診断事業へと参入。上場企業を投資対象とする大手機関投資家や、ベンチャーキャピタルも、医療分野は有望な成長分野と判断し、積極的に投資するようになった。

気候変動が高める感染症リスク

悲観的な話としては、まず、今後の気候変動により、感染症が拡大していくという研究結果がある。第1章でも触れたように、気候変動による猛暑が熱中症被害を拡大させると懸念されている。だが、それ以外にも数多くの健康被害が予測されている。

図表6－3は、2014年に発表されたIPCCの第5次評価報告書が、気候変動による健康リスクを示したものだ。色の濃い部分は、私たちが人智を結集して高度な技術を開発すればリスクを低減できる健康リスクの量。色の薄い部分は、それでも残ってしまう健康リスクの量を表している。

図表 6-3　気候変動による健康リスク

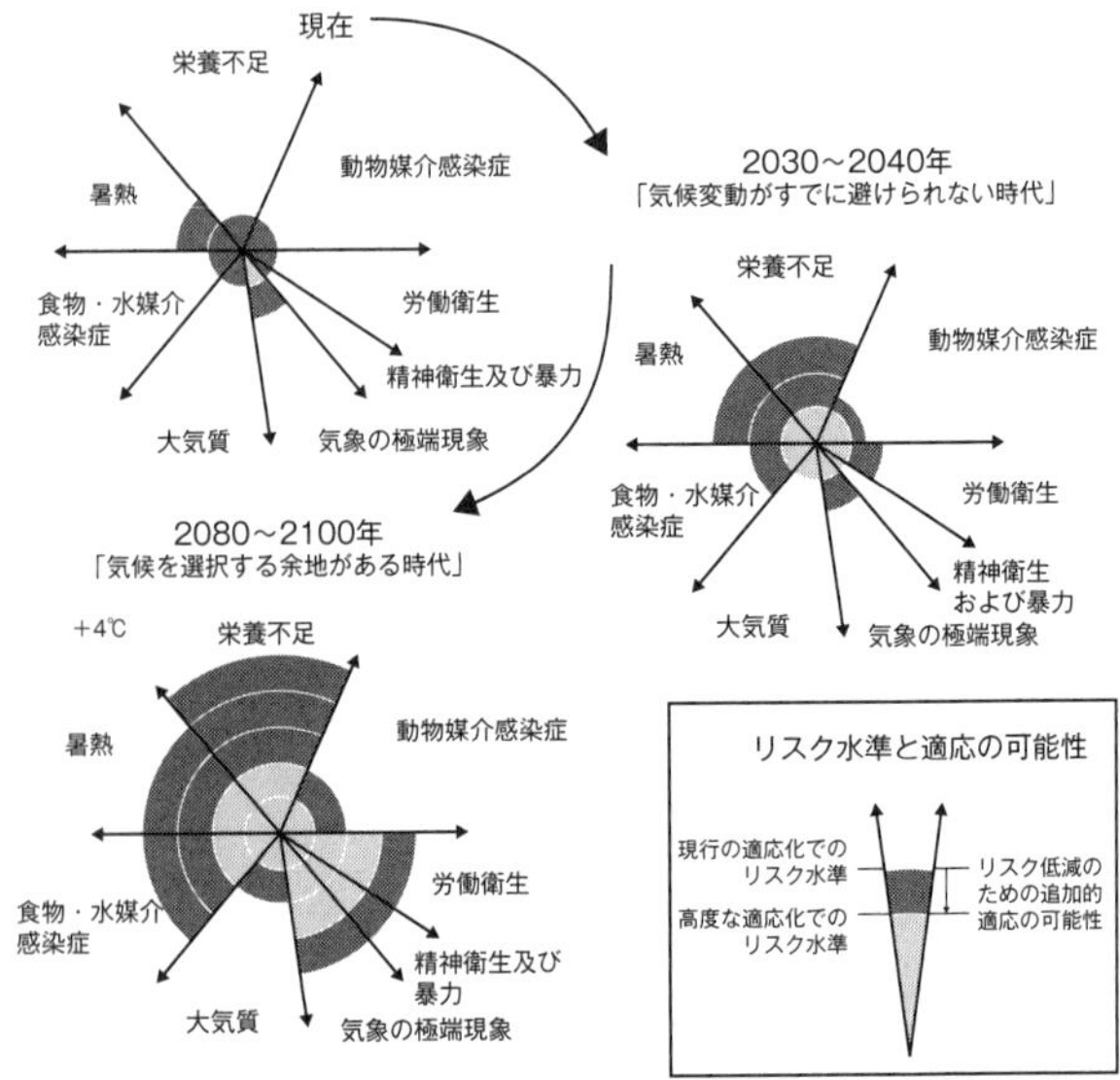

(出典) IPCC 第5次報告書 第2作業部会の報告「政策決定者向け要約」の環境省訳

現在（この図では2014年）の時点では、熱波、旱魃、洪水、低気圧、火災といった「気象の極端現象」の際には、対応困難な健康リスクが生じるが、それ以外についてはなんとか対処ができている。だが気候変動が進むと、暑熱、農作物の供給難による栄養不足、暑さの中で仕事をすることで体調を崩す「労働衛生」、細菌による下痢を中心とした「食物・水媒介感染症」の4項目でリスク量が大きく増加する。ここでの感染症問題とは、コレラ、ジアルジア、サルモネラなどによる下痢や体調不良のことを指す。気温や降水量の変化により、南アジアをはじめ、アフリカや中米、太平洋島嶼国で感染リスクが増えていくとみられている。

同様に「動物由来感染症（人獣共通感染症）」についても増えると予測されている。動物由来感染症とは、動物を宿主にする病源体が、人に感染して引き起こす感染症のこと。例えば、マラリアを体内に宿す蚊は、現在、熱帯地方のアフリカや中南米を生息地としているが、地球温暖化とともに赤道付近から南北に生息域を拡大し、人への感染リスクを増やす。

第5次評価報告書の中では、北米から中米にかけてはマラリア、デング熱、アフリカではリフトバレー熱、オセアニアではロスリバー熱やマレーバレー脳炎の感染リスク拡大が懸念されている。これらはすべて蚊が宿主の病源体が引き起こす感染症だ。蚊以外でも、マダニが媒介するライム病がカナダで広がる可能性も指摘されている。[4]

永久凍土からウイルスが出現？

加えて最新の研究では、第5次評価報告書では扱われていなかった感染症についても、気候変動の影響により、今後、感染リスクが拡大することもわかってきた。まず指摘されているのが、インフルエンザだ。インフルエンザは、これまでは高温・高湿度に弱く、地球温暖化によりむしろ勢力は弱まるとも言われてきたが、最新の研究ではそうならない可能性が指摘されている。

2020年に発表された論文[5]によると、過去のデータを分析したところ、気温の変動が激しくなると、インフルエンザの流行が大きくなるという関係性が示され、気候変動によりインフルエンザの勢力を増すリスクが見えてきた。

その他、気候変動が感染症を引き起こすメカニズムでは、永久凍土の融解というパターンもある。2016年の夏に、ロシアのシベリア北部の寒村で、突如として12歳の少年が死亡。原因は、永久凍土内に眠っていた炭疽菌だった。地球温暖化の影響で永久凍土が融解し、凍土内に閉じ込められていたトナカイの死骸が地表に露出した結果、永久凍土内の炭疽菌が地上に放出されたというものだった。

永久凍土から融解した炭疽菌は、周囲の水や土壌から植物に入り込み、少年がその植物を食べたことで感染したという説もある。他にも23人が感染したが、幸い死者は出なかった。一方、2300頭以上のトナカイが絶命している。

永久凍土には、地球上から絶滅したはずの天然痘が凍っているという説もある。ややオカルト的になってしまうが、致死性の高い未知のウイルスが凍っていると主張する論者もいる。だが、必ずしもオカルトとして片付けられない状況も生まれてきている。2015年には、フランスとロシアの研究チームが、同じくシベリアの永久凍土を調査したところ、3万年前の巨大ウイルスを発見した。[6] 2020年には、今度はアメリカと中国の研究チームがチベット高原で氷河の50メートル下から氷を採取したところ、33種類のウイルスを発見した。33種のうち28種類は実際に未知のウイルスだった。[7]

生態系の変化で新たな感染症が発生

もう1つの悲観的な話は、生態系の変化による悪影響だ。国連環境計画（UNEP）[8]によると、1940年から2004年までに発生した感染症を調査したところ、新たな感染症が生まれる頻度が増してきていることがわかった。そして確認された335の新興感染症のうち、60・3％が動物由来感染症で、その動物由来感染症の71・8％は、水鳥、ラクダ、豚、サルなどの野生動物が宿主になっていた。

これまで動物由来感染症では、蚊を媒介とするマラリアやデング熱に注目が集まっていたが、近年では野生動物由来の感染症が新たな感染症の流行を引き起こすようになってきたという。

例えば、2009年に猛威を振るった新型インフルエンザは、畜産という人間の社会活動がもたらした新種だ。インフルエンザウイルスには、A型、B型、C型の3種が存在するが、そのうちパンデミックを引き起こしやすいのはA型。A型は、人間だけでなく、カモやアヒルなどの水鳥、ブタ、ウマにも感染し、それぞれ「ヒトインフルエンザ」「ブタインフルエンザ」「鳥インフルエンザ」と呼ばれている。それぞれ微妙に種が違うが、もともとの源は鳥インフルエンザという説が有力だ。

鳥インフルエンザは、水鳥の腸内を宿主とするが、病原性はなく、共生状態にある。通説では、水鳥にいる鳥インフルエンザは人間には感染しない。だが、水鳥から、鶏、ウズラ、七面鳥などの家禽類には接触や糞を通じて感染する。

家禽類に感染したインフルエンザも通常は病原性を持たず、宿主と共生するが、ときおり宿主に対して強い病原性を持つ種が変異により現れることがあり、その種は「高病原性鳥インフルエンザ」と呼ばれる。高病原性鳥インフルエンザは、そのまま人間にもまれに感染する。

例えばH5N1型は、鳥の体液や糞に接触すると、人間にも感染し高い致死性を持つ（ただし熱した鶏卵や鶏肉からは感染しない）。それでも現在確認されているH5N1型は、「ヒト－ヒト感染」することは非常にまれなため、鳥から人に感染しても、人から人へと感染することは少ない。

豚の畜産が生んだインフルエンザ

一方、厄介なのが豚だ。ブタインフルエンザは、鳥インフルエンザがいつしか豚に感染したものと言われている。そして豚は、ブタインフルエンザだけでなく、鳥インフルエンザにもヒトインフルエンザにも感染するため、豚の中では複数のインフルエンザ種が共存し、その種同士が交雑して変種を生み出しやすい。例えば、1918年の「スペインかぜ」を引き起こしたH1N1型は、豚にも感染する。H1N1型の起源についてはまだはっきりとわかっていないが、ブタインフルエンザだった可能性もある。

H1N1型は、1977年から1978年にかけてソ連で再び大流行し、その後は「ソ連型」とも呼ばれて、ヒトインフルエンザとして定着。いまでは季節性インフルエンザとなって毎年流行している。

ヒトインフルエンザでは、H2N2型も早くから猛威を振るった。H2N2型の出自ははっきりしないが、1957年に中国で「アジアかぜ」を引き起こし、1968年にはH2N2型から変異したH3N2型が「香港かぜ」を引き起こす。その後、H3N2型も「香港

図表 6-4 新型インフルエンザの発生経路

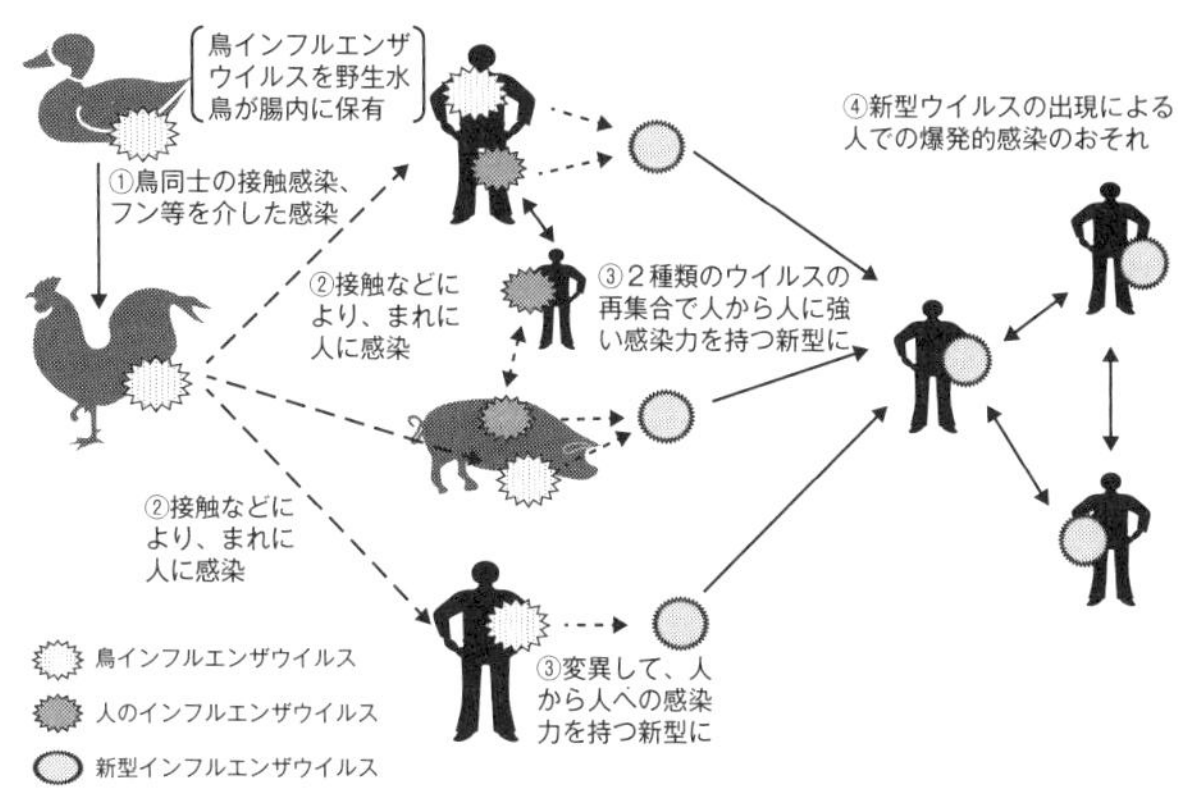

（出典）厚生労働省「鳥インフルエンザに関するQ&A」
https://www.mhlw.go.jp/bunya/kenkou/kekkaku-kansenshou02/qa.html

型」とも呼ばれて定着し、H1N1型と同様に季節性インフルエンザを毎年引き起こしている。

そのH3N2型は、1998年ごろから豚に感染し、豚の中で既存のブタインフルエンザ（H1N1型）及び鳥インフルエンザとトリプル遺伝子交雑を引き起こし、H3N2ブタインフルエンザが誕生。その後も、他の種のブタインフルエンザとの交雑を繰り返し、ついに2009年に強い「ヒト－ヒト感染」する新種のH1N1型が豚の中で誕生。それが人に感染し、パンデミックを引き起こしたのが「新型インフルエンザ」だった。致死性はそれほど高くなかったが、高い感染力のせいで、死者は1万4000人を超えた。

このように、インフルエンザの大流行を引き起こすのは、ブタ、ヒト、鳥の3種のインフルエンザを交雑させて変種を生み出しやすい豚の存在が大きい（図表6－4）。そして、人類が鶏と豚を家畜として飼うようになり、豚と鶏及び人の接触が活発になったことが、相互の感染リスクを高めた。そのことから、インフルエンザは、動物の生態系を人間が人為的に大きく変えたことで生み出された動物由来感染症ということができる。

人間と動物の疾病を同時に見ることが重要に

国連環境計画によると、野生動物から人間に直接感染するウイルスは少ないという。だが、野生動物と人間の間に家畜という感染経路が入ると、人間に感染する新種が誕生する。[9]目下のところ、危惧されているのが、高病原性鳥インフルエンザで致死力の強いH5N1型から、「ヒト－ヒト感染」する新種が生まれることだ。これがもし実際に起きると2009年のH1N1型が変異した新型インフルエンザのときよりも大きなパンデミックになるリスクがあるという。そしてH5N1型の新種は、豚経由で生まれる可能性もあり、すでにH

図表 6-5　新興感染症の主要な発生原因

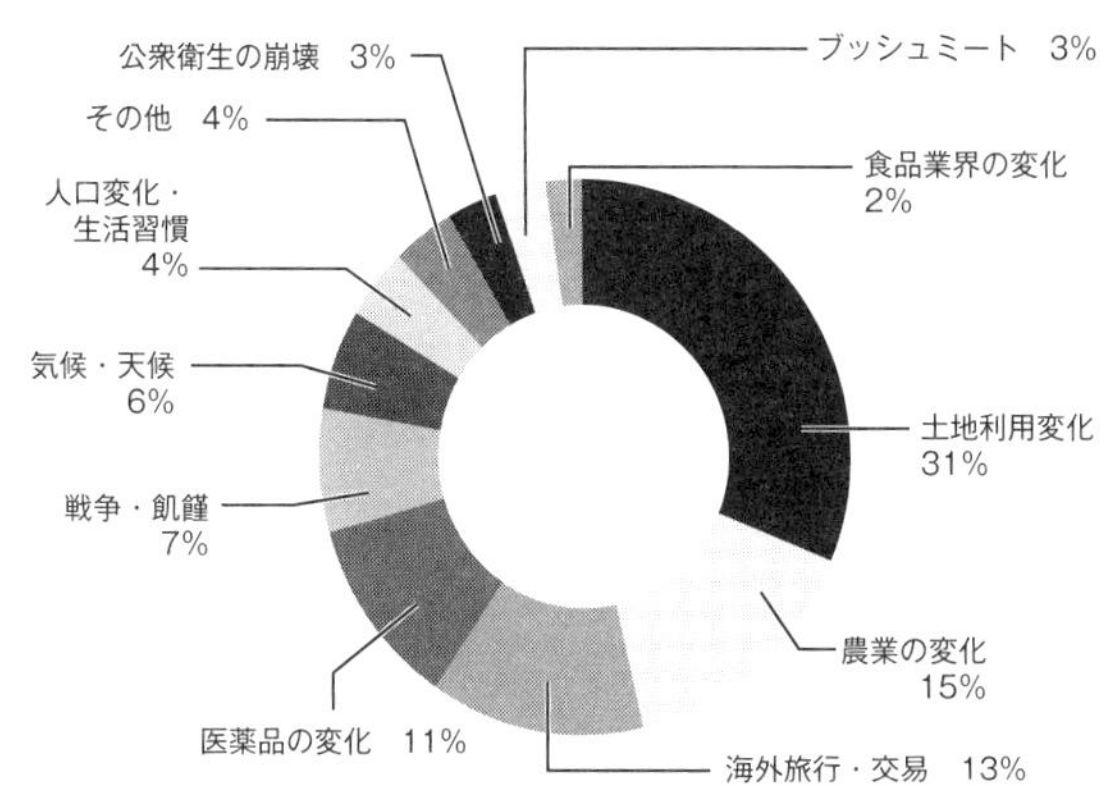

（出典）UNEP（2016 年）を基に著者和訳

５Ｎ１型が豚に感染した事例も見つかっている。

このように生態系の変化は、感染症リスクを高める。１９４０年から２００４年までに発生した３３５件の感染症例を調べた論文[10]によると、感染症の原因をたどると、人間による生態系変化が原因になっているものが非常に多い。原因の内訳は、森林伐採などによる「土地利用変化」が31％、農業活動が15％と約半数。それに気候変動を加えると合計で52％となる（図表６－５）。国連環境計画は、今後、生態系の変化や気候変動が進行し、病原体の宿主や媒介者の行動パターンが変わり、病原体がさらに移動するようになると、新たな交雑が生まれ、パンデミックを引き起こす種が出現する可能性があると警告している。[11]

動物が媒介する新興感染症は、インフルエンザだけでなく、他にも多数発生している。コウモリが媒介者となるエボラ出血熱、牛が媒介者となるウシ型結核菌、ブタが媒介者となるニパウイルス感染症も動物が媒介している。そして、コロナウイルスによる感染症である2005年のSARSと2012年のMERSも同じく動物が媒介したことがわかっている。SARSは、コウモリ→タヌキ・ハクビシンなど→ヒト、MERSはコウモリ→ヒトコブラクダ→ヒトへと感染していった。したがって、人間社会を大混乱に陥れた2019年の新型コロナウイルスについても、同様に動物由来感染症の疑いが強い。

動物由来の新型感染症が、必ずしも毎回、強い感染力や致死性を持つわけではない。だが、新型コロナウイルスにより、決して侮ってはならないものだということが明白となった。

しかしながら、感染症対策では生態系の状況を注意深く観察する必要が出てきているにもかかわらず、各国では、人間と動物の疾病については監督官庁が分かれていることが多い。日本でも人間の疾病は厚生労働省、動物の疾病は農林水産省の管轄となっており、生態系は環境省の管轄だ。

そこで世界保健機関（WHO）は2017年に、人間と動物の感染状況を個別に観察するのではなく、生態系全体の観察を実施する「ワン・ヘルス」アプローチを提唱。国連食糧農業機関（FAO）及び国際獣疫事務局（OIE）との連携を強化している。生態系を担当する国連環境計画（UNEP）もその流れに乗ろうとしている。[12]

インフルエンザには、ワクチンがあるとはいえ、変異により致死性が高まれば、パンデミックに発展する。コロナウイルスに関しては、インフルエンザよりもわかっていないことが多いが、新型コロナウイルス・パンデミックを機に研究が進み、リスクと今後の対策が明らかになっていくことが期待されている。

〔注〕

1 Jia, Yong et al. "Analysis of the mutation dynamics of SARS-CoV-2 reveals the spread history

and emergence of 1 RBD mutant with lower ACE2 binding affinity" bioRxiv.（2020）

2 国立感染症研究所病原体ゲノム解析研究センター「新型コロナウイルスＳＡＲＳ－ＣｏＶ－２のゲノム分子疫学調査」（２０２０年）

3 WHO "An R&D Blueprint for Action to Prevent Epidemics"（2016）

4 環境省「地球温暖化と感染症」（２００７年）

5 Qi, Liu et al. "Changing Rapid Weather Variability Increases Influenza Epidemic Risk in a Warming Climate" Environmental Research Letters,vol.15,no.4.（2020）

6 Matthieu, Legendre "In-Depth Study of Mollivirus Sibericum, a New 30,000-y-Old Giant Virus Infecting Acanthamoeba" PNAS,vol.112,no.38.（2015）

7 Zhong, Zhi-Ping et al. "Glacier ice archives fifteen-thousand-year-old viruses" bioRxiv.（2020）

8 UNEP "UNEP Frontiers 2016 Report: Emerging Issues of Environmental Concern"

9 厚生労働省「鳥インフルエンザに関するＱ＆Ａ」
https://www.mhlw.go.jp/bunya/kenkou/kekkaku-kansenshou02/qa.html

10 Loh, Elizabeth H et al. "Targeting Transmission Pathways for Emerging Zoonotic Disease Surveillance and Control" Vector borne and zoonotic diseases（Larchmont, N.Y.）vol.15,7:432-7.（2015）

11 UNEP "UNEP Frontiers 2016 Report: Emerging Issues of Environmental Concern"（2016）

12 UNEP "Coronaviruses: are they here to stay?"（2020）
https://www.unenvironment.org/news-and-stories/story/coronaviruses-are-they-here-stay

第7章

世界のパワーシフト

日米欧の中間層割合が5割から3割に激減

急速な経済発展を遂げるインド（ムンバイ、2016年）。中国・インドの中間層消費は、2050年に世界の50％を超えるまでに成長する＝AP／アフロ

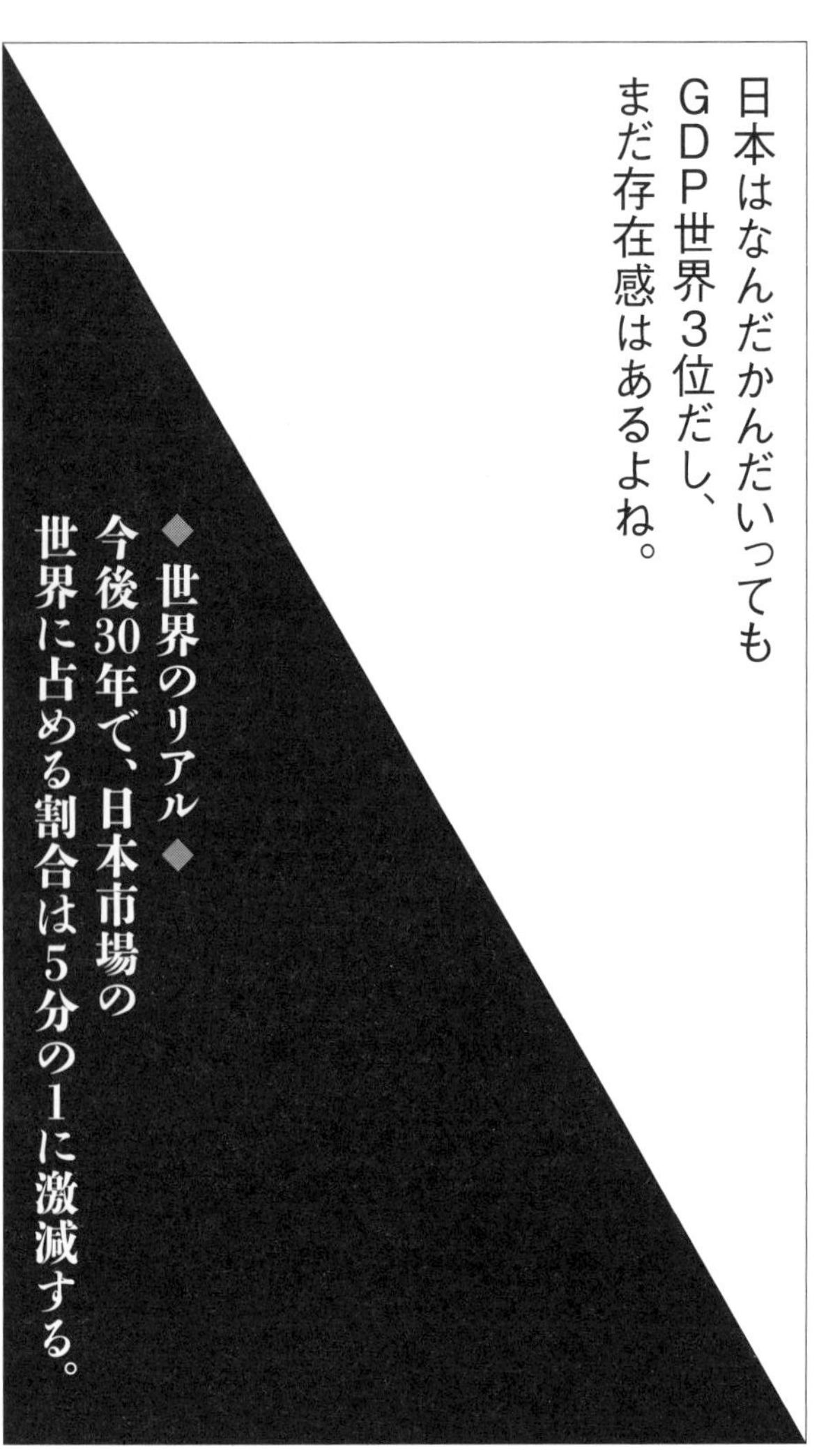
日本はなんだかんだいっても
GDP世界3位だし、
まだ存在感はあるよね。
◆世界のリアル◆
今後30年で、日本市場の
世界に占める割合は5分の1に激減する。

1　人口が急減する日本と欧州。急増するアジア・アフリカ

変わる「海外」のイメージ

私たちは普段、「海外」という言葉を用いるとき、自然と欧米先進国をイメージしていることが多い。例えば「海外ブランド」「海外赴任」「海外留学」「海外挙式」の話題になると、勝手に欧米を想像していたりする。話の途中で、実際には東南アジアのことだったとわかったりすると、「まあ確かに東南アジアも海外だよね」と変に自分を納得させた経験が、誰しも一度はあるのではないだろうか。

日本は明治維新から150年間、経済、文化、学問、政治などさまざまな分野で、眼差しをアメリカと欧州に向けてきた。アメリカと欧州を見ていれば、世界の動きを把握できると思ってきた。

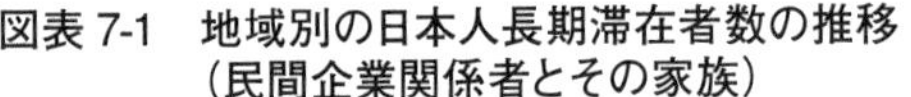
図表 7-1　地域別の日本人長期滞在者数の推移（民間企業関係者とその家族）

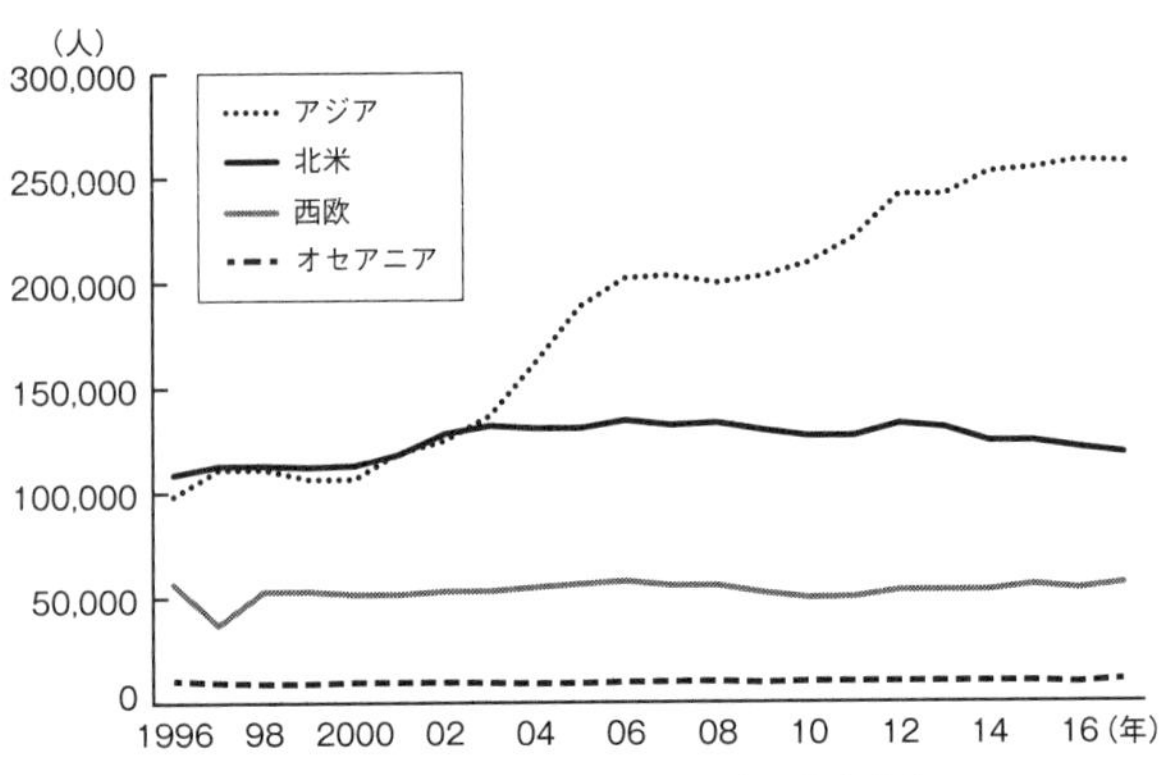

（出典）外務省の各年度「海外在留邦人数統計」を基に著者作成

同じことは企業の中にもいえる。2000年ごろまで、日本企業にとって「海外事業」「海外進出」「海外支店」といえば、基本的にアメリカか欧州のことだった。日本のビジネスパーソンは、アメリカと欧州に出張に行き、最新のトレンドを持ち帰り、経営戦略やマーケティングに活かそうとしてきた。日本の中にいる「外資系企業」もおおむねアメリカと欧州の企業だった。

だが私たちはこれから「世界」のイメージを大きく変えなければならない。図表7-1は、海外赴任している企業関係者数の推移を地域別に見たものだ。

2003年までは北米とアジアの数は10

万人超でほぼ並んでいたが、２００３年からアジアが急増。２０１７年にはアジア赴任者は2・5倍になった。その大半が中国赴任者だ。経済がグローバル化したとはいえ、１９９６年から20年間、北米、西欧、オセアニアという私たちがイメージしていた「海外」への企業赴任者は横ばいのままだ。いまや海外赴任と言えば、専らアジアを指すようになった。

文化面でも韓国や台湾のドラマが多数日本で放送されるようになった。スマートフォン・アプリでも、中国のゲームや動画共有サイトが日本でも人気を博すようになった。アジア企業による日本企業の大型買収も増えている。

過去10年間、世界は西洋から東洋へのパワーシフトの時代といわれてきた。その背景には、急成長した中国とインド、そしてＡＳＥＡＮの存在があった。さらにいまや「アフリカの時代」という言葉まで飛び出している。本章では、このパワーシフトの状況をみていこう。

40年続いた「日本の人口は1・2億人」

第2章で食料のテーマを扱った際、先進国では少子化により人口が減り、発展途上国では今後も人口が増えていくことを紹介した。本章では、もう少し細かくみていこう。

図表 7-2　世界の人口の推移

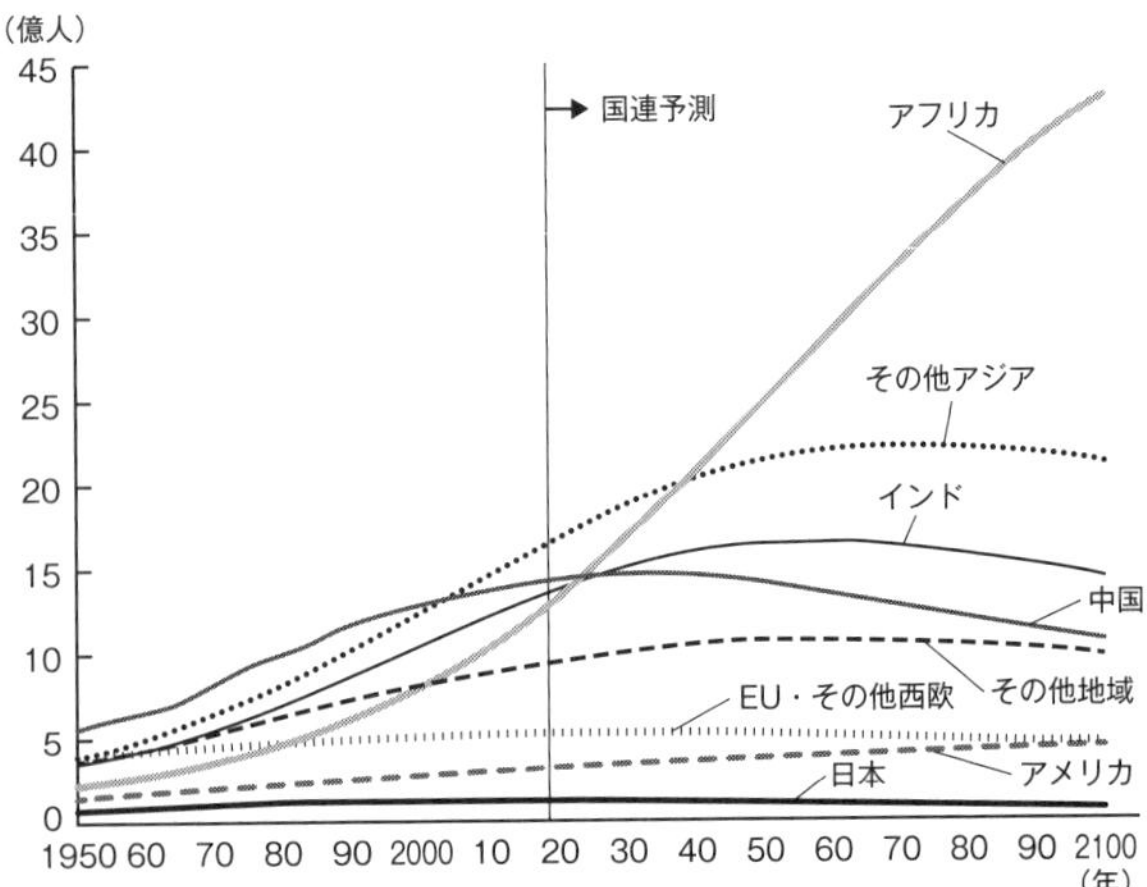

（出典）国連人口部データを基に著者作成

世界には、これから人口増を迎える地域と、人口減を迎える地域に分かれていく（図表７－２）。その中で、日本と欧州は、これから急激な人口減少を迎える。日本の少子高齢化は長らくいわれてきたテーマだが、人口減少が本格的に始まるのはこれからだ。

日本の人口が１億人を突破したのは、１９６７年で約50年も前のこと。その後、いつしか「日本の人口は１・２億人」という言葉が定着した。日本の人口が四捨五入で「１・２億人」になったのは１９７８年。その後、１９９２年からは四捨五入で「１・３億人」時代となったが、1・3億人には届かず1・2億人台のままなので「日本の人口は1・2億人」というフレーズが続く形となった。日本の人口は2009年に1億2856万人でピークを迎え、そこから減少に転じている。

では、いつ四捨五入でも1・2億人ではなくなる状態になるかというと、第2章で紹介した国連の予測によれば、2038年だ。あらためて考えると、「日本の人口は1・2億人」というフレーズは、1978年から2037年まで60年間も賞味期限が続くことになる。

世界人口の大半がアフリカに

しかし、「日本の人口は1・2億人」という言葉が、かれこれもう40年間も変わらず有効だった間に、海外の人口の状況は激変した。中国は、40年間で9・8億人から14・4億人に約5億人も増え、インドでも6・7億人から13・7億人へと7億人増えた。アメリカでも2・3億人から3・3億人へと1億人増えている。そして日本、中国、インドを除いたアジア諸国でも、7・9億人から16・7億人へと約9億人人口が増えた。

一方、欧州は、日本よりも深刻な人口減少を迎える国がいくつもある。イタリア、スペイン、ポーランド、ルーマニア、ブルガリア、ギリシャは、少子化とEUの他の国への人口流出が激しく、人口が急速に減っていく。

例えば、人口がいま6000万人のイタリアは、「日本の人口は1・2億人」が賞味期限を迎える2037年には5800万人を下回り、2100年には4000万人をも下回るという。

ちなみに2100年の日本の人口は7500万人という予測だ。欧州の中でもイギリスは移民の受入政策で人口を大幅に増やしてきており、国連は2100年まで増え続けると見ていたが、EU離脱（ブレグジット）で移民の受け入れが厳しくなるとみられ、状況はわからなくなった。

アフリカにも触れておきたい。広大なアフリカをひとくくりで語っていいのかという問題もあるが、アフリカ全土の人口は、1950年の時点では2・3億人で、当時の日本と比較しても3倍弱だった。しかしその後急増して、2019年には13億人を突破し、日本の10倍以上になった。国連によると、2050年には25億人にまで到達し、その後も増え続けるという。

中国は2050年の時点ではすでに人口減少に転じており、インドも16億人を超える2040年あたりから増加速度が緩やかになる。2050年までを視野に入れると、インド、中国、ASEANの先には、世界の人口の大半はアフリカにいるという時代がやってくる。

2 1人あたりGDPの成長で大きな差

だが、人口が多ければ多いほど、国際社会での影響力も大きくなるかというと、必ずしもそうではない。人口だけでいえば、歴史上、中国やインドのほうがずっと日本や欧米諸国よりも人口が多かったが、それでも過去数百年、欧米諸国と日本が政治的にも経済的にも影響力を誇示してきた。

その背景には国民の経済力がある。国民の経済力が大きい国には、強大な市場が生まれる。そして、その市場のもとに産業が形成され、資本の蓄積を産み、金融市場が発達していく。こうして、世界中のメディアが、産業と金融が発達した地域に注目し、世界中でその地

図表7-3　1人当たりGDPの成長度（2000年＝1とした場合）

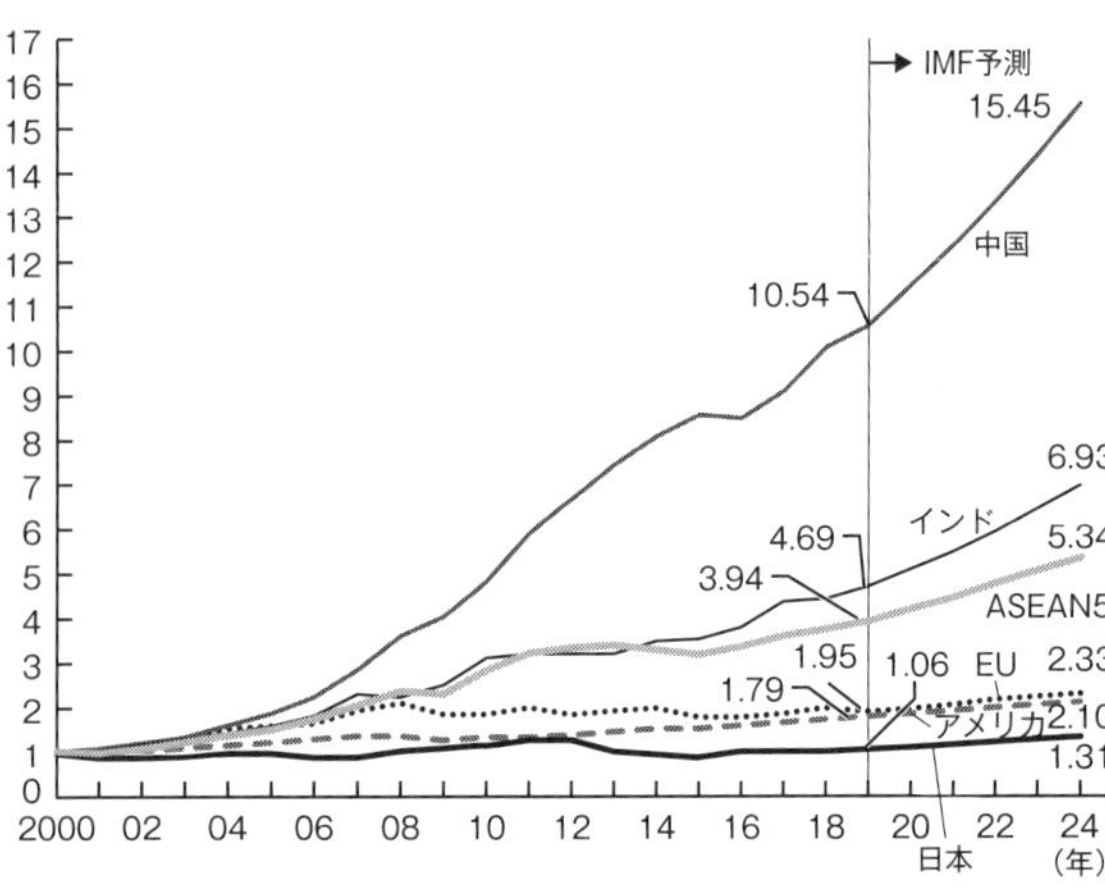

（出典）IMFデータを基に著者作成

域のニュースを報道するという構造が生まれていく。すなわち、国民の経済力が強くなれば、自然と世界の注目を集める存在になっていく。

新興国という言葉が頻繁に使われるようになった2000年以降、各国の1人あたりGDPの伸びは、大きく差が開いた（図表7－3）。

いまやすっかり大国となった中国は、2000年から2019年までに1人あたりGDPは10倍以上に上昇。これからも中国のGDPは伸び続け、IMFの予想では、2024年までに2000年比で15倍以上の水準にまでなる。中国では国内に大きな所得格差を抱えている。その中国全体で、GDPが平均で10倍以上にもなるということは、上海などの都市部に住む中国人は、それ以上に所得を伸ばしていくということになる。いまや、日本人より高い購買力を持つ中国人は少なくない。

インドも2000年から2019年までに1人あたりGDPが4・7倍になった。2024年には2000年比で7倍の水準にまで上がるという予測も出ている。インドも都市部の富裕層と農村部の貧困層の間で格差が著しく大きいが、一部の成功者は購買力をどんどん高めている。ASEAN5と呼ばれるインドネシア、マレーシア、タイ、ベトナム、フィリピンの1人あたりGDPも19年間で4倍に、今後5年間で5・3倍にまで上がる見通しだ。

他方、昔ながらの先進国でも、この間、1人あたりのGDPは伸びた。アメリカとEUでは2000年比で2倍近くになり、購買力を上げ続けている。ただし、先進国の中でも1人あたりGDPがまったく伸びていない国がある。それが日本だ。

日本では、人口も1人あたりGDPも、2000年からほぼ変わっていない。初任給が20年前とほぼ変わらないなんてことは、海外ではあまり考えられない異常事態なのだが、日本国内ではむしろ「安定している」という牧歌的な感覚が生まれている。そのため今も昔もそして未来も、日本ではこのままの状態が続くという錯覚が生まれている。

だが、何も変わっていないのは日本だけで、周りの国々はさらに豊かになっている。日本の影響力や存在感は、日に日に小さくなっているのが実状だ。

3　大きくシフトする中間層の所在地

日本市場のインパクトが5分の1に縮む

中国、インド、ASEAN、アフリカでは、人口と1人あたりGDPの双方が、これからもまだまだ増え続ける。そのため、購買力のある中産階級の所在地域が、欧米および日本から、徐々に中国とインド、ASEAN、さらにはアフリカへと大きくシフトしていく。この市場の変化に関し、アメリカの民間シンクタンク「ブルッキングス研究所」のチーフエコノミストだったホミ・カラス氏は、2010年に驚きのシミュレーション結果を発表した。

図表7-4 地域別の中間層消費割合の変遷

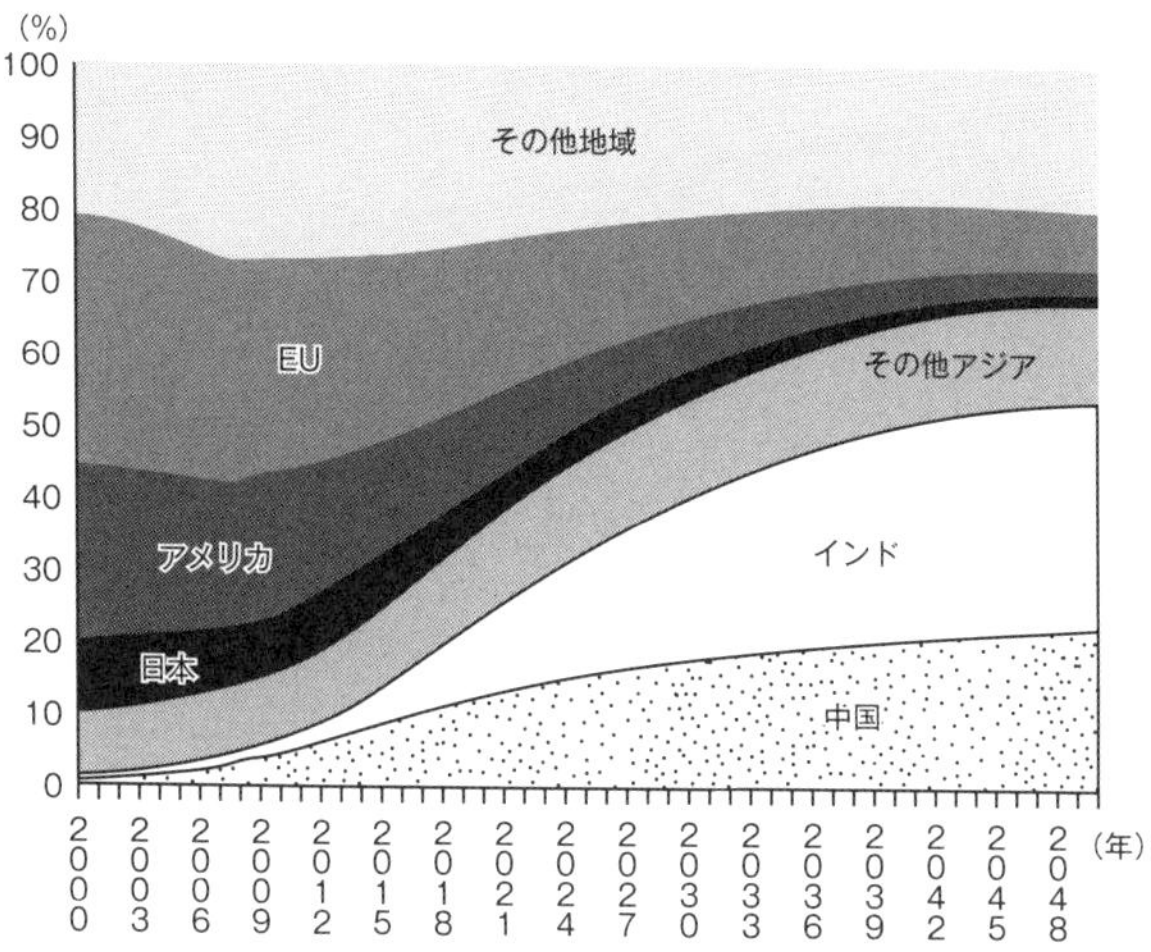

（出典）Kharas, Homi "The emerging middle class in developing countries" OECD Development Center (2019年)

図表7－4は、各地域の中間層の消費額を世界全体の構成比にしたものだ。ちなみにここで言う「中間層」とは、1日の支出が購買力平価ベースで10ドルから100ドルの人を指す。つまり年間で40万円から400万円程度、可処分所得を持つ人たちのことだ。

この中間層の消費額が、2000年には、EUだけで35%、アメリカで25%、日本で11%あり、日米欧の3地域で世界の中間層消費の7割を占めていた。すなわち、企業が国際競争に勝つためには、この3地域で市場シェアをおさえることに大きな意味があった。したがって、経営戦略の要諦は、この3市場の消費者の関心や企業動向を把握することにあり、優れた経営者と評される人も、この3地域で生まれてきた。

また、日本だけで世界の中間層消費額の11%を占めるということの意味も大きかった。日本企業は、そこそこの規模がある日本市場だけを相手にしていても、ある程度の技術開発や製品開発を行い、販売戦略を立てることができた。海外企業と伍する経営も可能だった。

だが、これからはそうはいかなくなってしまう。カラス氏のシミュレーション通りに状況が動くと、２０２０年には日米欧の割合は40%にまで落ち込み、半数を大きく割りこむ。一方、20年前の２０００年には、わずか1%強しかなかった中国とインドが、２０２０年に23%にまで増える。中国とインドに、韓国、台湾、ＡＳＥＡＮなどのその他のアジア諸国・地域を足すと、全体で約40%となり、ついに日米欧の合計に並ぶ。それが２０２０年という時代の状況だ。

そして、この流れはさらに加速していく。カラス氏のシミュレーションの最終地点となる２０５０年には、中国とインドだけで54%を占めるまでに成長。それにその他アジアまでを加えると70％弱にもなり、２０００年時の日米欧の状況と同じような状態になる。そのとき日米欧の合計は、わずか13％にまで縮少し、特に日本はたったの２％にまで縮んでしまう。２０５０年の日本市場では、市場シェアが日本国内で首位になれていたとしても、その国際的な影響力は、２０００年時と比べてわずか５分の１にまで低下してしまう。

一方、アジアやアフリカでは、世界の中心となった市場で新たな消費トレンドが生まれ、その需要を満たすために商品や技術、ビジネスモデルが開発されていく。そして日本市場にもその製品やサービスが押し寄せてくる。かつて日本では、日本の消費者の好みは独特なので、日本人に売れるものは日本企業にしか作れないと豪語していた時代もあった。だが、携帯電話、パソコン、家電、ＳＮＳサービスでは、瞬く間に海外ブランドが日本市場を席巻し、国内勢を駆逐していった。

２０５０年に日本市場の国際的な影響力が低下すると同時に、海外の新興企業が力をつけていったとき、日本企業は非常に厳しい競争を強いられることが予想される。日本企業が海外企業と伍するためには、国内市場だけでなく、海外市場でシェアをとる気概がいやがおうにも必要になってくる。

経営の多国籍化が不可欠に

もちろん、市場シフトが必要な状況に追い込まれているのは、日本企業だけではなく、欧米企業も同じだ。そして実際に、すでに欧米のグローバル企業は、この中間層の所在地の変化に対応し、市場をシフトしてきている。食品・消費財大手のP&G、ユニリーバ、ネスレの3社の状況を例に見てみよう（図表7－5）。

2014年から2018年までの3社の地域別売上構成比を見ると、販売市場の軸足が徐々にアジア・アフリカなどに移ってきていることがわかる。いずれの3社も、この5年間で売上構成比が増えたのは、「アジア・アフリカ・その他」だ。

他方、人口減少時代を迎える欧州では、3社とも売上構成比がすでに下がってきている。特に、ユニリーバとネスレは、欧州に本社を置く企業だが、欧州での売上比率はすでに3割を割り込んだ。

グローバル企業の経営が巧みなことの1つは、世界の人口動態を俯瞰したマーケット戦略をとっていることにある。自国市場にこだわらず、市場の成長率が高い地域を主要な市場と

図表 7-5 食品・消費財グローバル大手3社の地域別売上構成比（%）

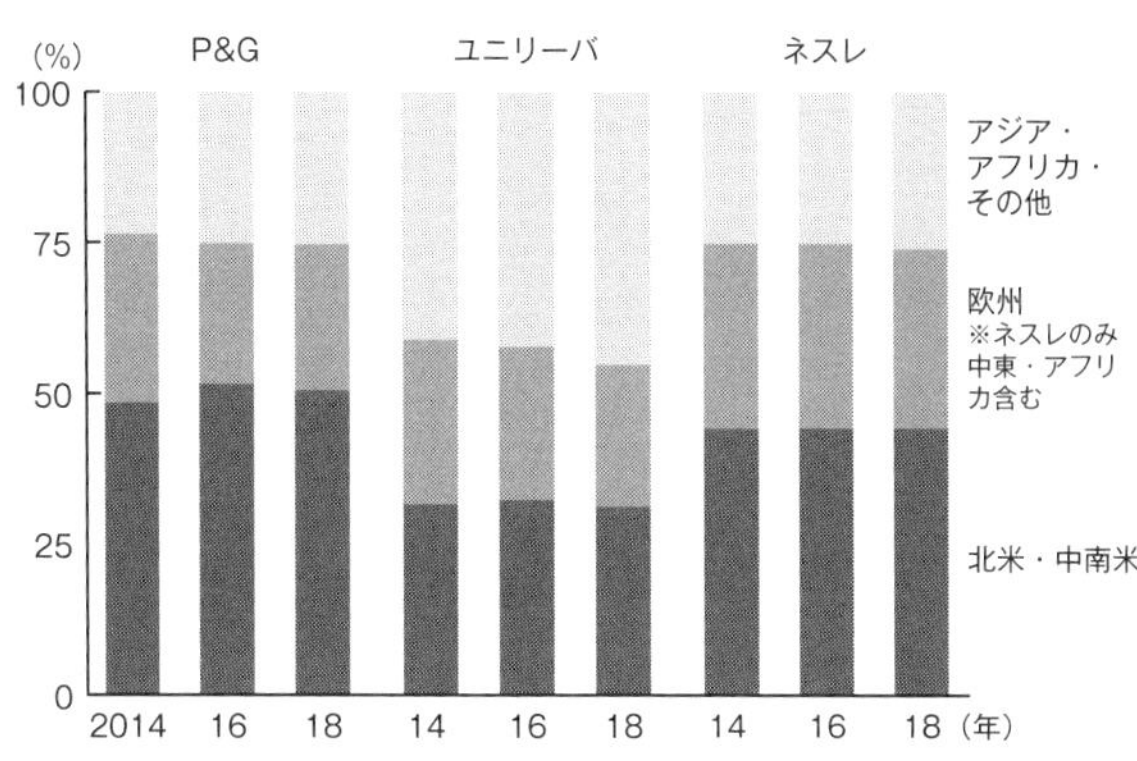

（出典）各社のアニュアルレポートを基に著者作成

位置づけ、柔軟に経営資源を投下している。

このパワーシフトの対応力で、機関投資家は企業の成長力を測る上での指標に着目しているのだろうか。現時点での地域別の売上構成比や利益構成比は重要な指標ではあるが、それだけで今後も柔軟に注力市場を変えていけることの先行指標にはならない。

そこで着目しているのは、取締役・執行役員の国籍多様性や、従業員の国籍多様性だ。人はどうしても意思決定や判断において、自身の経験からくるバイアスがかかりやすい。取締役や経営陣、そして従業員の国籍比率が、特定の国や地域に集中していれば、自ずとその地域のことだけを考えるようになる。

この考え方は、性別、性的指向、宗教、人種、年齢についても当てはまる。戦略コンサルティング会社からも、2015年ごろから相次いで多様性（ダイバーシティ）が財務パフォーマンスを高めるという分析が示され、多様性には経済的な合理性があることもわかってきた。[1・2] いまや機関投資家は、組織そのものを多様にしておくことが、組織のバイアスを軽減し、市場に柔軟に対応していく上で重要だと考えるようになってきている。

（注）

1 McKinsey & Company "Why diversity matters" (2015)

2 Boston Consulting Group "Diversity Proves to Be a Key Ingredient for Driving Business Innovation" (2018)

第8章

サプライチェーンのグローバル化と人権問題

アパレル工場で働くベトナムからの技術実習生(新潟)。労働力不足が深刻化する日本では、外国人労働力の活用が欠かせない
＝ロイター／アフロ

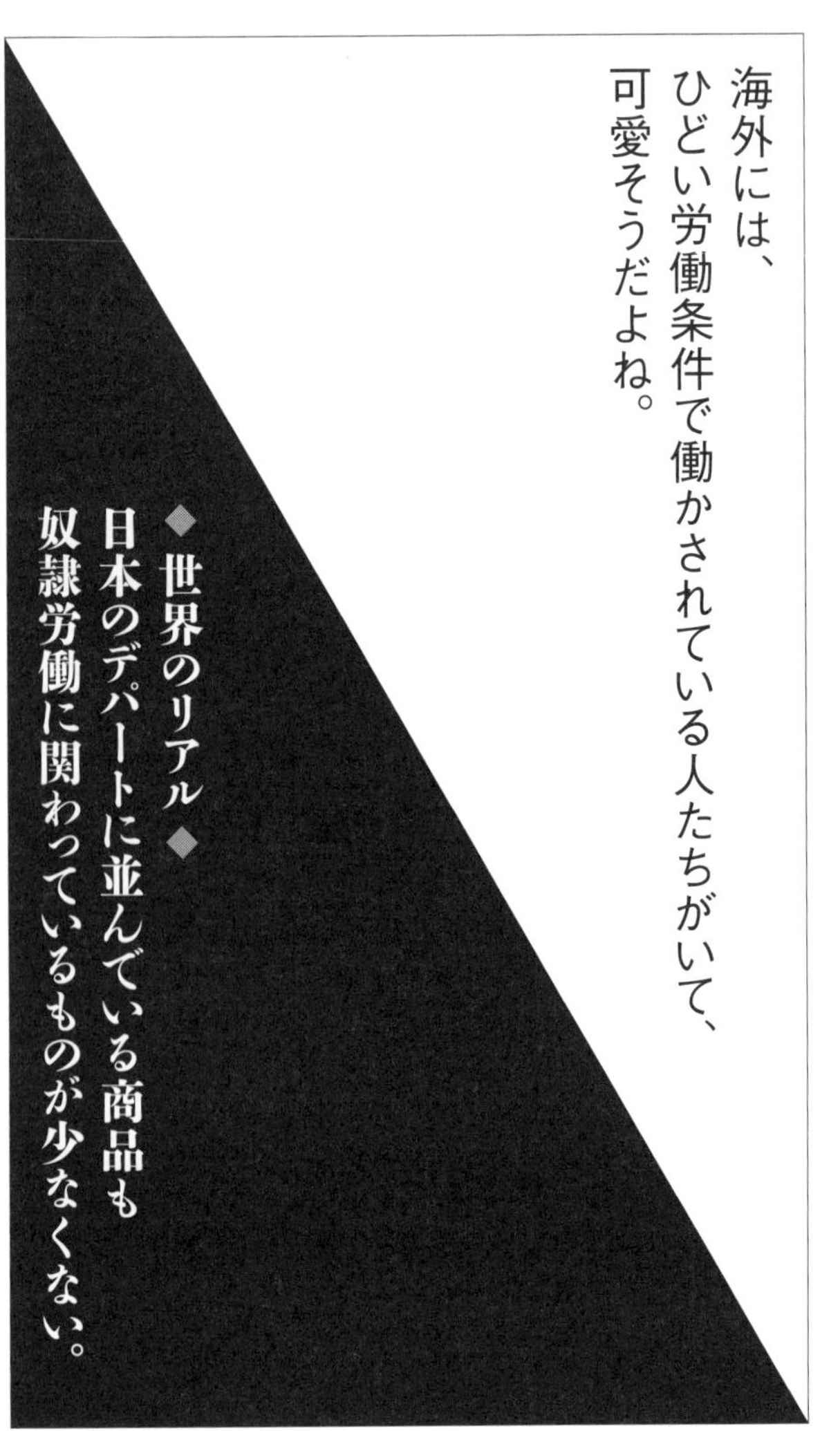
海外には、
ひどい労働条件で働かされている人たちがいて、
可愛そうだよね。
◆世界のリアル◆
日本のデパートに並んでいる商品も
奴隷労働に関わっているものが少なくない。

1　国連が規定した企業と人権の関係

「人権」という言葉は何を指すのか

「人権尊重がビジネスでの契約条件に盛り込まれる時代が到来している」。こういわれて、ピンとくる人はどのくらいいるだろうか。日本ではまだ一部の人にしか知られていないが、実は数年ほど前から、グローバルビジネスの分野でこの「人権」が重要なキーワードとなり、日本企業もすでにこの波に巻き込まれてきている。

人権という言葉について、昔から聞いたことはあるが、何を指しているのかいまいち釈然としないと感じる人も多いだろう。例えば、プライバシー、セクハラやパワハラ、LGBT差別、過労死、サービス残業、表現の自由、いじめ、外国人差別、児童虐待、難民保護など、人権というくくりで語られることは多岐にわたる。

ちなみに、文部科学省は、人権の定義を「人々が生存と自由を確保し、それぞれの幸福を追求する権利」[1]としているが、ここまでくるともはや「人権」と無縁なものを探すことのほうが難しくなってくる。

人権については、1948年に国連総会で採択された「世界人権宣言」で説明されることも多い。世界人権宣言は、全30条からなる宣言文で、自由権、社会権を人権の内容として列挙しているが、自由権と社会権という言葉自体がそもそも難しい。

自由権には、代表的なものとして、表現の自由、集会の自由、結社の自由、信教の自由、学問の自由、居住移転の自由、児童の権利、プライバシー、参政権といったものがある。社会権には、職業選択の自由、労働権、教育の権利、生活保護を受ける権利などがある。だが、具体的に何をすれば人権尊重になり、何をすれば人権侵害になるのか、解釈の余地が大きいものが多い。

このように人権は難解な言葉だ。日本国憲法にも11条に「国民は、すべての基本的人権の享有を妨げられない。この憲法が国民に保障する基本的人権は、侵すことのできない永久の権利として、現在及び将来の国民に与えられる」と書かれているが、憲法学者でもない限り、この条文が意味する内容は、はっきりとはわからないだろう。

そのため、日本の法律でも、人権という言葉をそのまま用いずに、必要に応じて人権の内容を具体的に定義し、個別に法律を整備することのほうが多い。労働基準法、パワハラ防止法、障害者自立支援法、個人情報保護法、生活保護法などはその代表例だ。こうすることで、人権という曖昧なものに、具体性を与えている。

では、一体、人権に配慮することがビジネスでの契約条件に盛り込まれるようになったというとき、この「人権」は何を指しているのだろうか。自分たちの企業は、十分な対応ができていると言えるのだろうか。

ビジネスにおける「人権」とは

ビジネスの場で人権という言葉が使われ始めたのには、明確なきっかけがある。2011年に国連の中で人権を扱う機関である「国連人権理事会」が、「ビジネスと人権に関する指導原則」というものを定めた。この原則は、英語の略称からUNGPと言われたり、この原則の策定に尽力したハーバード大学のジョン・ラギー教授の名前をとり「ラギー原則」と呼ばれたりもしている。

では、この原則は、人権をどう定義しているのか。端的にいえば、企業が尊重し保護すべき人権は、「差別の撤廃」「結社の自由・団体交渉権の承認」「強制労働の禁止」「児童労働の禁止」の4項目と規定している。この4項目については、国際労働機関（ＩＬＯ）という国際機関が具体的な8つの条約（ＩＬＯ中核8条約）を設けているため、ある程度基準がはっきりしている。

そして、特に近年大きくクローズアップされているのが、後者の2つ「強制労働」と「児童労働」だ。この2つをまとめて「現代奴隷」と呼ぶことも、国際的に定着しつつある。実際にイギリスとオーストラリアでは、強制労働と児童労働への関与を防ぐ法律に「現代奴隷法」という名前が付けられた。

「現代奴隷」は日本にも関係する問題

国際労働機関（ＩＬＯ）によると、今日現代奴隷は世界全体で2500万人[2]もいる。これは、東京都と神奈川県と群馬県の人口を足した数に相当する。

どの国に多くいるのかも、ある程度見えてきている。現代奴隷はやはり発展途上国に多く、特に北朝鮮、アフガニスタン、南スーダンなど、国際社会から孤立していたり、政情が不安定な国が多い（図表8－1、口絵参照）。日本はというと、現代奴隷が「最も少ない」国に分類されており、数は比較的少ない。ただし、だからといって安心してはいられない。経済はグローバル化しているからだ。

今日企業は、多くの鉱物資源や農業作物を海外から輸入しており、とりわけ原産地が発展途上国のものが非常に多い。たとえ先進国から輸入している製品であっても、それらは発展途上国から調達した原材料で生産されていることがほとんどだ。

例えば、日本で流通しているダイヤモンドや金、電気自動車のバッテリーに使われるコバルトはコンゴ民主共和国から来ている。綿花はインドやウズベキスタンから、アパレル製品はカンボジアやバングラデシュから入ってくる。魚介類はタイやフィリピンの漁船で捕られていたり、ベトナムではITのプログラミング開発を受託していたりする。

これから発展途上国が経済発展を遂げ、先進国企業が途上国に進出するようになると、発展途上国に事業所や工場を開設したり、生産を委託したりすることも増えてくる。21世紀には、企業も消費者も、自分たちが取り扱ったり消費したりしているものが、もとをたどれば発展途上国から来ているなんてことは、至極当たり前になった。

すでに日本の大手上場企業も、発展途上国のサプライヤーで強制労働や児童労働があったことが、NGOや機関投資家から何度も指摘されている。そのたびに企業は、サプライヤーに行いを是正させるか、当該サプライヤーとの契約を切るよう迫られてきた。

とりわけ移民労働者は、強制労働をさせられるリスクが高い。特に頻発しているのはパキスタンやバングラデシュ、ミャンマーからの移民労働者。彼らは、国内で就職斡旋業者からお金を借りて高い手数料と渡航費を支払い、債務労働者の状態で移民先の湾岸諸国や東南アジアで働いている。借金の返済は給与から天引きされてしまい手取りが少なくなる上に、夜中や休日も働かされたりしている。

この状態から逃げ出そうとしても、身元を証明してくれるパスポートを雇用主が預かってしまっており、移動の自由すらない。最終的には労働組合や弁護士に駆け込み、そこで事態が発覚することも多い。

日本企業も対応を迫られる

こうした強制労働や児童労働の問題に対処するために策定されたのが、国連ビジネスと人権に関する指導原則だ。この指導原則は、法律文書ではないため、遵守しなくても罰せられることはない。あくまで、自発的に遵守するよう推奨しているものにすぎない。

だが、この原則は、各国政府に対し、企業に遵守を促すような計画（「国別行動計画（NAP）」という）を作ることも奨励している。それに基づき、イギリスやオーストラリアでは、現代奴隷法を制定し、一定の規模の企業に対し、指導原則の遵守を法的義務化した。

特に、2015年に制定されたイギリスの現代奴隷法は、イギリスに現地法人を持つ外国企業に対しても適用される内容になっていた。そのため、イギリス国外の企業も指導原則の遵守が要求されることとなり、大きな話題を呼んだ。

日本政府はまだ、国別行動計画は作成してはおらず、検討中の原案ではイギリスの現代奴隷法のような法的義務の規定は盛り込まれていない。しかし、海外で同様の法案は次々と制定されており、海外に事業所があったり、海外企業と取引していたりする企業には、実質的に指導原則の遵守が求められるようになってきている。

他方、国による立法を待つことなく、指導原則で掲げられている強制労働や児童労働に関与することは事業リスクになると考え、自発的に指導原則を遵守しはじめた企業もたくさんある。ユニリーバ、ネスレ、P&G、アップル、グーグル、マイクロソフト、スターバックス、マクドナルド、ウォルマート、ナイキ、リーバイスなどがその代表例だ。日本企業でも、ファーストリテイリング、花王、ソニーなどが自発的に遵守を決めた。これらの企業は、契約先の取引企業に対し、指導原則の遵守も要求している。実際に契約書の文面の中にそのような文言が加える動きもみられる。

特に人権侵害リスクの高い移民労働者に関しては、イギリスNGOの人権とビジネス研究所（IHRB）が2012年に策定した「尊厳ある移民のためのダッカ原則」を自発的に遵守している企業も多い。この原則は、移民労働者の強制労働を防止するため、就職斡旋での求職者課金の禁止、雇用主によるパスポート保管の禁止、就業開始前の本人がわかる言語での労働条件の書面での通知などの10原則を定めている。

この原則の名称にもなったバングラデシュの首都ダッカの近郊では、2013年にアパレル縫製会社が多数入居していた8階建ての商業ビル「ラナ・プラザ」が崩壊。一度に1100人を超える死者を出す大惨事が起きた。事故の前日には、ビルに亀裂が見つかっており、ビルの使用中止警告も出ていたが、それを無視して起きたという人災的な側面もあった。ラナ・プラザに入居していた縫製工場は、欧米のアパレル大手向けの製品を多数生産していたため、海外メディアでも大きく報じられた。このことによりダッカ原則の1つ「職場環境が安全かつ適切なもの」が不十分であったことの証しとなり、多くの企業が非難の声を浴びた。

この悲劇的な事件を契機に、アパレル大手はその後、国際労働機関（ＩＬＯ）やバングラデシュ労働当局と協働し、現地の法令規定以上の高い労働基準を自発的に導入する動きへと発展。バングラデシュ以外でも、カンボジアやミャンマーで取引先の縫製工場に高い労働基準の設定を要求するとともに、現地の政府に対しても労働基準の引き上げを要請するまでになった。

2　児童労働対応も進化している

「悪質な児童労働」とは何を指すのか

ＩＬＯによると、２０１６年の児童労働者の数は世界全体で１億５２００万人いる。そのうち、特にアフリカに７２００万人、アジア・太平洋に６２００万人、北米・中南米に１１００万人いる。児童労働については、「生活のためにやむをえず働かなければいけない人もいる」という観点から、必ずしも悪いとはいい切れないという反論もある。例えば、そもそも貧しい国では、労働力をあてにして子供をたくさん産む家庭が少なくない。日本でも子供たちが家業の店番をしたり、農家で田植えを手伝ったりする光景は一般的なものだった。

ＩＬＯの条約では、軽労働においては原則12歳以下、それ以外は15歳以下の労働を「児童労働」とみなしているのだが、子どもの労働力をあてにしなければ家業が成り立たないことも現実にはある。

しかし、現在の児童労働問題への対策はかなり進化してきている。まず、ＩＬＯの条約では、子供が働くことを一律に禁止しようとしているのではなく、まず対処すべき問題として「悪質な児童労働」というものに重点を置いている。

悪質な児童労働としては、「人身売買、徴兵を含む強制労働、債務労働などの奴隷労働」「売春、ポルノ製造、わいせつな演技」「薬物の生産・取引」「児童の健康、安全、道徳を害するおそれのある労働」の４つが定められている。悪質な児童労働の数は２０１６年で７３００万人いる。男女の内訳は男子が４５００万人、女子が２８００万人という状況だ。

最後の分類の「児童の健康、安全、道徳を害するおそれのある労働」は定義が曖昧だが、最近問題になっているのは、有害性が強いコバルト原石を素手で採掘する労働や、有害農薬まみれの綿花農場において素手で綿摘みをするような労働だ。コバルトは、ノートパソコンや電気自動車（ＥＶ）、蓄電設備のバッテリーの原料になっている。悲しい話だが、コバルト採掘や綿摘みでの児童労働は、世界中でかなり横行している。サプライチェーン上でこれらの児童労働に関与している企業は、かなり悪質とみなされる。

未就学児童の家庭に対する支援も

そもそもなぜ児童労働が問題なのかというと、未就学は貧困と密接な関係にあることがわかってきたためだ。生活に余裕のない家庭では、子供に働き手の役割を期待するため、子供を学校に通わせることができない。そうすると、未就学の子供は大人になっても所得を向上させる機会が得にくく、家庭を持って子供を授かっても生活に余裕が生まれない。そして次の世代でも子供を学校に通わせることができなくなってしまう。この悪循環を断つために、子供を学校に通わせようというのが児童労働禁止の意義だ。

このため、悪質ではない児童労働に関しても、この悪循環を断つための対策が講じられている。最も一般的な対策は、生活に余裕がなく子供を働き手として期待してしまうのであれば、生活に余裕のある状態にすればよいというものだ。

これまで児童労働対策は、国連児童基金（ユニセフ）やＮＧＯが中心となって子育て支援をしてきたが、いまや企業も重要なプレーヤーになっている。適正な賃金を支払う、子供の手を借りなくても十分な生産活動ができるようなノウハウを提供する、学校に行く費用を援助するといったプログラムが、企業自身や、NGOとパートナーシップを組む形で展開されている。

それでももちろん、子供自身が学校に通いたがらないケースもあり、現地での親身なカウンセリングや伴走は欠かせない。以前は、子供を学校に通わせない親を批判するという辛い時代もあったが、最近はいたずらに子供を働かせるなというばかりでなく、親の事情をしっかり汲み取り、学校に通わせられる状態にしようという発想へと変わってきた。この変化は、高く評価していいだろう。

3 今後日本で現代奴隷が出てくる可能性は高い

外国人労働者に活路

海外サプライチェーンでの人権対応にスポットライトが当たる一方、懸念が広がっている

図表 8-2　日本の人口予測

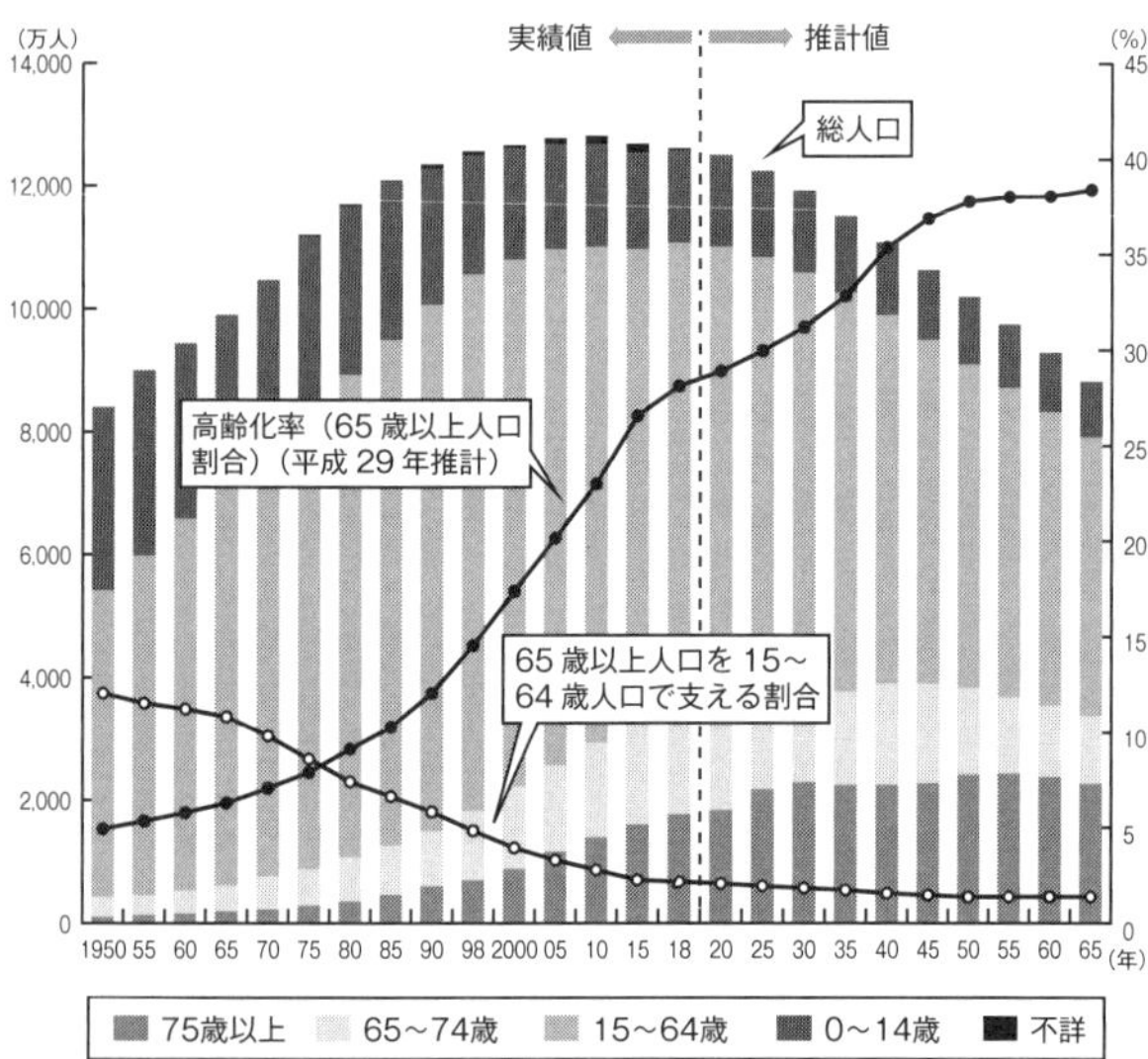

（出典）内閣府「令和元年版 高齢社会白書」

のが日本国内での現代奴隷の出現だ。日本では、借金漬けにされた債務労働者が、アダルト業界や違法風俗店などで強制労働の形式で働かせていることは古くから知られている。これに加わる形で出てきているのが、外国人労働者の強制労働だ。

いま日本は、深刻な人手不足を迎えており、外国人労働者に頼らなければ事業が継続できない企業が増えてきている。特に第一次産業と呼ばれる農林水産業は深刻で、求人採用をしても人が集まらない。そこで外国人技能実習生という国の制度を活用して、海外からの労働者に活路を見出そうとしてきた。

その他の業種でも、コンビニエンスストアや飲食店では、就労資格のある留学生を活用した採用が続いている。しかしそれでも、人手不足は解消されていない。そのため日本政府は、特定技能ビザという新しい外国人労働者受入制度を設け、外国人労働力を増やす方向に舵を切った。日本では、外国人労働者が増えると、日本人の雇用が奪われると反対する人もいる。だが、それ以上にこれからの日本は、少子高齢化のため、日本人労働者人口が大幅に減少していってしまうという非常に厳しい状況を迎える（図表８－２）。

生産年齢人口は35年間で２１００万人も減少

では、どの程度労働人口は減るのだろうか。日本では15歳から64歳までのいわゆる生産年齢人口が、１９９５年に８７００万人でピークを迎え、そこから緩やかに減少。２０２０年には７４００万人という水準となった。この生産年齢人口には働いている人もいれば、働いていない人もいるが、男性も女性も区別なく全体で15歳から64歳までの人口が、１９９５年から1300万人も減ったということになる。

この大幅な働き手の喪失に直面し、日本の企業は、生産年齢人口でも未就労者が多かった女性と65歳以上の高齢者に着目し、新たな労働力として活用する対策を講じてきた。こうしてなんとか急場をしのいだというのが2010年から2020年までの日本の雇用市場の特徴だ。この間、日本の完全失業率は、2010年の5・0%から、2019年12月には2・2%にまで低下したが、そもそも人手不足だったということを考えるとまったく不思議ではない。

しかし労働力の減少は、むしろここからが本番だ。2020年に7400万人いる生産年齢人口は、2030年には6900万人に、2050年には5300万人に、2065年には4500万人にまで減る。すなわち2030年から2065年までの35年間で、生産年齢人口が2400万人も減少する。これを外国人労働者で補おうというのが政府の考えだが、特定技能ビザでの受入れ人数見込みは、2023年度までに約34万人。すでに、特定技能ビザの受入れ対象業種だけでも145万人の人手不足状態にあり、まったくといっていいほど足りていない。

外国人技能実習生が「現代奴隷」に

こうなると、人手不足に苦しむ企業の中で、外国人労働者を長時間働かせることで乗り切ろうと考える企業が出てきてもおかしくはない。そして外国人労働者を確保するために、就職斡旋業者を使って求職者に就職費用を負担させ、労働条件を外国人労働者が理解できる言語で説明することなく、パスポートを会社で保管するところも出てきてしまうかもしれない。そうなれば、発展途上国と同様、日本でも現代奴隷が誕生してしまう。

厚生労働省の調べでは、外国人技能実習生制度で、2018年に実習生を受け入れた7334事業所のうち、実習生に対する労働法違反が発覚した事業所が5160もあった。違法率は70・4%だった。[3]残念ながら、日本を代表する大手上場企業でも違反が発覚している。

技能実習法は、重大な労働違反が発覚した場合、法相が技能実習を受け入れる「認定」を取り消すことができ、5年間、技能実習生の受け入れも、特定技能ビザでの受け入れもできなくなると定めている。違反認定されると、外国人労働力の活用という重要な採用戦略がとれなくなり、企業経営にとっては死活問題になる。

強制労働が横行するような国では、外国人労働者の働き先として人気がなくなっていくことは間違いない。特に、日本に対しては、羨望の念を抱いて来日する外国人労働者も多く、強制労働が発覚した場合のショックは計り知れないものがある。未曾有の人口減少を救ってくれる存在だった外国人労働者にそっぽを向かれては、日本は労働力減少という衝撃に耐えられなくなる。ビジネスと人権に対して自発的なアクションを開始し、適切な対応をとることは、事業を継続させる上でますます避けられないものになってきている。

（注）

1　文部科学省「人権教育の指導方法等の在り方について[第三次とりまとめ]」（２００６年）

2　ILO "40 million in modern slavery and 152 million in child labour around the world"（2018）実際には報告書では、強制結婚を含めた定義では現代奴隷を４０００万人としている

3　厚生労働省「外国人技能実習生の実習実施者に対する平成30年の監督指導、送検等の状況を公表します」

第9章

メガトレンドの理解度が勝敗を決する時代へ

2020年1月、ダボス会議においても「持続可能な地球」について真剣な議論が戦わされた(グレタ・トゥーンベリさん)
=ロイター/アフロ

メガトレンドには「集合行為論」が作用する

第1章から第8章まで、「気候変動」「農業」「森林」「水産」「水」「感染症」「パワーシフト」「労働・人権」の8分野を概観してきたが、「リスク」「おそれ」「懸念」という単語を何度も使ったため、目を背けたくなった人も多いかもしれない。だが、いずれもが、統計という手法で弾き出された予測の結果だ。

当然、統計を使った予測は、外れることもある。天気予報だって外れるし、株価予想も外れる。新たな知見を得て、予測の精度が向上すれば、当然予測の結果も変わりうる。そのときの変化は、当初の予測よりましなものになるかもしれないし、もっと悪い予測になるかもしれない。さらにいえば、未来はそもそも所与ではなく、私たちの行動によっても変わりうるものだ。毎朝寝坊する確率が50%の人でも、高性能な目覚ましグッズを使えば、寝坊確率を0%にすることだって可能だ。

日常的な予測も、メガトレンドに基づく予測も、当たることもあれば、外れることもある。だが、予測に対する結果をコントロールするという観点からは、日常の予測とメガトレンドの予測では、特性が大きく違う。

例えば、禁煙している人が、明日ついついたばこを吸ってしまうかどうかの予測は、その人の行動次第で結果をコントロールすることができる。一方、真水の希少性が高まるというメガトレンドの予測に対しては、それをコントロールしようとなると途方もない努力が必要となり、結果を人為的にコントロールすることは容易ではない。

1965年にマンサー・オルソンという経済学者は、大集団になればなるほど共通の目標は達成されにくくなるという「集合行為論」という理論を打ち立てた。大集団になるほど、1人が手を抜いたところで全体に影響はないので、みながそう考えて手を抜いた結果、当初の目標は達成されなくなるという理論だ。

メガトレンドは、まさに集合行為論が作用する舞台だ。結果をコントロールしようとすると非常に多くの人の協調が必要になるが、一人ひとりの努力の効果は小さく見えづらいので、協調が得にくい。従来、国連のような特殊な専門家や一部の環境主義者しか、メガトレンドに関心がなかったということの背景には、尋常でない問題意識を持たなければ、気持ちが続かないということもあったのだろう。

経済界もリスク対策に動き出した

だが、冒頭でも紹介したように、これらのリスク認識は、もはや国連だけでなく、ウォールストリートに代表されるような資本主義の担い手である機関投資家の間でも共通認識になってきている。それは、毎年1月に開催され、世界最大の経済会議とも言われるダボス会議の報告書にも表れている（図表9－1）。

この2つの図は、ダボス会議で毎年発表されている「グローバルリスク報告書」の2011年と2020年の結果を比較したものだ。[1・2] ダボス会議関係者に対し、各リスクの発生確率（横軸）と、発生した場合の経済損失の度合い（縦軸）を尋ね、集計した結果になっている。

この10年間、図の右上、すなわち発生確率も発生時の損失も大きいと、一貫して認識されてきたのは、気候変動や水に関するリスクだ。食料危機や感染症も比較的高い位置にある。また、各リスクは実際には独立しておらず、相互関連度が高いものも多い。例えば気候変動は食料危機と密接な関係にあることは本書でも見てきた通りだ。

この報告書は、科学的データというよりも、経済・金融関係者の主観認識を集計したもの

図表9-1 グローバルリスク報告書(2011年と2020年)

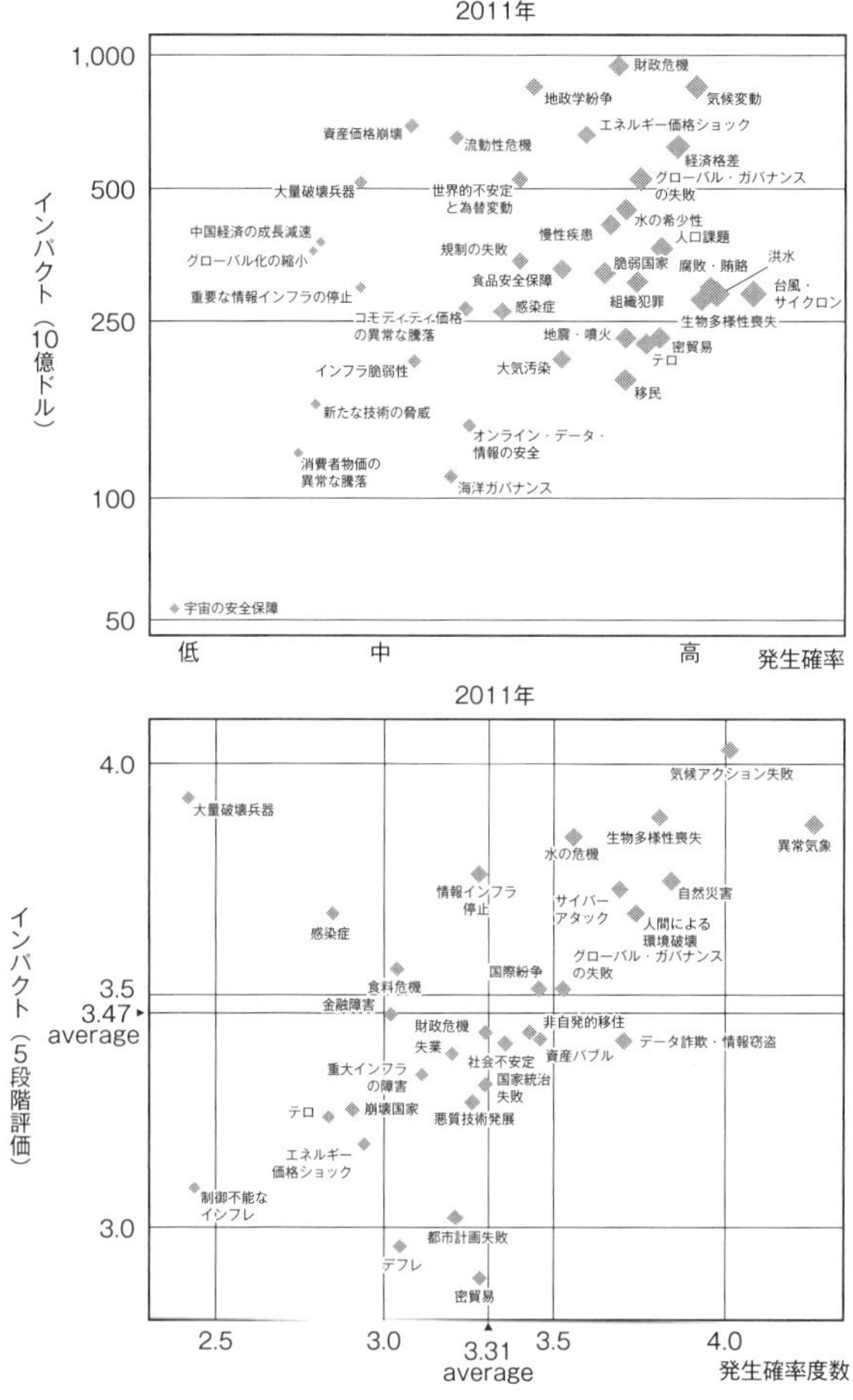

(出典) 世界経済フォーラムを基に著者和訳

にすぎない。だが、彼らの中で、メガトレンドが経済に与える影響は大きく、無視できないリスク要因になってきていると認識されていることを私たちに伝えてくれている。本書では紹介できなかったが、近年ではサイバーアタックなどのテクノロジーに関するリスク認識も高まってきている。

リスクがあるところには対策が生まれる。グローバル企業が「サステナビリティ」をキーワードにアクションを先行させてきたのは、そのためだ。機関投資家も「ＥＳＧ」をキーワードにリスクを増長する分野への投資を減らしたり、投資先の企業や政府にリスクを増長させる行為をやめさせるように動いたりすると同時に、リスク緩和に資する新たな技術や事業に積極的に投資するようになった。

科学者たちもリスクを防ぐことができる研究開発に勤み、銀行も融資の中でＥＳＧを考慮する動きが出てきている。ＳＥたちはＩＴを活用したソリューションを多数生み出すようにもなった。金融安定理事会（ＦＳＢ）や国際決済銀行（ＢＩＳ）という金融関連の国際機関も、金融システム全体を揺るがす「システミックリスク」への関心を高め、金融監督強化を進めている。

このようにリスクが多いことから目を背けるのではなく、一つひとつに向き合って対策を講じ始めているのが21世紀の人類だ。

ESGやSDGsは「イメージアップ戦略」ではない

日本では、2018年ごろから政府の号令で、国連持続可能な開発目標（SDGs）に注目が集まった。それとともに、ESG投資という言葉も徐々に浸透してきた。だが、日本では、SDGsやESG投資については、「倫理」や「社会貢献」として扱われている側面が強く、あるいは、広報や宣言活動のための「イメージアップ戦略」として捉えられている節もある。だが、ESGをメガトレンドへのリスク対策として捉えていなかったとすれば、ESGを正しく理解していることにはならない。

グローバル企業や機関投資家の間では、サステナビリティは、経営戦略やリスクマネジメントの問題として扱われており、外部機関との連携を担うサステナビリティ部門は、国際機関やNGOとの連携を積極的に進めている。SDGsのゴール17に「パートナーシップ」がうたわれているのは、そのためだ。このあたりの産業界や金融界の変化については、私の著書『ＥＳＧ思考：激変資本主義１９９０－２０２０、経営者も投資家もここまで変わった』（講談社＋α新書）にくわしく書いてある。

これからますます、メガトレンドという大波が来ていることを認識している人たちと、認識していない人の間では、自ずと下す判断が異なってくる。特に不況期には、この認識の違いが、大きな事業戦略や投資判断の違いとなって顕在化してくるだろう。そしてそれが、長期的な企業の競争力、投資のリターン、国力としても跳ね返ってくる。

メガトレンドは、長期的な潮流なので、知るタイミングが遅すぎるということは決してない。また一度理解したら終わりということはなく、何度も情報をアップデートしていかなければならない。したがって、競争に逆転するチャンスはいくらでも創り出せるということだ。

本書が、皆さんのそのお役に立てれば、幸いだ。

（注）

1　World Economic Forum "Global Risks 2011"

2　World Economic Forum "Global Risks 2020"

あとがき

持続可能性（サステナビリティ）というのは、本当に壮大なテーマだと思う。本書では、すでに機関投資家からの関心も高くなっている8つの分析を扱ったが、この8つだけでも内容は広範にわたり、情報量も膨大になる。この8つ以外にも、サイバーセキュリティ、AIと倫理、格差などもサステナビリティの分野として浮上してきており、日に日にそのカバー範囲は広がっている。

私は、サステナビリティとは何かと聞かれたら、「総合格闘技」だと答えるようにしている。経営学、金融学、経済学、法学、政治学、会計学、財政学、社会学、心理学、哲学、環境学、工学、化学、情報工学、生物学、医学、薬学など、どれもサステナビリティと関わりの深い分野だ。事象を扱い判断するためには、さまざまな観点から影響を分析する必要がある。総合格闘技のように、いろいろな「型」や「技」が必要となる分野なので、各学問分野の方法論はどれも参考になる。

私は、もともと地方の出身で、実家には生まれたときに買ってくれていた図鑑シリーズ以外は本がなく、高校までは漫画と小説しか読んだことがないというような生活を送っていた。大学1年生のときに、両親に初めて買ってもらった携帯電話のｉモードを使うまで、インターネットに接続したこともなかった。その年のクリスマスプレゼントで祖母がノートパソコンを買ってくれるまでは、紙と鉛筆で大学のレポートも書いていた。こんな私が、総合格闘技を身に付けていくためには、本当に多くの方にお世話になってきた。

東京大学での教養学部時代には、小寺彰教授（故人）、岩澤雄司教授（現・国際司法裁判所裁判官）、小和田恒客員教授（元・国際司法裁判所裁判官、元・外務事務次官）、山内昌之教授（現・東京大学名誉教授）、澤田康幸教授（現・アジア開発銀行チーフエコノミスト兼経済調査・地域協力局長）、非常勤で教鞭をとっていた佐藤優講師からは、国際社会の動きや法規範の考え方について、一つのテーマを深く考えることの重要性を学んだ。後に復興庁事務次官になる岡本全勝客員教授から、政府の構造や立法や予算の仕組みや、構造的な課題を教えていただけたことも大きかった。大学時代の恩師との出会いは、どれも衝撃的なものばかりだった。

社会人になってから関わった上司や先輩、クライアントの方々、サンダーバード・グローバル経営大学院でMBAを履修していたときの教授陣からは、経営や金融という側面から、組織の行動原理や意思決定の基準、行動の差を生む背景のようなものを学んだ。MBAコースで出会った30カ国以上の学友からは、彼我のものの見方や商慣習の違い、経済がグローバル化しているという実態に気付かされた。

そして人生2つ目の修士号となったハーバード大学大学院では、環境学、生物学、公衆衛生学、統計学という複数の観点から、分析枠組みや分析の視点を授かった。この修士プログラムに通っている学生は、30歳から60歳までと年齢層が多様ながら第一線で活躍している人が多く、日本のサステナビリティの状況を海外とも比較しながら考える貴重な機会となった。

また、私は世界のいろいろなところに行くのが好きで、その経験も役に立っている。訪れた国はちょうど100カ国になるのだが、エチオピアのアジスアベバ、スリランカのコロンボ、カザフスタンのアルマトイ、コスタリカのサンホセなどを訪れたときに、それまで「貧しさ」というイメージしか持っていなかった自分を大いに恥じた。いろいろなところへ行くことで、世界はつながっていると実感するとともに、問題が複雑に絡み合っていることも肌で感じた。もちろん、日本の47都道府県もすべて訪れたことがある。

サステナビリティを理解し、考えていくことは、終わりのない長距離走だ。だからこそ、いつ学び始めても、遅すぎるということはない。何から始めればよいか迷っている方は、関心のある分野から調べてみたらいいと思う。きっとそのうち、いろいろなことに疑問と関心が湧いてくるだろう。本書に登場するデータも、ほとんどが無料でアクセスできる。特にいまは、インターネットを使えばいろいろなデータに無料でアクセスできるものばかりだ。私の幼少期や大学時代に比べたら、いまは欲しい情報にいくらでもアクセスできるようになった。

本書が生まれるきっかけを作ってくれたのは、日本経済新聞社の1人の記者だ。SDGsもESG投資も日本ではまだ存在が知られていなかった2017年10月。インターネットで私のことを見つけ、取材に来てくれた。そして2カ月後に日本経済新聞の夕刊1面で取り上げてくれた。その後、私が取材協力した記事が日経の朝刊1面にも掲載され、ESG思考の重要性を読者に紹介することができた。そのすべてのきっかけを作ってくれたのは、最初の接点となったその記者だった。

そして2019年3月に日経電子版の特集コラム「駆ける投資家魂」の中で専門家の一人として取り上げてもらったことを機に、本書の編集を担当してくれた日経BPの赤木裕介氏に出会うことができた。人の縁の妙をあらためて感じるとともに、これまで関わって下さった多くの方々にあらためて感謝申し上げる。

いまではCNNやフィナンシャル・タイムズ、ワシントン・ポストからも取材を受けるようになり、英語で情報発信する機会も増えた。だがやはり、生まれ育った日本の方々の役に立ちたいとも思う。本書が日本の方々にとって何かのきっかけになればと切に願う。

2020年6月

夫馬賢治

夫馬賢治　ふま・けんじ

株式会社ニューラルCEO。サステナビリティ経営・ESG投資アドバイザー。ニュースサイト「Sustainable Japan」編集長。ハーバード大学大学院リベラルアーツ（サステナビリティ専攻）修士。サンダーバード・グローバル経営大学院MBA。東京大学教養学部（国際関係論）卒。環境省ESGファイナンス・アワードや国際会議での委員を歴任。CNN、NHK、日本テレビ、FT、日本経済新聞等への出演・取材対応、国内外での講演も多数。著書に『ESG思考』（講談社＋α新書）ほか。

日経プレミアシリーズ　430

データでわかる　2030年　地球のすがた

二〇二〇年七月　八　日　一刷
二〇二〇年七月二九日　二刷

著者　夫馬賢治
発行者　白石　賢
発　行　日経BP
　　　　日本経済新聞出版本部
発　売　日経BPマーケティング
　　　　〒一〇五―八三〇八
　　　　東京都港区虎ノ門四―三―一二
装幀　ベターデイズ
組版　朝日メディアインターナショナル
印刷・製本　凸版印刷株式会社

ISBN 978-4-532-26430-7　Printed in Japan

日経プレミアシリーズ 423

子供が消えゆく国

藤波 匠

2019年、日本人の出生数が90万人を大きく割り込み、86万人に急減。本格的な人口減少時代に足を踏み入れたことを認識すべきだ。出生数の減少をできるだけ押しとどめ、人口減少による人手不足を逆手にとってチャンスに変える方策を、緻密なデータ分析と実地調査をもとに示す。

日経プレミアシリーズ 429

災害に強い住宅選び

長嶋 修 さくら事務所

想定外の自然災害が毎年のように襲来する時代に、私たちは住まいとどう向き合うべきなのでしょうか。ハザードマップの探し方・読み方に始まり、土地のリスクの見分け方、一戸建てやマンションを購入する際の注意点、減災のための事前対策、万一被害にあってしまった時の対処法まで、不動産のプロたちが徹底的に指南。

日経プレミアシリーズ 433

コロナクライシス

滝田洋一

新型コロナウイルスの大流行は、グローバル化した世界をずたずたに引き裂いた。「対岸の火事」と慢心していた欧米諸国、隠蔽と強権、「マスク外交」の中国、政府の危機管理と国民の忍耐力が試されている日本――。日経編集委員・WBSキャスターによる緊急レポート。